高等职业教育学前教育专业系列教材

幼儿园健康教育活动设计与指导

姜艳秋 刘玉芝 杨云舒 主 编
韩 睿 谷 月 王 爽 王利稳 副主编

化学工业出版社

·北京·

内容简介

《幼儿园健康教育活动设计与指导》依据《幼儿园教师专业标准（试行）》《3～6岁儿童学习与发展指南》《幼儿园教育指导纲要（试行)》中对健康领域的要求而编写。本书包括8章，每章由导学、学习目标、思维导图、案例导入、知识讲解、学习总结、拓展训练等构成，理论知识以阐述基本问题为主，以够用、实用为度；专业技能根据实际需要，尽量做到内容全面、要求明确、指导具体、便于操作，方便学生在学习过程中理论联系实际，融"教、学、做"于一体。

本教材为高等职业教育学前教育专业教材，也可作为幼儿园教师继续教育和进修的参考教材。

图书在版编目（CIP）数据

幼儿园健康教育活动设计与指导 / 姜艳秋，刘玉芝，杨云舒主编． -- 北京：化学工业出版社，2025.2.
ISBN 978-7-122-46889-5

Ⅰ．G613.3

中国国家版本馆CIP数据核字第2025975RW6号

责任编辑：王　可　石　磊　　　文字编辑：毛亚囡
责任校对：王　静　　　　　　　装帧设计：张　辉

出版发行：化学工业出版社
（北京市东城区青年湖南街13号　邮政编码100011）
印　　装：北京云浩印刷有限责任公司
787mm×1092mm　1/16　印张15¾　字数377千字
2025年1月北京第1版第1次印刷

购书咨询：010-64518888　　　售后服务：010-64518899
网　　址：http://www.cip.com.cn
凡购买本书，如有缺损质量问题，本社销售中心负责调换。

定　价：48.00元　　　　　　　　　　　版权所有　违者必究

前　言

幼儿教育是基础教育的基础，幼儿时期是人终身发展的奠基时期，对人一生的发展至关重要。国家将提高保教质量作为学前教育改革的重要任务，出台了一系列政策文件，旨在从办园行为规范、保育教育和教师素质提高等方面提升学前教育质量。高职高专学前教育专业的培养目标是培养品质优、技能强、习惯好的应用型人才，幼儿园五大领域教学活动课程是实现专业培养目标的核心课程，也是保证学生能够快速适应岗位技能，实现"零距离"上岗的关键课程。本书为幼儿园健康教育活动课程教材，依据《幼儿园教师专业标准（试行）》《3~6岁儿童学习与发展指南》《幼儿园教育指导纲要（试行）》中对健康领域的要求而编写，致力于满足当前学前教育专业学生的需求，也可作为幼儿园教师继续教育和进修的参考教材。

本书与时俱进、立足当下，融"教、学、做"于一体，力求内容新颖、全面实用、结构合理。本书理论部分注重体现幼儿园艺术教育活动的基础知识和基本技能，以够用、实用为度；案例部分邀请长期从事教学及管理工作的幼儿园老师参与编写，每个项目针对学生在实际工作中将会遇到的真实问题和困惑设计典型活动案例，并附有案例评析，具有很强的指导性，让学生能够学以致用。

本书由盘锦职业技术学院姜艳秋、刘玉芝和大连职业技术学院杨云舒担任主编，盘锦职业技术学院韩睿、谷月、盘锦市实验幼儿园王爽、盘锦恒远大地泰山幼儿园王利稳担任副主编。具体编写分工如下：杨云舒编写第一章，刘玉芝编写第二章，姜艳秋编写第三章、第五章，谷月编写第四章、第六章，韩睿编写第七章、第八章，王爽、王利稳提供案例。全书由姜艳秋统稿，卢云峰审稿。

本书编写过程中参考和引用了部分文献资料、研究成果和其他同类教材观点，在此一并表示衷心的感谢！由于编写时间、编写人员能力及水平有限，书中难免有不足之处，我们诚挚地邀请各位读者在使用本书时提出宝贵意见，以便于今后进一步修订和完善。

编者
2024 年 8 月

目 录

第一章　认识幼儿健康　001

002　**第一节　幼儿健康的探究**
003　　一、健康演变过程
004　　二、幼儿健康的含义

005　**第二节　影响幼儿健康的因素**
005　　一、生物因素对健康的影响
006　　二、心理因素对健康的影响
006　　三、生活方式对健康的影响
007　　四、环境因素对健康的影响
010　　五、影响幼儿健康的主要因素

011　**第三节　幼儿健康教育的特点、任务和意义**
012　　一、幼儿健康教育的特点
014　　二、幼儿健康教育的任务
015　　三、幼儿健康教育的意义

第二章　幼儿健康教育活动的设计与实施　017

018　**第一节　幼儿健康教育活动目标**
019　　一、幼儿健康教育活动总体目标
020　　二、幼儿健康教育活动年龄阶段目标

022　三、幼儿健康教育活动具体活动目标
024　**第二节　幼儿健康教育活动内容**
024　一、选择幼儿健康教育活动内容的依据
026　二、选择幼儿健康教育活动内容的原则
026　三、幼儿健康教育活动的主要内容
028　四、幼儿健康教育活动各年龄阶段内容
035　**第三节　幼儿健康教育活动实施**
035　一、幼儿健康教育活动的教学方法
041　二、幼儿健康教育活动的教学原则
042　三、幼儿健康教育活动的活动过程
048　**第四节　幼儿健康教育活动评价**
049　一、幼儿健康教育活动评价概述
052　二、幼儿健康教育活动评价的内容
061　**第五节　制定幼儿健康教育活动方案**
061　一、制定健康教育活动目标
062　二、选择健康教育活动内容
063　三、设计健康教育活动过程

第三章　幼儿身体保健教育活动的设计与指导　066

067　第一节　设计幼儿身体保健教育活动

068　　一、幼儿身体保健教育活动的目标

069　　二、幼儿身体保健教育活动的内容

071　　三、幼儿身体保健教育活动的设计思路

076　**第二节　幼儿身体保健教育活动指导策略**

076　　一、幼儿身体保健教育活动实施

081　　二、幼儿身体保健教育活动实施策略

082　　三、幼儿身体保健教育活动应该注意的问题

083　**第三节　幼儿身体保健教育活动案例评析**

083　　一、小班幼儿身体保健教育活动案例评析

086　　二、中班幼儿身体保健教育活动案例评析

088　　三、大班幼儿身体保健教育活动案例评析

第四章　幼儿心理健康教育活动的设计与指导　　093

094　**第一节　设计幼儿心理健康教育活动**

095　　一、幼儿心理健康教育活动的目标

096　　二、幼儿心理健康教育活动的内容

098　　三、幼儿心理健康教育活动的设计思路

101　**第二节　幼儿心理健康教育活动指导策略**

101　　一、幼儿心理健康教育活动实施

105　二、组织开展幼儿心理健康教育活动应该注意的问题

106　**第三节　幼儿心理健康教育活动案例评析**

106　一、小班幼儿心理健康教育活动案例评析

110　二、中班幼儿心理健康教育活动案例评析

111　三、大班幼儿心理健康教育活动案例评析

第五章　幼儿生活自理能力教育活动的设计与指导　　115

116　**第一节　设计幼儿生活自理能力教育活动**

117　一、幼儿生活自理能力教育活动的目标

119　二、幼儿生活自理能力教育活动的内容

122　三、幼儿生活自理能力教育活动的设计思路

126　**第二节　幼儿生活自理能力教育活动指导策略**

126　一、幼儿生活自理能力教育活动实施

133　二、幼儿生活自理能力教育活动实施策略

134　三、幼儿生活自理能力教育活动应该注意的问题

135　**第三节　幼儿生活自理能力教育活动案例评析**

135　一、小班幼儿生活自理能力教育活动案例评析

139　二、中班幼儿生活自理能力教育活动案例评析

141　三、大班幼儿生活自理能力教育活动案例评析

第六章 幼儿饮食营养教育活动的设计与指导　146

147　第一节　设计幼儿饮食营养教育活动

- 148　一、幼儿饮食营养教育活动的目标
- 150　二、幼儿饮食营养教育活动的内容
- 153　三、幼儿饮食营养教育活动的设计思路

157　第二节　幼儿饮食营养教育活动指导策略

- 157　一、幼儿饮食营养教育活动实施
- 162　二、幼儿饮食营养教育活动应注意的问题

163　第三节　幼儿饮食营养教育活动案例评析

- 163　一、小班幼儿饮食营养教育活动案例评析
- 166　二、中班幼儿饮食营养教育活动案例评析
- 168　三、大班幼儿饮食营养教育活动案例评析

第七章　幼儿体育教育活动的设计与指导　173

174　第一节　设计幼儿体育教育活动

- 175　一、幼儿体育教育活动的目标
- 177　二、幼儿体育教育活动的内容
- 191　三、幼儿体育教育活动的设计思路

194　第二节　幼儿体育教育活动指导策略

194　一、幼儿体育教育活动实施

198　二、幼儿体育教育活动的指导要点

201　三、幼儿体育教育活动应注意的问题

201　第三节　幼儿体育教育活动案例评析

201　一、小班幼儿体育教育活动案例评析

204　二、中班幼儿体育教育活动案例评析

206　三、大班幼儿体育教育活动案例评析

第八章　幼儿安全与自我保护教育活动的设计与指导　　211

212　第一节　设计幼儿安全与自我保护教育活动

213　一、幼儿安全与自我保护教育活动的目标

215　二、幼儿安全与自我保护教育活动的内容

220　三、幼儿安全与自我保护教育活动的设计思路

224　第二节　幼儿安全与自我保护教育活动指导策略

225　一、幼儿安全与自我保护教育活动实施

231　二、幼儿安全与自我保护教育活动的指导要点

231　三、幼儿安全与自我保护教育活动应注意的问题

233　第三节　幼儿安全与自我保护教育活动案例评析

233　一、小班幼儿安全与自我保护教育活动案例评析

235　二、中班幼儿安全与自我保护教育活动案例评析

238　三、大班幼儿安全与自我保护教育活动案例评析

参考文献　242

第一章
认识幼儿健康

导学

本章有三个任务，即幼儿健康的探究，探讨影响幼儿健康的因素，探究幼儿健康教育的特点、任务和意义。希望你能够根据影响幼儿健康的因素在幼儿园一日生活中促进幼儿健康成长。

学习目标

通过本章的学习你应该做到：
（1）掌握健康的概念和影响幼儿健康的因素，以及幼儿健康教育的特点、任务和意义。
（2）能够根据影响幼儿健康的因素在幼儿园一日生活中促进幼儿健康成长。
（3）树立正确的健康概念。

思维导图

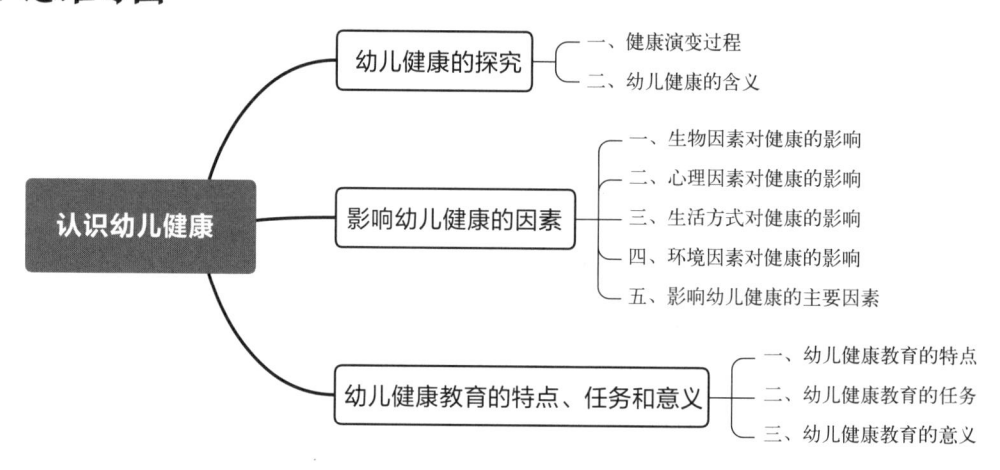

- 认识幼儿健康
  - 幼儿健康的探究
    - 一、健康演变过程
    - 二、幼儿健康的含义
  - 影响幼儿健康的因素
    - 一、生物因素对健康的影响
    - 二、心理因素对健康的影响
    - 三、生活方式对健康的影响
    - 四、环境因素对健康的影响
    - 五、影响幼儿健康的主要因素
  - 幼儿健康教育的特点、任务和意义
    - 一、幼儿健康教育的特点
    - 二、幼儿健康教育的任务
    - 三、幼儿健康教育的意义

第一节
幼儿健康的探究

案例导入

活动中："小朋友们，身上热烘烘的就要脱衣服了，背上湿了就要换衣服了。"
教师："小朋友们要去喝水了！我们的身体需要水分。"
进餐时：快乐进餐三部曲。
第一部曲：猜饭。
进餐前，并不告诉孩子今天吃什么，而是故作神秘地说出今天午餐食物的一些特征，让孩子猜猜今天有可能吃什么，孩子们积极地做着猜测。
第二部曲：赞饭。
在孩子们兴奋的情况下，再次提出疑问，将孩子的情绪推向新的高点："那你们知道这些食物有哪些营养吗？"于是，孩子们七嘴八舌地说开了。

"黑木耳吃了，头发会长得黑黑的。"

"青菜里面有维生素。"

……

"哇，原来这些食物有这么丰富的营养啊，吃了它们，我们一定长得又高又壮，真是太棒了！那我们以后还挑不挑食？"

"不挑食了！"孩子们异口同声地答道。

第三部曲：品饭。

经过"猜饭""赞饭"，孩子们对午餐产生了浓厚的兴趣，迫不及待地想尝尝今天的美味食物，于是快乐的午餐正式拉开了帷幕。

教师："小朋友们，好好吃饭，能够使我们变得健康。"

要求：

（1）请你探究健康概念的演变过程，说一说什么是健康。

（2）请小组讨论什么是幼儿健康。

🧩 知识讲解

一、健康演变过程

健康是人维持机体内环境相对稳定，并与外界环境取得动态平衡的完满状态。1947年，联合国世界卫生组织（World Health Organization，WHO）在其宪章中提出，健康是身体、心理和社会适应的健全状态，而不只是没有疾病或虚弱现象。

随着生产力的发展，人类对生命的认识有了提高，开始把人和自然联系起来。我国最早的中医典籍《黄帝内经》，其中的阴阳五行病理学说清晰地阐明了机体内因与外因的对立与统一对维持人体健康具有重要作用。被誉为"现代医学之父"、开创了西医新纪元的古希腊医生希波克拉底认为，健康是指身体内四种体液——血液、黏液、黑胆汁、黄胆汁的平衡，疾病病因不是鬼神，而是人身体体液不平衡，并且提出采用调节饮食、使用药物及其他非巫术的方法来恢复平衡、治疗疾病。

进入近代社会，生物科学有了很大进步。人们开始用生物学的观点来认识生命现象，并由此开展针对性的诊疗和防治，形成了生物医学模式。这一模式在防治人类传染病和严重危害人类生存的疾病斗争中取得了重大进展，为保护人类健康做出了巨大贡献，因此人们将这个时期称为第二次卫生革命。

到了 20 世纪，随着慢性疾病和非传染病的增加，人类的疾病谱发生了很大的变化，逐渐暴露了生物医学模式的片面性和局限性。人类开始认识到生命状态与自然环境、社会环境以及人本身的生物遗传因素及后天心理行为因素、生活方式等密切相关，应将生命置入自然—人—社会这一动态系统中予以综合认识。所以人们对健康教育不断地产生新的认识并赋予其新的含义、功能和内容。

综上所述，健康教育是一种有计划、有目的、有评价的教育活动，帮助和鼓励人们树立增进健康的愿望，促使人们采取有益于健康的行为，形成科学的生活方式，以消除或降低危险因素的影响，创建健康的环境，并学会在必要时求得适当的帮助，从而达到保护和促进健康的目的。健康教育的内涵包括以下几个方面。

1. 健康教育是教育活动

健康教育是以健康为目的、以教育为主要手段的一门边缘学科，介于自然科学与社会科学之间。它是一种有目的、有计划、有组织的教育活动，旨在帮助和鼓励人们树立增进健康的愿望，传播一定的健康知识，促使人们自愿地采取有益于健康的行为，养成健康的生活方式，创造健康的环境，并学会在必要时求得适当的帮助，从而保护和促进健康，提高生活质量。健康教育的目的是预防疾病、增进健康和提高生活质量，其着眼点是人民群众和他们的行为，诱导并鼓励人们养成并保持有益于健康的生活方式，合理而明智地利用已有的保健措施，自觉地开展改善个人和集体状况、环境的活动。

2. 健康教育需要社会行动和行政干预

采取社会行动和行政干预是推动健康教育的良策。社会行动强调的是全社会的配合和支持，只有人人参与，才能最终实现人人享有卫生保健。行政干预是指各有关行政、研究、教育机构或部门，各项法律、法规和政策，在加强健康教育、改变不健康的生活方式、创设有利于健康的环境、建立和完善保健体系等方面所进行的干预。

3. 健康教育工作者应首先了解健康的决定因素

健康教育工作者必须首先对当前影响人们健康和健康相关行为的决定因素，以及影响健康的环境条件有一个基本了解。只有这样，才能明确教育的具体内容，有针对性地开展教育活动。

二、幼儿健康的含义

幼儿健康是指幼儿的各个器官、组织正常生长发育，能较好地抵抗各种疾病，性格开朗，情绪稳定，对环境有较快的适应能力。

《3～6岁儿童学习与发展指南》（以下简称《指南》）中指出："发育良好的身体、愉快的情绪、强健的体质、协调的动作、良好的生活习惯和基本的生活能力是幼儿身心健康的重要标志。"（表1-1）

表1-1 幼儿健康的标准

指标维度	具体内容
身体健康	生长发育良好；机体对外界环境有一定的适应能力；动作及体能发育良好
心理健康	认知发育正常；情绪积极向上、反应适度；人际关系融洽；性格特征良好；没有严重的心理卫生问题
社会性发展良好	社会适应能力较强，能较快地融入集体生活；人际关系良好，乐于与人交往，具有较好的人际交往能力；自我意识发展良好，具有一定的自我调控能力
道德健康	初步懂得判断善恶、美丑、好坏、是非；自己的事情尽量自己做；讲文明讲礼貌，不骂人不撒谎，尊老爱幼；待人诚实大方热情，形成自律、自信、勇敢、活泼、开朗的性格；会合作分享，会关心他人、帮助他人，有初步的社会责任感

幼儿健康教育是根据幼儿身心发展的特点以提高幼儿的健康认知、改善幼儿的健康态度、培养幼儿的健康行为、维护和增进幼儿的健康为核心目标而开展的一系列有目的、有计划的教育活动。

《幼儿园教育指导纲要（试行）》（以下简称《纲要》）明确指出："幼儿园必须把保护幼儿的生命和促进幼儿的健康放在工作的首位。树立正确的健康观念，在重视幼儿身体健康的同时要高度重视幼儿的心理健康。"

幼儿园健康教育是终身健康教育的基础阶段，也是幼儿园教育重要的组成部分，其出发点和归宿是培养幼儿的健康行为，即养成健康的生活方式。

第二节
影响幼儿健康的因素

案例导入

小虎的父母比较忙，小虎大部分时间都是由爷爷、奶奶照顾。每次奶奶给小虎都做大鱼大肉吃，让小虎长得胖一些。看见小虎胖了，奶奶就很开心。发现小虎瘦了，奶奶就比较焦虑。去幼儿园，奶奶给小虎穿得很多，怕小虎冻感冒了。奶奶认为，只要吃得好，穿得暖，小虎就不会生病，她的孙子就很健康。

要求：
（1）请你和同学讨论一下，奶奶的观点是否正确，为什么？
（2）请小组同学共同将影响幼儿健康的因素绘制成思维导图。

知识讲解

影响人类健康的因素很多，大致可以分为生物因素、心理因素、生活方式和环境因素等方面，这些因素相互作用、相互制约、相互影响。

一、生物因素对健康的影响

生物因素的研究是从生物医学模式时代就开始的。它主要包括遗传、疾病等因素。

（一）遗传因素

遗传是生物界存在的普遍现象，一切生物都是按照自己的模式繁衍后代，使每一物种的个体都继承着前代的各种基本特征。遗传是实现人类和各种生物在世代间种族得以延续的基本条件，是决定人体健康发展与变化的先天因素。

现代医学发现，遗传现象除了在长相、身高、智力等方面存在以外，很多疾病如色盲、唐氏综合征、各种代谢性疾病和内分泌疾病等都是可以遗传的。研究者通过家系调查、双生子研究和寄养子研究，以及分子生物学、细胞与分子遗传学等多方面研究，发现有3000多种疾病与遗传因素有关，占疾病的60%～70%，这种疾病就是老百姓常说的"胎里带来的"。此外，人的许多心理行为也受遗传的影响，如性格内向或外向、行为退缩或是攻击、情绪焦虑或是抑郁等都可能受遗传的左右。

（二）疾病因素

生物性病原体侵入人体后会导致许多疾病发生。例如，在妊娠期母亲患感染性疾病，有些病原体可以通过胎盘感染胎儿，引起胎儿发育不良、畸形，或造成流产、死胎。例如，怀孕3个月以内的孕妇感染风疹病毒，风疹病毒可通过胎盘进入胎儿体内，引起胎儿畸形。有研究表明：孕妇感染风疹病毒的时间越早，致畸的可能性越大。历史上曾发生风疹的大面积传播，教训深刻。1940年，澳大利亚发生一次风疹流行，次年出生的新生儿发生白内障者明显增加。1964年，美国发生一次风疹大流行，致使此后的两年中出生了3万多名畸形儿。

二、心理因素对健康的影响

根据医学心理学研究发现，心理因素对疾病的发生发展与康复有很大的关系。

（一）消极的心理因素对人体生理和病理的影响

在我国战国时期，已有人指出，"七情"（喜、怒、忧、思、悲、恐、惊）可以致病，并且对疾病的转归也有影响。大量的临床实践与科学研究证明，消极的心理因素如焦虑、悲伤、苦闷、颓丧、惊慌、紧张、愤怒等可以引起神经系统功能失调，导致失眠、消化不良、消瘦、血压升高等，久而久之就会出现多种疾病，如高血压、神经症、心动过速等，从而影响身心健康。

（二）积极的心理状态是维护身心健康的重要条件

心理状态是社会环境与生活环境作用于机体所做出的综合反应，一个人心胸宽阔、乐于助人，经常处于积极向上、乐观、坚强的心理状态，就能够经得起成功与失败的考验，保持胜不骄败不馁、百折不挠、拼搏进取的精神状态；反之，如果经常处于消极怠慢、悲观失望、烦躁不安等不良精神状态，疾病就会乘虚而入，从而影响身心健康。

（三）心理因素在治疗中的重要作用

一个人的心理状态对健康和疾病的转归具有极为重要的作用。有的疾病是由于心理障碍所引起的，只要很好地接受心理疏导，去除心理障碍，往往能较快康复。有些患者虽然病得很重，由于自己能够沉着应对，积极配合医护治疗，也能较快痊愈；反之，有些人，对某些生理现象一知半解，摸到一个皮下结节就以为是癌症转移，于是天天忧心忡忡，反使病情逐步加重。由此可见，心理因素对疾病的发生、发展与转归具有重要的影响。

三、生活方式对健康的影响

生活方式是指人们长期受一定文化、民族、经济、社会、风俗、习惯，特别是家庭影响而形成的一系列的生活规范、生活制度和生活意识。

（一）饮食营养与健康

人们在生长、发育、劳动、学习和日常生活中都需要不断地摄取食物，供给其能量代谢和物质代谢的需要。如果机体摄入量不足或质量不高，或因机体消耗量增加等原因而不能满足机体对营养素的正常需求，则可能引起营养不良或营养缺乏症。心血管病、非胰岛素依赖型糖尿病、各种癌症、胃肠疾病和肝脏疾病都与不良饮食习惯和不合理膳食有关，可统称为"与饮食有关的非传染性疾病"。这类疾病的变化与社会经济生活的变化密切相关。当人们生活水平提高后，膳食结构出现以高脂肪、高蛋白、高热量为特征的"三高膳食结构"，这种膳食结构是造成体重超重、血压升高、血胆固醇升高的主要原因，成为心血管病的危险因素。

除此之外，我国居民饮食营养中存在的另一问题是食物品种单一所造成的营养素缺乏问题，特别是碘缺乏症（可致甲状腺肿、精神障碍、呆小病）、铁缺乏症（可致缺铁性贫血）和维生素A缺乏症（可致发育迟缓、加重感染、眼角膜软化和失明）等。目前，在我国学生群体中营养缺乏和营养过剩同时并存，我国政府针对公民营养知识较贫乏和现实存在的饮食营养问题，提出"大豆行动""学生营养餐""早餐工程"等膳食指导计划，有望改善我国公民的营养状况。

（二）体育锻炼与健康

积极参加适当的体育锻炼能促进新陈代谢、增强内脏功能、促进正常发育、增强身体素质。

体育锻炼可增强神经系统的功能，使大脑皮质的活动更加协调，感觉敏锐，动作灵活而准确；体育锻炼可增强呼吸系统的功能，促进胸部发育，增加胸围和肺活量；体育锻炼可使关节的活动更加灵活，肌肉的血循环加快，肌纤维粗大，肌细胞的氧化酶更加活跃，可使肌肉变得更有耐力、更富有弹性；体育锻炼可以促进脂肪消耗，使肥胖的体重恢复正常；体育锻炼可以促进内分泌系统的功能更加协调，促进机体各系统、各器官的平衡发展。

体育锻炼还对心理健康有积极的作用。首先，体育锻炼有助于情感与情绪的调节和改善。通过体育锻炼，使自身的心理机能、身体素质得到改善，身心得到一种舒适的感受，减轻疲劳，产生积极的成就感，增强自信心，从而转移不愉快的情绪和行为，不但使人从烦恼和痛苦中摆脱出来，而且不良情绪也得到及时宣泄。其次，体育锻炼有助于坚强意志品质的培养和形成。在体育锻炼中，要不断地克服主观困难和客观困难，在战胜自我的前提下，越是努力克服主客观方面的困难，就越能培养良好的意志品质。最后，体育锻炼有助于自我正确观念的确立和人际关系的改善。通过体育锻炼结识更多的朋友，使每个人都融入集体中，为自己成为集体中的一员而心情舒畅，精神振奋。因此，通过体育锻炼可以从整体上全面提高身心健康水平。

当然，体育锻炼必须是科学合理的。现代科学研究证明，体育锻炼对人体器官系统的影响有双向效应：科学的体育锻炼对人体器官系统能产生良好的影响，违背客观规律的体育锻炼有害健康。缺少科学性的盲目锻炼，不但对人体的健康起不到促进作用，反而还可能使锻炼者产生损伤、疲劳等症状，严重损伤身体机能。因此，我们必须遵循运动的客观规律，在科学思想的指导下进行有益身体的运动。

四、环境因素对健康的影响

幼儿正处于身体发展的关键时期，任何环境的变化都有可能影响他们的健康成长。

环境因素是指围绕人类的客观事物的总和，它包括自然环境和社会环境。自然环境是指直接或间接影响到人类生活、生产的一切自然形成的物质、能量的总体，包括阳光、空气、水、气候、地理等，是人类赖以生存的物质基础，是人类健康的根本；社会环境主要包括社会制度、法律、经济、文化、医疗、卫生、教育、人口、民族、职业等，也包括工作环境、家庭环境、人际关系等被人类改造过的环境，其对人类的健康有着重要的影响。

（一）季节和气候对健康的影响

疾病的发生往往受季节、气候的影响，如感冒、哮喘、冻疮等疾病常在气温较低的冬春季节发作，而有一些疾病则在气温较高的夏秋季节发病，如痢疾、胃肠炎、中暑、疟疾等。季节对机体的生长发育也有一定的影响。一般来说，春季幼儿的身高增长较明显，而在秋季往往体重增加较快。季节和气候对人的睡眠也产生一定的影响，"春眠不觉晓"说的是春季更容易入睡，相反炎热的夏天睡眠质量往往会较差，而睡眠质量也是影响人体健康的一个因素。

（二）大气污染对健康的危害

长期生活在低浓度污染的空气环境中，可导致慢性呼吸系统疾病。空气污染物还有致癌的作用，大气污染是现代肺癌发病率增高、死亡率增加的重要原因之一。实验证实，有 30 余种空气污染物具有致癌作用，其中最突出的是多环芳烃化合物，它是煤炭、石油、天然气、木材等燃烧不完全所形成的一种高活性致癌物。煤烟、煤焦油、汽车尾气、柏油路灰尘等也能分离出致癌物质苯并芘。而二噁英对人体的致癌作用已引起环境专家的高度重视，大气环境中的二噁英约有 90% 来源于城市和工业垃圾焚烧。

（三）水体污染对健康的危害

水体污染物通常可分为三大类，即生物性、物理性和化学性污染物。生物性污染物包括细菌、病毒和寄生虫。物理性污染物包括悬浮物、热污染和放射性污染。化学性污染物包括有机化合物和无机化合物。

生物性污染主要会导致一些传染病，如饮用不洁水可引起伤寒、霍乱、细菌性痢疾、甲型肝炎等传染性疾病。此外，人们在不洁水中活动，水中病原体可经皮肤、黏膜侵入机体，如血吸虫病、钩端螺旋体病等。物理性和化学性污染会致人体遗传物质突变，诱发肿瘤和造成胎儿畸形。被污染的水中如含有丙烯腈会致人体遗传物质突变；水中如含有砷、镍、铬等无机物和亚硝胺等有机污染物，可诱发肿瘤的形成；甲基汞等污染物可通过母体干扰正常胚胎发育过程，使胚胎发育异常而出现先天性畸形。人类赖以生存的水体受到污染，对人类的健康存在极大的威胁，应引起高度重视。

（四）土壤污染对健康的危害

土壤被污染后，对人体产生的影响大多是间接的，主要通过"土壤—植物—人体"或"土壤—水—人体"这两个基本环节对人体产生影响，这种影响主要表现为引起慢性中毒、诱发癌症、传播疾病等危害。如工业"三废"中排出的废水含有镉、铅等重金属毒物，灌田后可以通过稻米造成慢性镉中毒（疼痛病）和铅中毒；含砷、汞农药污染土壤引起慢性砷中毒和汞中毒等。

（五）噪声对健康的危害

噪声是一类引起人烦躁，或音量过强而危害人体健康的声音。凡是干扰人们正常休息、睡眠和影响人们正常工作、学习、思考和谈话等不协调的声音，均属噪声。

生活生产中的主要噪声源有工业噪声、交通噪声和生活噪声。噪声对人体健康的危害可体现在神经系统、心血管系统和消化系统几个方面，但对神经系统的作用最直接。长期接触噪声对人体神经系统产生不良影响，主要表现为听力下降、头痛、头晕、耳鸣、心悸及睡眠障碍等神经衰弱综合征；对心血管系统的损害主要表现为心率加快或减缓、血压不稳；对消化系统的影响，表现为引起胃肠功能紊乱、食欲减退、消瘦、胃液分泌减少、胃肠蠕动减慢等。

保持自然环境与人类的和谐对健康十分重要，人类在改造自然的同时，更应敬畏自然，遵循自然界的客观规律，使自然以其最有利于、最适合于人类的生存与发展的方式和状态存在。违背自然规律盲目地改造自然、征服自然的行为必将给人类带来灾难，全球变暖、臭氧层空洞扩大、水资源危机、人口数量激增、土地荒漠化等已是不争的事实。现代人将如何用具体的行为去保护已千疮百孔的地球生态环境是摆在大家面前的一个重要课题。

（六）社会、经济因素与健康

随着社会的进步、科学技术的发展和生产力水平的提高，社会因素对人体健康的影响更多、更复杂，已成为当前社会医学研究的重要课题之一。由于社会是一个复杂的综合体，通过社会政治、经济、法律、文化艺术、科学技术、教育和社会卫生保健服务等体系的单独运行和相互运转，均可对当地人群的疾病防治和健康促进产生各种直接或间接的重大影响。

经济是满足社会人群基本需要的物质基础，社会经济的发展是人群健康水平提高的根本保证，社会经济的发展推动了卫生工作，促进人群健康水平的提高。

（七）社会文化因素与健康

社会文化因素包括思想意识、风俗习惯、科学技术等。思想意识对健康的影响：思想意识的核心内容是世界观，其确定人们的其他观念。人的观念的形成，一方面来源于个人的生活经历和实践，另一方面来源于社会观念的影响，从而使思想观念具有个别性和社会普遍性。因此，由某种观念带来的健康问题也表现出个别性和社会倾向性，不良的社会道德和观念可带来社会病态现象和健康问题。风俗习惯对健康的影响：风俗习惯是历代相沿的规范文化，是一种无形的力量，约束着人们的行为，从而对健康发生重要的影响。不良的风俗习惯可导致不良的行为，将直接危及和影响人群健康。科学技术对健康的影响：科学技术的发展改善了人们的工作环境和生活环境，改变了人们的生活方式，从而对个体和群体的身心健康产生重大的影响。

（八）卫生保健服务与健康

卫生保健服务是指卫生部门向社区居民提供适宜的医疗、预防、康复和健康促进等服务。在卫生保健服务中必要的药物供应、健全的疫苗供应、医疗质量、服务态度、医德和医疗作风等，对人群健康可产生重要影响。良好的卫生保健对健康起着促进作用；反之，则危害健康。政府应调整卫生事业经费支出结构，逐步增加对健康教育与教育促进的投入，完善相关政策措施，引导社会资源投入健康教育与健康促进工作，多渠道募集经费，提高全社会，特别是特困群体医疗预防的保障水平；认真总结卫生保健经验，继续巩固和发展在我国行之有效的各级卫生保健网络和各种合理的卫生保健规章制度与办法，扩大卫生服务网络的覆盖面，总结和改革公费医疗和劳保医疗制度；总结、调整、巩固和探索农村集体医疗制度，积极在各地实行三级预防保健。随着社会的发展与经济水平的提高，社会的医疗卫生服务逐步完善，医疗机构日益健全，卫生资源投入逐步增加，医疗卫生服务质量逐步提高，将有效地保障广大人民群众的卫生条件和健康水平。

五、影响幼儿健康的主要因素

影响幼儿健康的主要因素有生物因素和环境因素。

（一）生物因素

生物因素是对健康产生重大影响的生物学因素。幼儿正处于迅速生长发育的过程中，其机体的生理状态在不断变化。机体自身某一部位的发育障碍，或者机体遭受损伤等，都会影响幼儿的身心健康。例如，由于病变、外伤、中毒等引起幼儿神经系统，特别是脑的损伤，会随之发生个体生理活动失常，还可引起机体，特别是各内脏器官器质性或功能性的继发改变以及心理活动的某些变化。

（二）环境因素

1. 自然环境

良好的自然环境能为幼儿提供各类物质条件，维持和促进其正常的生命活动和健康的发展，也会为他们提供各种精神条件，使他们情绪愉悦，积极向上。充足的阳光、新鲜的空气、清洁的水源、合理的膳食、安全的设施等都是保证和促进幼儿健康的重要条件。但是，自然环境也随时产生着、存在着和传播着危害幼儿健康的因素。如不适当的温度、湿度、照明、空间和噪声等刺激的长期作用，会影响幼儿的生长发育，也会影响幼儿的情绪和行为。调查表明：长期高强度的噪声刺激会使幼儿大脑皮质的兴奋抑制过程失调，条件反射异常，脑血管功能受损，自主神经功能紊乱，产生头痛、耳鸣、心悸、失眠、嗜睡、乏力等症状；在狭小空间的环境中生活的幼儿侵犯性行为增多、焦虑水平升高；营养过剩或不足也会引起相应的病症；通过饮食、呼吸等途径可感染致病性细菌、病毒，同样会引起相应的疾病。

2. 社会环境

对幼儿的健康产生重要影响的社会环境主要有家庭、托幼机构和社区。

（1）家庭：家庭是幼儿早期生活的基本的社会环境。家庭经济和营养状况、家庭结构、家庭氛围、家庭的教养方式、家长的身心素质、家庭的生活方式等都与幼儿的生长发育和身心健康密切相关。良好的家庭氛围可使幼儿活泼、开朗、诚实、合群、求知欲强；相反，如果幼儿和家庭成员的关系不好，家庭气氛冷漠，就会给幼儿一种不安全感，使其长期处于不愉快的情绪之中，容易形成胆怯、自私、嫉妒、孤独等性格。父母是子女的第一任教师，父母的一言一行，对幼儿的生活方式、个性塑造、人格形成、智力发展、价值观念取向等都有潜移默化的影响。一般说来，文化素质高、身心素质好的父母，能用自己的健康知识、态度和行为去影响和教育子女，培养他们乐观上进的品格，让他们积极参加各种体育锻炼，帮他们形成有益于健康的行为习惯。家庭的生活方式是影响幼儿健康的又一重要因素，当今不良的生活方式已经成为现代社会中影响人们健康的最主要的因素。人类主要的死亡原因已由曾经的呼吸系统疾病、急性传染病、消化系统疾病等转变为心血管系统疾病、恶性肿瘤、事故等，后者与人的生活方式与行为密切相关，如摄入过量的高脂肪、高热量的食物与高盐食物，吸烟，缺乏体力劳动等都容易引发心血管系统的疾病。生活方式形成的关键期在幼儿阶段，接受并形成良好的生活方式与行为将对其一生的健康有益。在家庭中注意培养幼儿健康的行为习惯，同时与幼儿园的健康教育同步进行，配合幼儿园开展相应内容的教育。

（2）托幼机构：托幼机构是幼儿生活的又一个重要的社会环境，也是影响其身心健康的重要因素。托幼机构是对幼儿实施保育和教育的机构，承担着对幼儿提供保健服务的任务。托幼机构保健设施的完善程度和服务质量等直接影响着幼儿的健康状况。因此，托幼机构应为幼儿提供合理平衡的膳食、安全用水、基本环境卫生设施，对幼儿进行健康检查、生长发育的评价、身心疾病的防治、心理咨询、预防接种、生活的照顾、家园联系的建立，还要对幼儿进行健康教育，促进幼儿形成健康的态度和行为。

（3）社区：社区是由生活在一定地域范围内的人所形成的一种社会生活共同体，它既是人们聚集、生活的一定地域，也是社会成员参与社会活动的基本场所。它是大社会的缩影。幼儿生活在社区，社区的人口、地理、环境、经济、文化、社会组织等资源，都将对幼儿的身心健康产生影响。幼儿的身心保健既是个人的义务，也是全社会的责任。应利用社区环境，对幼儿进行健康教育。如社区中的健康教育机构、医疗卫生机构、宣传和新闻部门、文化和娱乐部门、社会团体等都是我们在对幼儿进行健康教育时可利用的社会环境资源。为保证健康教育取得良好的效果，我们一定要调动各种社会力量，发挥各自的优势和特点，配合幼儿园的健康教育活动，为幼儿一生的健康打下良好的基础。

第三节
幼儿健康教育的特点、任务和意义

案例导入

小李老师是幼儿园新任教师，她认为幼儿园的健康教育就是设计健康教育活动，在课程中促进幼儿的健康即可。小王老师则不这么认为，她觉得幼儿的健康教育非常重要，健康领域教育活动只是一部分内容，主要在日常生活中进行健康教育，例如盥洗、睡眠、饮食、户外活动等。

要求：
（1）请小组讨论小李和小王的观点哪一个正确，为什么？
（2）请小组用思维导图的方式总结幼儿健康教育的特点、任务和意义。

知识讲解

幼儿健康教育是幼儿园教育中一个重要而又有着特殊性的领域，它的特殊性主要表现在以下几个方面。

一、幼儿健康教育的特点

（一）幼儿健康教育的渗透性

1. 日常生活环节中的渗透

幼儿健康教育是生活教育，单独依靠健康教学活动是无法真正达成幼儿健康教育的目标的，因此幼儿健康教育还应当在日常生活的每一环节渗透健康教育理念，在盥洗、进餐、清洁、睡眠、锻炼、游戏等每个环节对幼儿随机地进行健康教育。如：在饭前、便后洗手时，指导幼儿正确的洗手方法；在走楼梯时应提醒楼道狭窄、注意安全、不手拉手、不推挤；游戏时，应提醒不嬉戏、不打闹，以减少噪声等。

2. 各领域活动间的渗透

幼儿园各领域教育的融合是当前幼儿园课程研究的一个重要课题。《纲要》明确要求："教育活动内容的组织应充分考虑幼儿的学习特点和认识规律，各领域的内容要有机联系，相互渗透，注重综合性、趣味性、活动性，寓教育于生活、游戏之中。"在具体实施中，其他教育领域对幼儿健康教育的融合可以从以下两方面来体现。

一方面，各领域教育可以帮助实现幼儿健康教育的某些目标，譬如，通过语言领域活动，发展他们的人际交往能力；通过社会领域活动，学习与人合作交往的技巧；通过艺术领域活动，提供多角度、多方面、多渠道的"情感体验"；通过科学领域活动，满足儿童的"好奇心"和"求知欲"，发展儿童的"观察力""创造性思维"及语言表达与沟通能力等。

另一方面，幼儿健康知识的学习过程、健康态度的转变过程以及健康行为的形成过程都离不开各领域特有的教育形式的密切配合，如以朗朗上口的儿歌、形象有趣的谜语、声情并茂的故事、栩栩如生的画面、引人入胜的探究等，唤起幼儿对自己身体的了解欲望、对健康食品的兴趣、对健康行为的向往。

3. 环境创设的渗透

《纲要》明确指出："幼儿园应为幼儿提供健康、丰富的生活和活动环境，满足他们多方面发展的需要，使他们在快乐的童年生活中获得有益于身心发展的经验。"环境是重要的教育资源，环境在促进儿童健康成长、塑造良好个性方面越来越受到有识之士的重视。可以说，环境布置已渐渐成为当前幼儿园工作的热点之一，开始重视创设健康的幼儿园物质生活环境，譬如，班级的图书角贴有"安静，不要喧哗"的文字、自来水水龙头旁的"洗手"图示、就餐时播放的轻音乐等，让物体与空间更有益于儿童的健康。

《纲要》同时指出:"教师的态度和管理方式应有助于形成安全、温馨的心理环境;言行举止应成为儿童学习的良好榜样。"教师应以关怀、接纳、尊重的态度与幼儿交往,为此,幼儿园还应当积极构建健康的心理环境,重点关注和谐的集体氛围、平等的师幼关系和互帮互助的家园关系的创设,使幼儿情绪安定、心情愉快。要充分认识到心理环境对幼儿的影响有时比物质环境的影响更为深刻。要根据儿童的情绪和行为表现反思、调整和改进幼儿园的心理环境。

4. 幼儿园、家庭和社区间的渗透

幼儿在幼儿园接受的健康教育会辐射到家庭、社区等孩子的其他生活场所,家庭其他成员的健康行为和社区中其他人员的健康行为也有可能对幼儿的健康行为产生直接的影响。不应忽视家庭环境、社会环境中一些习以为常的做法和现象对幼儿的不利影响,譬如,家长以去"洋快餐"店吃炸薯条、喝可乐等作为奖励、以"看谁吃得快"的比赛形式换取幼儿的就餐速度,从而助长了幼儿的不良饮食行为,这些有害的环境因素若不被重视或未能有效控制都将大大降低儿童健康教育的成效。因而,教师要做好幼儿园、家庭、社区之间的沟通和协调,促使三者形成合力,共同促进幼儿健康发展。

(二)幼儿健康教育的长期性

由于幼儿的健康认知、态度、行为往往不一致,因此幼儿健康教育具有一定的复杂性。它的复杂性决定了儿童健康教育的效果往往不能产生立竿见影的作用。当前具有的健康知识、健康态度和健康行为往往需要主体的努力维持才能最终引起健康状况的改善。不难发现,在很多情况下,幼儿似乎能在短期内"建立"起某种健康行为,但过一段时间却很快地又改变了已形成的健康行为,因此幼儿健康行为的养成是一个需要长期努力的过程,只有常抓不懈,健康教育的效果才能真正得到体现。

(三)幼儿健康教育的可操作性

幼儿健康教育不仅注重形成幼儿良好的认知和态度,而且注重幼儿健康行为习惯的养成。所以在设计健康教育方法时,要结合教育内容、师资及设备条件,设计出操作性强的、行之有效的方案。教师不仅要通过讲解等方式形成幼儿的健康认知,而且也要通过丰富多彩的操作活动,使幼儿通过感知、体验、动作练习,提高其参与的积极性和教育的有效性。因此,教师要根据幼儿发展的具体情况进行教育,让幼儿参加合适的活动,并根据幼儿在活动中的表现及时给予调整,使每个幼儿都获得富有个性的发展。

(四)幼儿健康教育的"群体"效应性

"群体"效应理论实质上是人的从众心理正向作用的反映,在教师的正向引导下,通过同伴间的相互学习、相互模仿,使这种从众心理现象在群体活动中产生良好的活动氛围,促使产生群体效应。

儿童好模仿,从众心理强,因此,利用良好的幼儿群体作用有利于增强健康教育效果。幼儿在集体健康的氛围中容易使情感与认识相互协调,加之教师对幼儿的教育、启发、帮助和良好的示范以及同伴之间的接触、交流和相互作用,都可以促进幼儿个体在群体的影响下树立科学的健康信念和态度,进而形成更稳固的健康行为和习惯。例如对幼儿

开展"三浴"（指空气浴、日光浴和水浴）锻炼的教育活动时，要使幼儿不怕苦、不怕难，喜欢"三浴"锻炼，并激发幼儿自身的积极性，就要发挥他们集体的作用，在群体中营造一种愉快向上的氛围，使个体在这种氛围中受到感染、鼓舞，从而自觉地投入活动。同时，在活动中，教师要恰当地对个体在集体中的表现加以启发、引导，适时地给予支持和帮助，也可通过加强同伴间的接触、交流，以及激励机制，提高幼儿的认识，巩固幼儿的期望行为。

二、幼儿健康教育的任务

健康教育主要涉及人们对健康的认知、态度和行为。幼儿健康教育的任务主要体现在以下三个方面。

（一）帮助幼儿获得健康知识

幼儿对于健康的态度以及健康行为、习惯的养成，建立在对健康正确认识的基础之上。应该设法使幼儿懂得"我应该怎么做""我不应该怎么做""如果这样做了会出现什么后果"等。

为幼儿选择健康知识，既要考虑适合幼儿身心发育和发展的特点，又要考虑他们的理解能力和接受能力。所选择的内容应该与幼儿的日常生活密切相关，注重科学性和可接受性。对于年龄较小的幼儿，不必要求知识的系统性，可以根据幼儿所处环境的特点以及他们发展的需要进行相关的教育。对于年龄较大的幼儿，可以适当地帮助他们进行知识的归纳与概括，使其获得较系统、较全面的健康知识，不断提高分析、综合和解决问题的能力。

（二）帮助幼儿树立正确的健康态度

个体的健康态度，不仅表明了他的行为倾向，而且还能对其行为起到直接的干预作用。幼儿正确的健康态度的形成，是促使他们将有关健康的知识转化为健康行为和习惯的动力。

帮助幼儿学会关心自己的健康，树立起"我要爱护自己""我要做健康的小主人"的意识和态度，要使他们相信：只要掌握必要的知识与技能，养成良好的行为与习惯，注意自我保健和自我保护，就能照顾好自己，就能成为健康的小主人。一旦幼儿形成了较为稳定的、正确的健康态度，就有可能对其一生的行为产生持久性的影响。

（三）帮助幼儿形成健康的行为习惯

健康教育的主要任务和最终目的就是要促使人们建立和形成有益于健康的行为习惯。只有将健康的知识和对健康的正确态度转化为健康的行为，才能真正地达到维护和促进健康的目的。应该使儿童逐步认识到：只有掌握一定的健康知识，按照正确的方法去做，才能获得真正的健康。幼儿园教师应努力地帮助幼儿在日常生活中逐步改掉不利于健康的行为习惯，使其形成良好的行为习惯。

学前阶段是行为习惯形成的关键时期。幼儿健康教育应注重在幼儿尚未受到不良的生活、行为影响之前，就予以适时、适当的健康教育，这对幼儿健康行为的形成将起到事半功倍的效果。在日常工作中，幼儿园教师和家长要经常关注幼儿的健康行为，及时指出不良的健康行为，帮助他们建立起比较稳固的动力定型，从而形成健康的行为习惯。

健康知识、健康态度、健康的行为习惯是相互联系、相互作用的，健康知识的获得是健康教育的基础，正确的健康态度是形成健康行为的动力，而养成健康的行为习惯则是最终的目的。在对幼儿进行健康教育的过程中，要处理好三者之间的相互关系，把它们有机地结合起来，相互渗透、相互促进，最终达到促进幼儿身心健康的目的。

三、幼儿健康教育的意义

（一）健康教育有利于幼儿的身心健康

对幼儿进行健康教育，是根据幼儿的身心发展的特点与规律，向其传授基本的健康知识，培养他们积极的健康态度，帮助他们逐步形成有益于健康的行为习惯，提高他们自我保健和自我保护的意识与能力，从而提高他们的生活质量和健康水平，促进其身心和谐、健康地发展。这不仅有益于幼儿的身心健康，还将为其一生的健康打下良好的基础，使其终身受益。

（二）幼儿的身心健康是国家、民族发展的需要

《中共中央、国务院关于深化教育改革全面推进素质教育的决定》指出："健康的体魄是青少年为祖国和人民服务的基本前提，是中华民族旺盛生命力的体现。"幼儿的健康是提高人口素质、民族素质的重要保证。只有个体的身心健康，才能促进整个国家、民族的强大和繁荣。

（三）健康教育在整个儿童教育体系中具有其他教育活动不可替代的重要作用

《纲要》要求幼儿园把促进幼儿的健康放在工作的首位，决定了幼儿健康教育是幼儿教育最为重要的组成部分，是其他教育活动不可替代的。在个体的发展历程中，生命的健康存在是保证人的全面发展的物质基础。幼儿身体各个器官的生理机能尚未发育成熟，各个组织比较柔嫩，其物质基础相当薄弱；同时，学前期又是人生长发育十分迅速、新陈代谢极为旺盛的时期，若成人能够为幼儿提供适宜的健康教育，则有利于他们形成有益终身的健康行为方式与习惯。保护幼儿身心健康是进行其他教育活动的前提，可以说，幼儿健康教育在整个幼儿教育体系中具有其他教育活动不可替代的重要意义。

学习总结

本章主要探讨健康的概述，包括三节。第一节：幼儿健康的探究。从健康的概念入手，逐步引入幼儿健康的概念。是学习本课程的理论基础。第二节：影响幼儿健康的因素。影响健康的因素包括生物因素、心理因素、生活方式、环境因素。其中主要因素包括环境因素和生物因素。第三节：幼儿健康教育的特点、任务和意义。幼儿健康教育的特点包括幼儿健康教育的渗透性、长期性、可操作性、"群体"效应性等。

拓展训练

请你为每一节课程内容做一个思维导图。

实践练习

（1）简述健康概念的演变。
（2）简述影响幼儿健康的因素。
（3）简述幼儿健康教育的特点。
（4）简述幼儿健康教育的任务。
（5）简述幼儿健康教育的意义。

第二章
幼儿健康教育活动的设计与实施

导学

在本章中你会学习到如何制定幼儿健康教育活动的目标、如何选择幼儿健康教育活动的内容、如何实施幼儿健康教育活动、如何对幼儿健康教育活动进行评价、如何制定幼儿健康教育活动方案。

学习目标

通过本章的学习你应该做到：
（1）掌握幼儿健康教育活动的目标、内容、实施方法。
（2）能够对幼儿健康教育活动进行正确的评价。
（3）体验幼儿健康教育活动方案设计过程的成就感。

思维导图

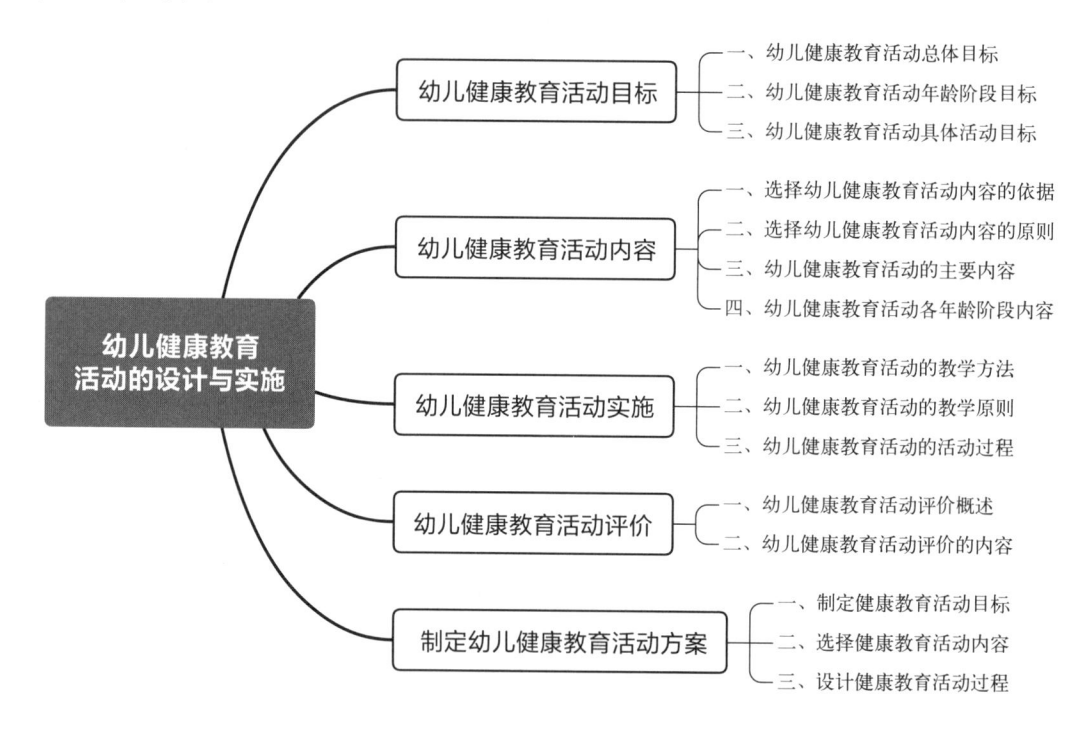

```
                        ┌── 一、幼儿健康教育活动总体目标
         幼儿健康教育活动目标 ──┼── 二、幼儿健康教育活动年龄阶段目标
                        └── 三、幼儿健康教育活动具体活动目标

                        ┌── 一、选择幼儿健康教育活动内容的依据
                        ├── 二、选择幼儿健康教育活动内容的原则
         幼儿健康教育活动内容 ──┤
                        ├── 三、幼儿健康教育活动的主要内容
                        └── 四、幼儿健康教育活动各年龄阶段内容

幼儿健康教育              ┌── 一、幼儿健康教育活动的教学方法
活动的设计与实施 ── 幼儿健康教育活动实施 ──┼── 二、幼儿健康教育活动的教学原则
                        └── 三、幼儿健康教育活动的活动过程

                        ┌── 一、幼儿健康教育活动评价概述
         幼儿健康教育活动评价 ──┤
                        └── 二、幼儿健康教育活动评价的内容

                        ┌── 一、制定健康教育活动目标
         制定幼儿健康教育活动方案 ──┼── 二、选择健康教育活动内容
                        └── 三、设计健康教育活动过程
```

第一节
幼儿健康教育活动目标

案例导入

眼睛是人体重要的感觉器官，是非常宝贵的。如果没有眼睛，我们的世界将是一片黑

暗。小班幼儿年龄小，缺乏对眼睛重要性的认识，往往没有爱眼、护眼的意识。在日常生活中，有的幼儿迷恋手机、电视等电子产品，有的幼儿喜欢用手揉眼睛等，这些不良习惯都会影响到幼儿的眼睛健康。

要求：

如果你是幼儿教师，请你设计一次"保护眼睛"的教育活动。

知识讲解

幼儿健康教育活动的目标从层次上可以分为总体目标、年龄阶段目标和具体活动目标。

一、幼儿健康教育活动总体目标

幼儿健康教育活动的总体目标是确定相应的年龄阶段目标和具体活动目标的依据，是幼儿健康教育的最终目的，它对幼儿的身心保健起到引领规范作用。

《纲要》根据《幼儿园工作规程》（以下简称《规程》）精神明确提出了幼儿健康领域的4项教育目标：

（1）身体健康，在集体生活中情绪安定、愉快。

（2）生活、卫生习惯良好，有基本的生活自理能力。

（3）知道必要的安全保健常识，学习保护自己。

（4）喜欢参加体育活动，动作协调、灵活。

以上目标的构建包括了幼儿身体、心理、社会适应3方面的健康教育要求，表明了幼儿健康教育的价值取向。这一表述既较集中地表明了健康领域的发展方向和要求，又突出体现了《纲要》的基本精神，强调了情感、兴趣、态度、个性等方面的价值取向，着眼于培养幼儿终身学习、终身幸福的基础和动力，因而需要正确地理解和把握幼儿健康教育活动的总体目标、内容与要求、指导要点中的教育内涵。我们可以从以下几个方面理解。

1. 健身与护心并重

目标中将"身体健康"放在健康的首位，意味着健康的幼儿首先要生长发育良好，体型正常，各个组织与器官结构完整、功能正常，没有生理缺陷，体能不断增强。同时"在集体生活中情绪安定、愉快"，要求心理发展达到相应年龄段的正常水平，情绪积极，稳定性逐渐增强，性格开朗，对环境具有较好的适应能力，喜欢集体生活，有快乐体验。《纲要》健康领域的"内容与要求"中指出"在体育活动中，培养幼儿坚强、勇敢、不怕困难的意志品质和主动、乐观、合作的态度"；在"指导要点"中进一步强调教师要"树立正确的健康观念，在重视幼儿身体健康的同时，要高度重视幼儿的心理健康"。这就要求幼教工作者在日常保育和教育中特别要加强幼儿心理健康教育，善于发现和挖掘一日活动中的教育契机，在维护幼儿身体健康的同时一定要促进其心理健康发展。

2. 保护与锻炼并重

结合幼儿的身心发展特点，该怎样解决安全问题？是过多保护照顾还是通过锻炼来提高他们的反应能力？是设法限制活动还是放手让他们尝试？《纲要》明确要求教师"既要高度重视和满足幼儿受保护、受照顾的需要，又要尊重和满足他们不断增长的独立要求，避免过度保护和包办代替，鼓励并指导幼儿自理、自立地尝试。"从客观上来说，创设相对安全的环境和提高幼儿驾驭环境的能力是预防意外伤害的两大法宝。幼儿健康的获得，需要成人创设良好的环境、提供健康的服务，同时还要重视通过开展适宜的健康教育活动，增强幼儿的主动性，激发他们积极维护自身健康的意识，掌握必要的安全保健常识，自觉养成良好的生活、卫生习惯，增强对危险的预见和排除能力，通过体育活动提高身体素质，增强幼儿躲闪、滚爬、跨越、呼喊等快速反应能力，从而增强幼儿的自我保护意识和能力。

3. 技能与兴趣并重

《纲要》健康领域的"目标"表述中采用了"喜欢"等词汇，并且将"喜欢参加体育活动"放在"动作协调、灵活"这一要求之前；在"内容与要求"中指出"用幼儿感兴趣的方式发展基本动作，提高动作的协调性、灵活性"；在"指导要点"中进一步强调"健康教育的活动要充分尊重幼儿生长发育的规律，严禁以任何名义进行有损幼儿健康的比赛、表演或训练等"。实质上就是突出了教育中情感、兴趣、态度等方面的价值取向，进一步强调把培养幼儿对体育活动的兴趣作为幼儿园体育的重要目标，要根据幼儿的特点组织生动有趣、形式多样的活动，吸引幼儿主动参与。探究其中的原因，一方面是因为只有幼儿喜欢参加体育活动，对体育活动充满了向往和期盼，才可能调动其运动积极性，较好地发展其体能和素质；另一方面是因为童年时的运动兴趣和愉快体验将推动其今后积极参与体育锻炼，健全的身心素质是幸福一生的源泉。从这个意义上讲，改善幼儿的健康态度、培养幼儿的健康行为更应成为幼儿健康教育的重点。

保护幼儿生命、促进幼儿健康是幼儿园工作的首要任务，因此健康教育是幼儿教育最为重要的组成部分。关于健康教育的目标在《纲要》中的其他领域也有相关要求，如通过社会教育活动，"引导幼儿参加各种集体活动"，使其"乐意与人交往""有同情心""不怕困难""体验与教师、同伴等共同生活的乐趣""增强其自尊心和自信心""激发幼儿爱家乡、爱祖国的情感"等；再如"语言"领域的"内容与要求"中，要求教师"创造一个自由、宽松的语言交往环境，支持、鼓励、吸引幼儿与教师、同伴或其他人交谈，体验语言交流的乐趣""鼓励幼儿大胆、清楚地表达自己的想法和感受"等，这些都是幼儿心理健康教育的重要目标和内容要求。

4. 被动与主动并重

实施幼儿健康教育离不开教师的主导作用，同时也必须强调幼儿的积极性和主动性。要注重增强幼儿的主动性，激发他们维护自身健康的积极态度。在目标确定、内容安排、方法选择等各方面都要体现以幼儿为主体，根据幼儿的兴趣和特点，通过作用于幼儿的适宜活动对其产生实质性的影响，努力让幼儿保持愉快的情绪状态，从而使其在快乐体验中获得一定的知识和技能。

二、幼儿健康教育活动年龄阶段目标

由于先天遗传和后天环境的不同影响，每一个幼儿都有自己的发展特点，所呈现的发展层次相互间也有许多差异。但就某一特定年龄段的幼儿而言，综合来看存在着一定的发展共性。幼儿园小班、中班、大班各年龄班幼儿的身心发展具有不同的特征。幼儿健教育活动的年龄阶段目标是以3～6周岁幼儿的身心发展特征为依据而确定的，它对3～6周岁的幼儿提出了不同层次的要求，是对总体目标的细化，是针对不同年龄幼儿的一般要求，也为制定具体的活动目标指明了方向。

《指南》将3～6岁幼儿在健康领域的学习和发展分为身心健康、动作发展以及生活习惯和生活能力3个子领域，提出了各年龄段幼儿的发展目标。具体如表2-1所示。

表2-1 《指南》各年龄段幼儿发展目标

总体目标	子领域	3～4岁	4～5岁	5～6岁
身心健康	具有健康的体态	（1）身高体重适宜。参考标准如下。 ① 男孩身高：94.9～111.7厘米。体重：12.7～21.5千克。 ② 女孩身高：94.1～111.3厘米。体重：12.3～21.5千克。 （2）在提醒下能自然坐直、站直	（1）身高体重适宜。参考标准如下。 ① 男孩身高：100.7～119.2厘米。体重：14.1～24.2千克。 ② 女孩身高：99.9～118.9厘米。体重：13.7～24.9千克。 （2）在提醒下能保持正确的站、坐和行走姿势	（1）身高体重适宜。参考标准如下。 ① 男孩身高：106.1～125.8厘米。体重：15.9～27.1千克。 ② 女孩身高：104.9～125.4厘米。体重：15.3～27.8千克。 （2）经常保持正确的站、坐和行走姿势
	情绪安定愉快	（1）情绪比较稳定，很少因一点小事哭闹不止。 （2）在有比较强烈的情绪反应时，能在成人安抚下逐渐平静下来	（1）经常保持愉快的情绪，不高兴时能较快缓解。 （2）在有比较强烈的情绪反应时，能在成人的提醒下逐渐平静下来。 （3）愿意把自己的情绪告诉亲近的人，一起分享快乐或求得安慰	（1）经常保持愉快的情绪，知道引起自己某种情绪的原因，并努力缓解。 （2）表达情绪的方式比较适度，不乱发脾气。 （3）能随着活动的需要转换情绪和注意
	具有一定的适应能力	（1）能在较热或较冷的户外环境中活动。 （2）换新环境时情绪能较快稳定，睡眠、饮食基本正常。 （3）在帮助下能较快适应集体生活	（1）能在较热或较冷的户外环境中连续活动半小时左右。 （2）换新环境时较少出现身体不适。 （3）能较快适应人际环境中发生的变化。如换了新老师能较快适应	（1）能在较热或较冷的户外环境中连续活动半小时以上。 （2）天气变化时较少感冒，能适应乘车、船等交通工具造成的轻微颠簸。 （3）能较快融入新的人际关系环境。如换了新的幼儿园或班级能较快适应
动作发展	具有一定的平衡能力，动作协调、灵活	（1）能沿地面直线或在较窄的低矮物体上走一段距离。 （2）能双脚灵活交替上下楼梯。 （3）能身体平稳地双脚连续向前跳。 （4）分散跑时能躲避他人的碰撞。 （5）能双手向上抛球	（1）能在较窄的低矮物体上平稳地走一段距离。 （2）能以匍匐、膝盖悬空等多种方式钻爬。 （3）能助跑跨跳过一定距离，或助跑跨跳过一定高度的物体。 （4）能与他人玩追逐、躲闪跑的游戏。 （5）能连续自抛自接球	（1）能在斜坡、荡桥和有一定间隔的物体上较平稳地行走。 （2）能以手脚并用的方式安全地爬攀登架、网等。 （3）能连续跳绳。 （4）能躲避他人滚过来的球或扔过来的沙包。 （5）能连续拍球
	具有一定的力量和耐力	（1）能双手抓杠悬空吊起10秒左右。 （2）能单手将沙包向前投掷2米左右。 （3）能单脚连续向前跳2米左右。 （4）能快跑15米左右。 （5）能行走1千米左右（途中可适当停歇）	（1）能双手抓杠悬空吊起15秒左右。 （2）能单手将沙包向前投掷4米左右。 （3）能单脚连续向前跳5米左右。 （4）能快跑20米左右。 （5）能行走1.5千米左右（途中可适当停歇）	（1）能双手抓杠悬空吊起20秒左右。 （2）能单手将沙包向前投掷5米左右。 （3）能单脚连续向前跳8米左右。 （4）能快跑25米左右。 （5）能行走1.5千米以上（途中可适当停歇）
	手的动作灵活协调	（1）能用笔涂涂画画。 （2）能熟练地用勺子吃饭。 （3）能用剪刀沿直线剪，边线基本吻合	（1）能沿边线较直地画出简单图形，或能沿边线基本对齐地折纸。 （2）会用筷子吃饭。 （3）能沿轮廓剪出直线构成的简单图形，边线吻合	（1）能根据需要画出图形，线条基本平滑。 （2）能熟练地使用筷子。 （3）能沿轮廓剪出曲线构成的简单图形，边线吻合且平滑。 （4）能使用简单的劳动工具或用具

续表

总体目标	子领域	3～4岁	4～5岁	5～6岁
生活习惯和生活能力	具有良好的生活与卫生习惯	（1）在提醒下，按时睡觉和起床，并能坚持午睡。 （2）喜欢参加体育活动。 （3）在引导下，不偏食、挑食。喜欢吃瓜果、蔬菜等新鲜食品。 （4）愿意饮用白开水，不贪喝饮料。 （5）不用脏手揉眼睛，连续看电视等不超过15分钟。 （6）在提醒下，每天早晚刷牙、饭前便后洗手	（1）每天按时睡觉和起床，并能坚持午睡。 （2）喜欢参加体育活动。 （3）不偏食、挑食，不暴饮暴食。喜欢吃瓜果、蔬菜等新鲜食品。 （4）常喝白开水，不贪喝饮料。 （5）知道保护眼睛，不在光线过强或过暗的地方看书，连续看电视等不超过20分钟。 （6）每天早晚刷牙、饭前便后洗手，方法基本正确	（1）养成每天按时睡觉和起床的习惯。 （2）能主动参加体育活动。 （3）吃东西时细嚼慢咽。 （4）主动饮用白开水，不贪喝饮料。 （5）主动保护眼睛。不在光线过强或过暗的地方看书，连续看电视等不超过30分钟。 （6）每天早晚主动刷牙，饭前便后主动洗手，方法正确
	具有基本的生活自理能力	（1）在帮助下能穿脱衣服或鞋袜。 （2）能将玩具和图书放回原处	（1）能自己穿脱衣服、鞋袜，扣纽扣。 （2）能整理自己的物品	（1）能知道根据冷热增减衣服。 （2）会自己系鞋带。 （3）能按类别整理好自己的物品
	具备基本的安全知识和自我保护能力	（1）不吃陌生人给的东西，不跟陌生人走。 （2）在提醒下能注意安全，不做危险的事。 （3）在公共场所走失时，能向警察或者有关人员说出自己和家长的名字、电话号码等简单信息	（1）知道在公共场所不远离成人的视线单独活动。 （2）认识常见的安全标志，能遵守安全规则。 （3）运动时能主动躲避危险。 （4）知道简单的求助方式	（1）未经大人允许不给陌生人开门。 （2）能自觉遵守基本的安全规则和交通规则。 （3）运动时能注意安全，不给他人造成危险。 （4）知道一些基本的防灾知识

三、幼儿健康教育活动具体活动目标

幼儿健康教育活动的具体活动目标是根据幼儿健康教育活动的总体目标和各年龄阶段目标，结合具体活动内容而提出的，有较强的可操作性。

（一）活动目标的表述角度要一致

幼儿健康教育活动包括老师的"教"和幼儿的"学"，幼儿是活动的主体，因此在目标的表述上，通常以幼儿为主体。从幼儿的角度制定活动目标，指出幼儿在本次活动中获得怎样的发展，通常用"理解……""感知……""能够……"等词，如果从教师的角度表述，常用"帮助……""激发……""引导……"等词来表述。

（二）目标具体明确，具有可操作性

活动目标是内容的具体体现，那种看上去对任何活动都通用的"目标"只是泛泛而谈，难以操作，很可能会使这些目标在活动中落空，失去了设计目标的意义。例如，"培养幼儿自我保护意识"这样的目标十分宽泛，可以用在多个教学活动中，所以活动目标的要求难度适中，如果改成"知道不能随便跟陌生人走"就具体而明确了。所以，在目标表述中，不能照抄照搬《纲要》或《指南》中的目标，而应该根据健康教育活动的具体内容将目标具体化。

（三）目标表述简明，重点突出

幼儿园健康教育领域的活动目标一般包括认知目标、情感目标和能力目标。这样制定

的目标完整、便于落实。但活动目标不一定都包含这三个方面,每一个目标也未必只含有一个纬度的内容,只要突出重点目标即可。

一般情况下,目标以 3 条最为合适,而且目标表述一定要简单明了。如果目标制定得太少,说明对"认知""情感""能力"等方面的挖掘不够,活动的价值较低。目标制定得太多,易出现书写条理不清晰、交叉混杂的问题,还会存在要求过多,一次活动难以实现的问题。

另外,目标的顺序并不重要,需要把握的原则即是按目标的重要性排序,最重要的目标排在最前面。但也有其他的排序方法,如按活动进行的顺序排列目标,按情感、能力、知识方面分别阐述目标,不刻意追求顺序。

📚 案例

酸甜的水果(小班)

【原定的活动目标】
(1)知道各种水果的名称,喜欢吃水果。
(2)能根据水果的颜色将水果进行分类。

【修改后的活动目标】
(1)认识常见水果。
(2)能够自己剥香蕉和橘子,喜欢吃多种水果。

修改理由:原定的第 1 个活动目标中"知道各种水果的名称"这一要求太狭隘,实际上幼儿若能准确说出水果的名称便意味着幼儿对水果的形状、颜色、大小等有了整体认知,因此,"认识常见水果"比"知道各种水果的名称"要贴切;原定的第 2 个活动目标目标的提法司空见惯,不大适宜,因为许多水果的表皮不是单色的,小班幼儿为此常常左右为难,犹豫不决。同样地,按水果形状(并不标准的几何形状)分类也会出现类似问题,因为"分类"必须以事物的典型特征为线索。

修改价值:只有遵循幼儿心理发展的实际情况和事物的实际情况,才能开展有效的教育,牵强附会的"领域整合"不可取。

蛋宝宝的衣服(中班)

【原定的活动目标】
(1)认识各种禽蛋,知道经常吃禽蛋有益于身体健康。
(2)喜欢吃各种有营养的禽蛋。

【修改后的活动目标】
(1)认识几种常见的禽蛋。
(2)喜欢吃各种有营养的蛋,愿意同时吃蛋黄和蛋白。
(3)会剥蛋壳,学习用蛋壳拼图。

修改理由:原定的第 1 个活动目标形同虚设,因为幼儿在活动中无法体验吃了禽蛋是否有益于身体健康;"用蛋壳拼图"则关注到健康教育领域与美术教育领域之间的整合。

修改价值:避免了幼儿无法亲身体验却要幼儿有所感受时常常出现的说教,体现了幼儿健康教育是生活教育的理念,提倡幼儿从小做力所能及的事;自然地预设了领域整合内容。

食物的旅行（大班）

【原定的活动目标】

（1）知道食物所经过器官的名称和顺序。

（2）初步了解消化器官的功能，并能理解"磨""蠕动""进入""送到""排出"等动词用在各消化器官中的含义。

（3）能用肢体动作表现食物消化的过程，体验奇妙的乐趣。

【修改后的活动目标】

（1）初步了解主要消化器官的名称和功能。

（2）能随音乐节奏用肢体语言表现食物消化的过程。

（3）体验游戏的快乐。

修改理由：原定的第1个活动目标难度过大，既无实现的可能，也无实现的必要；原定的第2个活动目标的修改注意到了健康教育活动对幼儿节奏感的培养。

修改价值：幼儿的接受程度以及教育的必要性是确定教育目标的两个不可或缺的要素，有节奏的肢体语言能让幼儿感受到健康教育原本就是身体美和艺术美的统一。

第二节
幼儿健康教育活动内容

📄 案例导入

萌萌老师是新入职的幼儿教师。幼儿园要进行以"守护幼儿园健康"为主题的活动设计与组织的比赛。萌萌老师希望自己能够通过努力，设计一次精彩的健康领域的活动，但是她比较发愁，该怎么选择健康领域的教育内容呢？

要求：

（1）请小组合作，每个小组为萌萌老师选择一个健康领域的活动内容，并说明原因。

（2）请小组合作，把健康领域的活动内容设计成思维导图并展示。

✦ 知识讲解

一、选择幼儿健康教育活动内容的依据

选择和确定幼儿健康教育活动内容，需要依据以下几个方面：

（一）与幼儿健康教育目标相匹配

一方面，教育目标要通过教育内容来实现；另一方面，教育内容也必须以教育目标为依据。例如，教育目标中提出要认识常见的安全标志，在教育内容的选择上要紧密围绕目标，可以选择利用图片、录像让幼儿认识常见的安全标志，还可以选取儿歌

让幼儿认识常见的安全标志。再比如小班的体育活动"哨子司令"，选择这一内容主要是根据小班幼儿体育锻炼的年龄阶段目标"能听信号向指定方向走"的要求来选择内容的。

（二）与幼儿的身心发展和生活经验相关联

教师要根据幼儿的健康现状和发展趋势选择教育内容。如对刚入园的幼儿可以进行入园适应的教育，能愉快与教师和同伴相处、熟悉幼儿园的环境、愿意来幼儿园等，而若对小班幼儿进行"我长大了"的教育，则不符合他们的身心发展特点，也脱离了他们的生活经验。

（三）与幼儿的接受能力相吻合

一般来说，内容的深浅应符合幼儿的接受能力，同时教师还要注意将必要的内容以幼儿可以接受的方式呈现。例如，目标要求让幼儿养成"不偏食、不挑食"的习惯，实际上是想让幼儿懂得"膳食均衡"有利于健康的道理。然而教师不便对幼儿直接说"膳食均衡"，教师只能通过分别介绍各种各样的食物，让幼儿了解到每一种食物最主要的特点，感受到只有样样食物都吃才能有益于身体健康。

（四）与本地区的实际情况相一致

我国幅员辽阔，各地经济发展的状况和教育条件不尽相同，且各地区和各幼儿园的教育资源也有较大的差异。不同地区的幼儿园应依照本地区的实际情况，充分利用本地区的自然资源，因地制宜地开发幼儿健康教育活动内容，使健康教育活动的内容"区域化""本土化"和"园本化"。例如，农村幼儿园较于城市在本土资源上有着较大的优势，如有细软的沙子、可供手工的黄泥巴、河间清清的溪水、形态各异的鹅卵石，这些都可用于农村幼儿户外体育活动，同时也避免了资金上投入的困难。再如，地处山区的农村幼儿园可以利用竹木制成幼儿的高跷玩具，练习幼儿的平衡能力；利用竹节、木板制作小推车，培养幼儿的走、跑的协调能力；利用轮胎开展"开汽车""钻山洞"等有趣的体育游戏活动等。

（五）与当前发生的事件相联系

教师要恰当把握时机，适时进行相应的健康教育活动。例如，有关换牙的主题，可以在本班已有几个幼儿开始换牙、绝大多数幼儿将要换牙的时候进行，这样既能利用个别幼儿的亲身感受激发其他幼儿的兴趣，又能面向大多数孩子进行超前教育，使幼儿健康教育产生良好效果。

（六）与社会发展相适应

当前社会飞速发展，新生事物层出不穷，教育内容应紧密联系当前实际，具有时代性。如现代社会中计算机已经普及，教师在开展身体保健教育的时候，可以将计算机对人身体的影响列入教育内容。目前手机已经普及每个家庭，幼儿对手机非常熟悉，教师在开展幼儿安全自护教育时，可以将使用手机求救列入教育内容。

二、选择幼儿健康教育活动内容的原则

根据选择和确定幼儿健康教育活动内容的上述依据，结合《纲要》中的规定以及幼儿园实际工作经验，幼儿健康教育活动内容的选择应遵循的原则如下：

（一）目标性原则

幼儿健康教育活动内容是实现健康教育目标的有效载体，因此，活动目标是活动内容选择的一项重要依据。健康内容的选择与编排必须与健康教育活动目标相对应。具体来说，能对应和有效实现教育目标的内容应当是"有助于幼儿获得健康基础知识和基本技能的内容""有助于发展幼儿的认知能力和积极情感态度的内容""有助于幼儿掌握有效学习方式和社会交往技能的内容"。

（二）时代性原则

从幼儿终身学习和健康成长的角度而言，幼儿健康教育活动内容的选择要具有时代性，关注社会现状、人们生活方式、健康发展理念等，通过健康教育活动引导幼儿主动适应社会，以提高幼儿的社会生存能力。

（三）年龄特征性原则

幼儿健康教育活动内容的选择必须以幼儿的生活经验为基础，能符合幼儿的年龄特征，符合幼儿的生活经验和认知水平，遵循各年龄段幼儿在认知、情感态度、能力、个性和社会性发展方面的一般规律，既与幼儿原有生活经验相适宜，又有利于幼儿主动建构，内容难易程度处在幼儿"最近发展区"范围内，同时要协调好社会生活经验与幼儿个体生活经验之间的矛盾，以及学科逻辑与幼儿心理发展逻辑之间的矛盾。

（四）兴趣性原则

幼儿的年龄特征决定了兴趣是直接支配他们学习的最大内在动力，有了兴趣，幼儿就有了主动参与活动的愿望和积极的态度。因此，幼儿的兴趣和需要是选择教育内容不可忽视的因素。

（五）融合性原则

融合性原则体现在两个方面：一个是季节、节日以及周边环境资源等因素的融合，另一个是科学精神与人文精神相融合。

在幼儿健康教育活动内容的选择和安排中，还必须考虑到季节、资源等其他一些因素。同时，在内容的选择上还要按照本地区、本园、本班的具体情况灵活安排，重视教育活动内容与周围社会生活的联系，善于从所在地区的自然环境、历史背景、社会设施及资源中挖掘与选择教育活动内容和材料，体现地方性、乡土性，既贴近幼儿生活，又有利于取得活动实效。

三、幼儿健康教育活动的主要内容

根据《纲要》的要求，幼儿健康教育活动的内容可以概括为三大方面：幼儿身体保

健、幼儿体育活动和幼儿心理健康。

（一）幼儿身体保健

1. 生活常规教育

（1）生活自理习惯，例如：学会自己洗脸、洗手、刷牙、穿脱衣服和鞋袜、吃饭、收拾整理玩具和用品等。

（2）良好的作息习惯，例如：按时睡眠、有规律地大小便、定时定量饮食等。

（3）清洁卫生习惯，例如：养成勤洗手、勤洗头、勤洗澡、勤换衣服、勤理发、勤剪指甲；保护五官，不用手挖耳、抠鼻、揉眼等；养成良好的盥洗与排泄习惯，饭前便后、外出回家后洗手。

（4）学习卫生习惯，例如：在阅读、绘画时保持正确的坐姿，注意用眼卫生等。

2. 饮食与营养

让幼儿认识常见的食物，知道其名称及其粗浅的营养知识；知道营养与健康的关系、膳食平衡的简单知识，养成良好的餐饮习惯，包括愿意独立进餐、不挑食、主动按需饮水、不吃不健康食品、进餐时细嚼慢咽等。

3. 身体生长

包括认识身体的主要器官及其主要功能、保护器官的基本知识和技能、预防接种的有关知识和态度、常见疾病的粗浅预防知识、常见外伤的简单处理知识和方法、预防龋齿及换牙的有关知识等。

4. 安全生活教育

包括生活安全常识、活动安全常识、粗浅的药物安全常识、应对和处理意外事故的简单知识与技能、初步的自我保护能力等。

（二）幼儿体育活动

1. 基本动作练习

身体活动是人体最基本的动作技能，是人们在生活和生产劳动中的实用技能，也是锻炼身体的重要手段，包括走、跑、跳、投掷、平衡、钻、爬、攀登等基本动作及相关知识等。

2. 身体素质练习

身体素质是指人体在肌肉运动时表现出来的各种机能，它是人体各器官系统机能的反映，是评价人的运动能力、劳动能力和体质的重要指标，包括速度、耐力、力量、平衡、协调、灵敏、柔韧等有关知识和机能等。

3. 基本体操和队列队形练习

体操是根据人体解剖及生理特征，通过徒手、手持轻器械和在器械上完成各种不同类型、不同难度并且有一定艺术性的单个动作和成套动作的练习，包括徒手操和轻器械操。队列队形练习是指练习者按一定的队形做协调一致的动作，包括口令、信号与动作、队列、变化队形等。

4. 器械练习

幼儿体育活动中的基本体操、基本动作和体育游戏等，都离不开利用运动器械进行练习。运动器械按体积来分，可分为大型固定性运动器械（如攀登架、滑梯、转椅、秋千、浪船、宇宙飞船、攀网、肋木、摇马、跷跷板、蹦蹦床、充气床垫、海洋球池、联合器械等）、中小型可移动运动器械（如平衡木、拱形门、投掷架、木制台阶、小梯子、垫子、小三轮车、脚踏车、小手推车、滑板车等）、手持的各种小型运动器械（如皮球、塑料球、气球、乒乓球、儿童羽毛球、板羽球、木球、棍棒、橡皮筋、跳绳、塑料圈、小哑铃、小凳子、小椅子、小沙包、毽子、小高跷、铁环、各种小飞镖等）。

（三）幼儿心理健康

1. 学会调整情绪

逐步增强幼儿的心理能力，知道快乐有益于健康，培养积极的情绪情感。讲礼貌、热爱集体、爱护公共卫生和设施、爱护花草树木和小动物等良好的习惯和情感。

2. 学习社会交往技能

引导幼儿与同伴友好相处，建立良好的人际关系，增强积极的自我意识，发展自尊、自信和自我控制能力，懂得与他人分享合作等。

3. 锻炼独立生活和学习能力

引导幼儿不过度依赖别人，有独立自主的生活和学习的能力。

4. 性启蒙教育

让幼儿逐步学习粗浅的性知识，培养幼儿具有正确的自我性别认同和角色意识，防止幼儿产生性压抑和性神秘感，纠正幼儿玩弄生殖器等不良习惯。

5. 幼儿心理障碍和行为异常的预防

及时发现幼儿行为异常的情况，通过各种方法矫正幼儿的异常心理障碍和行为。

四、幼儿健康教育活动各年龄阶段内容

在选择和确定各年龄班的健康教育活动内容时，由于各年龄班幼儿身心发展的特点不同，发展目标不同，因而健康教育活动内容的侧重点和具体的教育活动内容都会有较大的差异。

（一）生活卫生习惯

各年龄段幼儿生活卫生习惯教育具体内容如下：

1. 小班

（1）幼儿园一日生活环节及其规则要求。

（2）按时排便，知道厕所是大小便的地方，男孩、女孩要分开如厕。

（3）在成人提醒下用自己的水杯喝水，每日饮水量为1000～1200毫升。

（4）按时进餐，用调羹吃饭，进餐时细嚼慢咽，不含饭、不挑食、不东张西望，在教师提醒下，进餐后漱口、擦嘴。

（5）饭前、便后和活动后必须洗手，知道洗手的正确方法。
（6）知道漱口、擦嘴、刷牙的正确方法。
（7）入睡前将衣裤放在固定位置，把鞋子摆放整齐。
（8）玩完玩具放回原处，保持玩具清洁。

2. 中班

（1）遵守作息时间和生活制度。
（2）知道盥洗顺序和方法、使用手帕的基本方法。
（3）如厕后自己整理好衣裤。
（4）进餐时细嚼慢咽、不撒饭、不边吃饭边说话，餐后自觉漱口、擦嘴、收拾餐具。
（5）独立地穿脱、整理衣裤、鞋袜；入睡前后有顺序地穿脱衣裤、鞋袜；入睡前将脱下的衣裤、鞋袜叠好，放在固定位置；分清鞋子左右，并摆放整齐。
（6）保持衣着及自身整洁。
（7）不乱扔物品，不在墙上乱涂乱画。
（8）坐、站、行、画画、阅读、睡眠的姿势正确。
（9）玩具和学习用具的整理，保持玩具清洁。
（10）养成经常喝水的习惯，每日饮水量为1000～1200毫升。

3. 大班

（1）自觉遵守作息时间和生活制度。
（2）按时进餐，正确使用筷子，进餐时保持安静及良好的进餐姿势。
（3）主动收拾食物残渣、餐具，摆放好桌椅，认真做好值日生工作，愿意为同伴服务。
（4）迅速、有序地穿脱衣服、整理衣服，单独或与小朋友合作、较熟练地整理床铺。
（5）保持自身仪表的整洁，会根据天气情况主动增减衣服。
（6）根据自身的需要喝水，每日饮水量为1000～1200毫升。
（7）养成良好的学习习惯。
（8）主动维护周围环境卫生。

（二）安全自护

幼儿安全自护教育的目的在于：帮助幼儿获得和掌握日常生活中最基本的安全知识和技能，使幼儿逐步懂得爱护自己，不断地增强幼儿自我保护的意识和能力。各年龄段幼儿安全自护教育具体内容如下：

1. 小班

（1）认识交通标志，如红绿灯、人行横道线。
（2）运动和游戏时有秩序，不拥挤推撞；在没有成人看护时，不能从高处往下跳。
（3）玩大型玩具滑梯时不拥挤；玩秋千时，要注意坐稳，双手拉紧两边的秋千绳；玩跷跷板时，要双手抓紧扶手；玩中型玩具，如积木、游戏棒时，不得用手中的玩具去打其他儿童的身体，特别是头部；玩小型玩具，如玻璃球、木珠子时，不能将它放入口、鼻、耳中。

（4）不擅自爬树、爬墙、爬窗台；乘车时不在车上来回走动，手和头不伸出窗外。

（5）上下楼梯靠右边走，不推挤；不从楼梯扶手上往下滑；手不能放在门缝里。

（6）不轻信陌生人的话，未经允许不跟陌生人走；当独自在家有陌生人敲门时，不随便开门。

（7）进食热汤或喝开水时，必须先吹一吹，以免烫伤。

（8）不玩弄家用电器，不玩弄电线与插座。

2. 中班

（1）勿将各种异物放入五官；吃鱼时，要把鱼刺挑干净，以免鱼刺卡在喉咙里；进食时，不嬉笑打闹，以免食物进入气管。

（2）认识交通规则，如走路靠右行，不在马路上做游戏，不横穿马路。

（3）打雷闪电时不站在大树底下。

（4）知道玩火、玩电器的危险性。

（5）不将脸闷在水中。

3. 大班

（1）认识安全标志。

（2）具有应对意外事故（如火灾、雷击、地震、台风等）的常识，具有基本的求生技能。如一旦发生火灾必须马上逃离火灾现场，并及时告诉附近的成人或拨打119。当发生火灾时，要用防烟口罩或湿毛巾捂住口鼻，与成人一起安全疏散。

（3）不随便拨弄各种设备（电线、开关、按钮），不将铁丝等插到电源插座里。

（4）当同伴失足落水时，要及时就近叫成人来抢救。

（5）在教师的组织下参观消防队，看消防队员的演习，知道火灾的形成原因、消防车的作用、灭火器的使用方法等。

（三）饮食营养

幼儿饮食营养教育的目的在于：培养幼儿良好的饮食习惯，帮助幼儿获得日常生活中常见食物的名称、种类、营养成分的知识，逐步养成均衡膳食的好习惯。各年龄段幼儿饮食营养教育具体内容如下：

1. 小班

（1）认识常见食物，知道它们对身体的益处。

（2）情绪愉快，愿意独立进餐。

2. 中班

（1）常见食物种类的认识，喜欢吃富有营养的谷类、奶类、肉类、蛋类、蔬菜类和水果类食物等。

（2）了解家乡特色食品。

3. 大班

（1）认识食物金字塔。

（2）膳食巧搭配。

（3）本地区的特色食品和饮食文化。

(4)食物营养与健康的关系。
(5)营养不良症状。

(四)身体认识与保护

幼儿身体认识与保护教育的主要目的在于：帮助幼儿正确地认识自己的身体、身体的主要器官及其功能，初步掌握保护身体的知识和方法；初步认识疾病对身体及其发育的消极影响，逐步形成接受疾病预防与治疗的积极态度和行为。各年龄段幼儿身体认识与保护教育的具体内容如下：

1. 小班

(1)身体外形。
(2)脸、手、脚。
(3)五官。
(4)常见疾病治疗的简单知识，不怕打针吃药。
(5)用药的安全常识，按医生（成人）要求服药。

2. 中班

(1)身体主要器官及其功能。
(2)关节、皮肤、骨骼。
(3)积极配合疾病预防与治疗。

3. 大班

(1)对自己的身高、体重变化的感受和体验。
(2)心脏的认识与保护。
(3)用眼卫生。
(4)消化系统的初步认识与保护。
(5)龋齿的认识和预防。
(6)不害怕换牙。

(五)心理健康

幼儿心理健康教育的主要目的在于：培养幼儿积极、健康、稳定的情绪和活泼开朗的性格，帮助幼儿形成正确的自我意识，提高幼儿对社会生活的适应能力。各年龄班幼儿心理健康教育的具体内容如下：

1. 小班

(1)在教师的鼓励下积极愉快地参加集体与他人的活动，在活动中感受快乐。
(2)不任性，不哭，不乱发脾气。
(3)表达自己情绪情感的方式（神态、表情、动作等）。
(4)在众人面前表现大方，不怕生。
(5)知道自己的性别。

2. 中班

(1)知道快乐有益于健康。

(2)积极、愉快地参与各类活动,在集体活动中敢于表现自己,踊跃发言。
(3)自己的事情自己做,不依赖他人。
(4)他人情绪的感知和认识,用合适的方式给予回应。
(5)学习消极情绪的疏泄,合理表达愉快与欣喜感受。
(6)对竞赛活动中输赢的认识。

3. 大班

(1)性格活泼开朗。
(2)勇敢进取。
(3)乐于帮助他人,善于交往和合作。
(4)有调节自己情绪的方法。
(5)乐于帮助他人、热爱集体情感的培养。
(6)有初步的性别角色意识。

(六)身体锻炼

如在队列队形练习方面,各年龄班幼儿的教育内容分别如下。

小班:立正稍息、看齐、齐步走、跑步走、立定、一个跟着一个走成圆形队等。

中班:立正、稍息、看齐、原地踏步、齐步走、跑步走、立定、听信号切断分队走等。

大班:立正、稍息、看齐、原地踏步、齐步走、跑步走、便步走、立定、向左(右)转、左(右)转弯走、听信号左右分队走等。

📚 案例

小狗爬爬爬(小班)

【活动目标】
(1)能用各种方式爬行。
(2)能对鼓声信号做出反应,体验集体体育活动的乐趣。

【活动准备】
小狗胸饰一只,小鼓一只,《狗狗减肥操》音乐,装在大筐里的皮球若干。

【活动重点】能够主动倾听声音的变化,展示各种爬的动作。

【活动难点】对向后退的信号做出正确的爬行动作。

【活动过程】

1. 热身运动

今天的天气真好呀!狗妈妈要带狗宝宝们出去玩喽!

宝宝们!(幼儿答:哎!)跟妈妈一起做做运动吧!(播放《狗狗减肥操》音乐,教师带幼儿一起做热身运动)

2. 和小鼓做游戏

(1)快慢爬。

① 音乐停,教师带领幼儿休息。

宝宝们坐下来休息休息吧。敲敲腿,敲敲肩,伸个懒腰。

② 教师背着幼儿敲鼓。

咦！什么声音啊？（伸出头侧耳倾听）

咚咚咚，咚咚，是谁在说话呢？（小鼓出现）

小朋友们好！

③ 幼儿听鼓声并集体回答。

小鼓想和小朋友们一起做游戏，听一听。（侧耳倾听并敲鼓清晰、有力、慢速）一人咚咚咚，咚咚咚，敲得慢，爬得慢，敲得慢，爬得慢。

小鼓说了什么话？（幼儿集体回答）

④ 幼儿跟小鼓做游戏"小狗快慢爬"。

我们在这条蓝线上准备好，小鼓要说话了。准备好了吗？（教师敲鼓，幼儿练习爬行一个来回，小鼓的声音突然变快）

咦？怎么啦？

小鼓的声音变快了，我们应该怎么爬啊？（教师快慢不规则交替敲鼓，幼儿练习爬行）

（2）前后爬。

① 教师变换鼓声，幼儿学说话。（在幼儿快慢爬行的时候，鼓声变换，敲鼓变"嗒嗒嗒、嗒嗒嗒"）

听！小鼓的声音变了，它怎么说的？小嘴巴学一学。

小鼓告诉我们"嗒嗒嗒，向后退""嗒嗒嗒，向后退"。小鼓要考考你们了，它说了什么话？

② 教师示范后退爬的方法，幼儿听鼓声练习。

宝宝们看看，老师是怎么向后退的？我们一起来试一试！慢慢退，慢慢退。

③ 幼儿听鼓声进行前后爬的练习。（幼儿退到墙边上时，鼓声变"咚咚咚"）

什么样的声音啊？咚咚咚，向前爬，咚咚咚，向前爬。（教师敲鼓，忽而慢咚咚咚，忽而快咚咚咚，忽而嗒嗒嗒，三种声音不规则交替，训练幼儿爬的能力）

（3）转圈爬。

① 教师变换鼓声。（鼓声忽然变换"咚嗒咚嗒……"）

哈哈，小鼓真调皮，听一听，这是什么样的声音？

② 教师示范转圈爬的动作。

小鼓说"咚嗒咚嗒，转圈爬"！（教师边说边做示范动作）

"咚嗒咚嗒"是怎样爬的啊？

③ 幼儿进行转圈爬的练习。

教师边敲鼓边说"转圈爬、转圈爬"，幼儿进行练习。

（4）交替练习。

教师将四种鼓声交替展现，引导幼儿练习爬行。

3. 领奖品

（1）爬行拿奖品。

① 鼓声忽然消失，引导幼儿休息。

听！小鼓的声音呢？

小鼓敲累了，它要休息休息了。我们狗宝宝也累了，也休息休息吧。来，到老师这儿

来,睡一会儿。(教师抱肩假睡,嘴巴轻唱"摇篮曲"并快速将梅花桩间隔摆放好,并将皮球分筐放好)

②幼儿爬行拿皮球奖品。

宝宝们睁开眼睛吧,小鼓说你们真能干!所以小鼓给宝宝们准备了奖品,喏,在小路的那边。宝宝们必须穿过这条全是大石头的小路才能拿到皮球。

我们绕开大石头,绕来绕去,像什么?对,像一条蛇一样,慢慢地爬到皮球那里一人拿一只皮球当作奖。

(2)滚球和爬接球游戏。

①鼓声突然响起,教师交代游戏规则。

小鼓想和皮球做捉迷藏的游戏,小鼓敲到哪儿我们就把球滚到哪儿,宝宝们再爬过去抓住皮球。听明白了吗?小鼓说的什么话?(教师将鼓变换位置急促敲,引导幼儿寻找声音的方向)

②幼儿玩滚皮球和爬接皮球的游戏。

4. 结束

狗宝宝爬累了,跟妈妈一起回家吧!

(案例来源:根据上海浦东新区书院幼儿园孙咪老师的教案改编)

给兔妈妈送礼物(中班)

【活动目标】

(1)练习两腿侧夹物行进跳,并学会躲闪,小心碰撞。

(2)体验参与体育游戏的快乐,激发幼儿完成任务的信心。

【活动准备】

自制彩色纸棒(简称彩棒)每人一根,小兔头饰、礼物卡若干,录音机,磁带。

【活动过程】

1. 开始部分

(1)教师带幼儿听音乐双脚齐跳进入活动场地。

(2)音乐停,教师出示并分发彩棒,启发幼儿一对一彩棒的玩法。(我们的彩棒还有个特殊的作用)

2. 基本部分:给兔妈妈送礼物

(1)教师:今天是兔妈妈的生日,兔妈妈正在家里等着我们呢!

兔宝宝们准备了好多礼物要送给她。送礼物的时候还要带好自己的彩棒。

(2)教师介绍游戏的玩法和规则。

教师:我们每次只能拿一个礼物,彩棒夹在两腿中间,跳到兔妈妈的家,还要向兔妈妈说句话,然后看标记把礼物分类放在兔妈妈的筐里,再返回来。如果彩棒掉了,要停下来,夹好彩棒继续前进。

(3)教师请两名大胆的幼儿示范游戏。

(4)师幼在音乐声中共同游戏。

3. 结束部分

(1)教师:兔宝宝们给兔妈妈送来好多礼物,兔妈妈说谢谢你们,她要和兔宝宝们一起跳舞,过个快乐的生日呢!

（2）师幼一起跳"彩棒舞"。
（3）教师评价活动，活动结束。（幼儿：祝兔妈妈生日快乐）
【活动延伸】
引导幼儿关心身边的人。

第三节
幼儿健康教育活动实施

案例导入

观看两组图片，了解什么时候应该喝水以及哪些水不能喝。
（1）观察第一组图片，了解锻炼后、外出游玩时、游泳后，人们会想喝水；睡觉起床后，人们会想喝水。口渴了不喝水会很难受，想喝水的时候可以自己喝水。
（2）观看第二组图片，了解有些水不能喝。
教师：这些地方的水我们能喝吗？为什么？
总结：池塘里的水、自来水、井水看上去清清的，但是都不能直接喝，因为水里有细菌，只有烧开了才能喝。幼儿园的饮用水是烧开过的，所以可以喝。
要求：
（1）请小组合作，讨论材料中的活动采用了什么教学方法。
（2）请小组合作，用思维导图的方式总结不同健康教育活动的教学方法。

知识讲解

一、幼儿健康教育活动的教学方法

幼儿健康教育活动的方法因具体内容不同，方法也不尽相同。

（一）幼儿身心保健教育的方法

1. 讲解演示法

讲解演示法是指借助身体动作、实物、模型、图片，具体而形象地向幼儿讲解粗浅的身心保健知识、卫生习惯、生活技能的方法。例如，讲解演示洗手、刷牙的步骤。教师在运用讲解演示法时应注意以下几点。
（1）讲解时语言清楚、正确且通俗易懂，便于幼儿理解。
（2）讲解要突出重点和难点，注意少而精。
（3）讲解要注意语言的启发性，可结合提问引导幼儿积极思考。
（4）演示要正确、优美。
（5）讲解和演示要合理结合。

📚 案例

食物的旅行（大班）教学片段

教师：（出示消化系统的模型）请小朋友看模型。食物在口腔里被嚼烂以后，经过咽（教师指着模型）进入食道（教师指着模型），食道就像一个通道把食物送到这个地方，这是什么地方呢？（引导幼儿观察、讨论）

教师：这个部位就是胃。胃就像一个大口袋，而且是一个会蠕动的大口袋，食物在这里被磨得很碎很烂，这些被磨烂的食物又到哪儿去了呢？（引导幼儿继续观察、讨论）

教师：这些食物进入了小肠（教师指着模型），小肠就像一个小工厂，把食物加工成为可以吸收的营养成分，并且把这些营养全吸收了。剩下的不能被吸收的废渣又到了哪儿呢？（引导幼儿观察、讨论）

教师：原来它们都到了大肠（教师指着模型），最后被排出体外。

分析：教师对消化系统的内容边进行讲解边演示说明，有序地引导幼儿观察、思考，符合幼儿的思维特点，又培养了幼儿的观察能力。

2. 动作与行为练习法

动作与行为练习法是指幼儿反复练习已经学过的技能和行为，以加深对某个技能或行为的理解和掌握，从而形成稳定行为习惯的方法。良好的行为习惯都必须在教师和家长的具体指导下反复练习才能真正掌握。例如，盥洗的基本顺序、衣服的穿脱与整理等生活技能；又如，小班活动"我自己能吃饭"，教师让幼儿练习一手拿调羹一手扶碗，学习一口饭一口菜，细细嚼，慢慢咽，学习正确的进餐行为和正确地使用餐具。因此，教师要创设适宜的环境条件，提供丰富的材料，适时、适度、适当地指导幼儿进行反复练习，加深理解，形成稳定的动作技能。

3. 感知体验法

感知体验法是指引导幼儿运用视、听、嗅、品尝、触摸等不同感觉器官进行认知，帮助幼儿获得身心健康直接的感性经验。感知体验有助于理解知识技能，刺激其求知欲，培养他们关注健康、关注周围生活环境的意识和态度。例如，认识各种食物，教师不仅要引导幼儿看一看食物的形状、颜色，说一说它们的名称，更重要的是应让幼儿尝一尝，知道它们的味道，让幼儿体验到这是一些很好吃的食物而愿意吃。又如，进行身体生长教育时，教师如果每一年都让幼儿站在固定的地方量一量，看到线性的长度在增加，而且让幼儿躺在原来的大纸上画一画，看到平面的面积放大，则有助于幼儿理解什么是长高和长大。

4. 游戏法

游戏法是指以游戏的形式组织幼儿进行身心保健教育活动的方法。采用游戏法，能把抽象的难以理解的心理健康知识变成有趣的游戏情节，使幼儿在轻松、愉快的氛围中感受快乐并从中受到教育。例如，通过"蒙眼画人""试试耳朵"等游戏使幼儿加深了解感觉器官的机能；通过户外游戏"安全过马路"帮助幼儿加深了解交通规则；通过"我是消防员"的游戏，引导幼儿掌握着火时自救的知识和进一步加强相应的自我防护技能；等等。

📚 案例

身体保健教育活动：放鞭炮（小班）

【活动目标】

了解放鞭炮可能带来的危害，观看放鞭炮时知道要和父母一起，并站远一点观看。

【活动准备】

由圆桶做成的鞭炮（里面装有雪花片）。

【玩法】

大家手拉手围成一个圈，边走边念儿歌"新年到，新年到，爸爸带我看放鞭炮，鞭炮鞭炮放得高，噼噼啪啪，赶快逃"。教师手拿"大鞭炮"，当儿歌念到"鞭炮鞭炮放得高"时，教师将雪花片撒开，幼儿尽量躲开，被雪花片碰到的幼儿"受伤"，就要停止游戏一次。

【游戏建议】

（1）分享交流：今天玩得开心吗？春节快到了，小朋友别忘了看放鞭炮时要和爸爸妈妈一起，看的时候要站得远一点，千万别让鞭炮炸伤你。

（2）雪花片数量在十片以内。

5. 情境表演法

情境表演法是指就特定的生活情境加以表现，然后引导幼儿思考分析情境中涉及的身心保健教育问题的方法。情境表演的主题来源于幼儿的现实生活，这样能激发他们的兴趣，也能较好地帮助幼儿认识生活中可能遇到的问题和冲突，了解应该做出的合乎健康要求的行为。

📚 案例

接受晨检

早上，小朋友高高兴兴地来到幼儿园。

言言来了，他很有礼貌地向保健医阿姨问早，乖乖地张开嘴，让保健医阿姨检查，保健医阿姨说："你的身体很好也很干净，给你一块绿牌。"言言说："谢谢阿姨！"安安来了，她很有礼貌地向保健医阿姨问早，笑眯眯地让保健医阿姨检查，保健医阿姨看见她喉咙很红，问："安安，你生病了吗？"安安说："我感冒了，要吃药。"

她把药瓶交给保健医阿姨，保健医阿姨给了她一块红牌。聪聪来了，他很有礼貌地向保健医阿姨问早，保健医阿姨看看他，给他一块黄牌，对他说："聪聪，你的耳朵要洗干净，指甲也该剪了。"聪聪摸摸头，不好意思地说："阿姨，我记住了。"言言、安安、聪聪3个小朋友亲亲热热地手拉着手，一起走进幼儿园。

6. 讨论评议法

讨论评议法是指在身心保健教育过程中，通过提出问题、发表意见、共同交流最终取得较一致认识的方法。围绕活动主题，配合观察认识模型、挂图、实物、录像或幻灯等手段，引导幼儿思考、发表意见、表达自己的感受，有助于幼儿积极主动地掌握知识技能，但是需要幼儿具备一定的知识经验，因此更多在中、大班采用。

例如，中班活动"冷饮少吃身体好"，教师就常见的冷饮有哪些、多吃冷饮有哪些害处等问题引导幼儿讨论。向幼儿进行安全教育时,有些情况可能是幼儿亲身经历过的,或可能在他的家人身上出现过,因此,就可以结合幼儿已有的经验引导他们讨论,使幼儿知道什么样的行为是对的、安全的,什么样的行为是不对的、危险的,知道自己应该做什么,不能做什么。

7. 作品感染法

作品感染法是指利用儿童喜爱的文学艺术作品(主要是故事、儿歌等)潜移默化地影响幼儿,使他们养成正确行为习惯的方法。例如,儿歌《穿衣歌》、故事《小熊请客》《老虎拔牙》等,对培养幼儿良好的行为习惯起到很好的教育效果。

案例

鳄鱼怕怕 牙医怕怕

《鳄鱼怕怕 牙医怕怕》是一本幽默风趣、生动地传递了"要保护牙齿"这一健康教育内容的优秀图画书,书名中的"怕怕"两个词特意用不同的字体表示,别有一番意味,代表着病人——鳄鱼和医生——牙医不同的惧怕心理。图书的构思独具创意,将常人眼中凶恶的鳄鱼作为主角,以它原本锋利的牙齿被蛀了引发牙疼,不得不到牙科诊所治疗为开端,展开鳄鱼与牙医间互相惧怕、互相战胜的有趣情节,使幼儿在阅读后的笑声中懂得要刷牙、保护牙齿的重要性。图书采用简洁的色块表现鳄鱼从草丛藤条攀爬到牙医诊所的场景和鳄鱼、牙医的夸张形象,那只牙齿暴露的棕色鳄鱼愁眉苦脸,要么耷拉着眼帘,要么睁大着白眼,而红脸秃顶黑胡子的牙医也表现出跟鳄鱼相对应的充满恐惧的表情,两人在作为病人不得不治病又害怕医生和作为医生不得不看病又害怕鳄鱼的矛盾心理中展开幽默夸张的治疗过程,其中重复的对话和表达,例如,(鳄鱼)"我真的不想看到他,但是我非看不可。"(牙医)"我真的不想看到他,但是我非看不可。""我好害怕!""我好害怕!"增强了情节的风趣性和角色的性格特点,也强化了"保护牙齿"的重要性,巧妙地揭示了"一定不要忘记刷牙"的重要主题,让幼儿在欣赏幽默画面和对话的过程中获得深刻的教育。

除了上述几种常见的活动方法外,还有参观法、传播媒介手段等。总之,在幼儿身心保健教育活动中教师可根据活动内容和幼儿的年龄,灵活运用,这样才能取得较好的教育效果。

(二)幼儿体育活动的指导方法

1. 示范法

示范法就是教师以正确的动作为范例,使幼儿看到动作的形象、要领及完成的先后顺序等。由于幼儿以具体形象思维为主,认识和理解实物则更多地依赖于生动鲜明的形象,所以示范法在幼儿体育活动中具有重要的地位。

根据不同的分类标准,示范可分为完整示范和分解示范,个人示范和集体示范,正面示范、侧面示范、镜面示范和背面示范,动作示范和活动方法示范等。教师应根据活动需要,采用适当的示范方法。运用示范法应该注意以下三点。

(1)要有明确的目的性 教师每次示范,都应该根据教学任务和幼儿的具体情况来考虑示范什么,怎么示范;让幼儿观察什么,怎么观察。如所开展的活动是新内容时,为了使幼儿建立起完整的动作概念，需要用正常的速度做一次完整的示范；为了让幼儿看清动作的关键要领或某一环节时，则可以做慢的、静止的或局部的示范。有时可以边示范边讲解，如：示范从高处往下跳，是让幼儿看起跳，还是看落地；是看脚和腿，还是看上体和手臂。这些都必须向他们讲清楚，如果盲目示范，或示范次数太多，反而会分散他们的注意力。

（2）示范动作要正确，并力求轻松、优美、熟练　高质量的示范不仅能使幼儿建立起正确的动作形象，而且还可以得到他们的赞扬和佩服，激发其学习的积极性。尤其是第一次示范常会给幼儿留下深刻、鲜明的印象。因此，教师要努力做好示范。教师一般不宜模仿幼儿的错误动作，因为他们好奇、爱模仿，看了错误示范常会跟着模仿。

（3）注意示范的位置和方向　示范的位置必须有利于幼儿的观察。教师除应根据不同的队形选择示范的位置外，还应注意不要让幼儿面向阳光、风向和容易让他们分散注意力的事物站立。示范的方向（示范面）要根据动作的特点和让幼儿观察的部位而定。为了显示动作的左右距离，则采用正面示范；为了表示动作的前后部位，则采取侧面示范；方向路线变化比较复杂的动作，可采用背面示范，但背向幼儿做示范不易了解他们练习的情况，不利于及时指导，所以一般不采用。一般来说，在幼儿体育活动的组织中更多的是采用镜面示范，即示范者面向幼儿，动作方向与幼儿一致。

2. 讲解法

讲解是教师用语言向幼儿传授体育知识、技能、组织教学的一种方法。运用讲解法应注意以下几点。

（1）讲解的内容要准确，符合幼儿的接受水平　讲解的内容必须准确，这是保证讲解质量的首要条件；而且，要求教师能够把具体抽象的东西讲得浅显易懂，语言要生动形象，可借助表情和姿势说话，要有感染力和鼓动性，语音的抑扬顿挫、语流的速度、间隔应和幼儿的心理节奏相适应。

（2）讲解要简明扼要，重点突出　幼儿有意注意集中的时间较短，在活动中要用最简洁的语言达到最好的讲解效果，不能讲得过多、过细、占用时间过长，这就需要教师把握住教学的难点、重点，了解幼儿的发展水平，根据教学任务，确定讲什么，并把它概括成精练的语言使字字句句讲在点子上。例如，讲立定跳远的动作要领时，预备姿势和腾空动作的方法，可以通过示范传授给幼儿，重点讲起跳和落地动作的方法、要领。起跳可用"腿蹬直，臂摆起"六个字，落地可讲"屈腿"两个字就行。在活动的组织中，还可适当使用口诀、儿歌或顺口溜，有利于讲解时做到语言的精练。

（3）讲解要富有启发性　启发的目的就是调动幼儿学习的积极性和主动性。因此，体育活动中的讲解可以是有意识地设下"悬念"，让幼儿带着问题去学习。也可以采用提问或讨论的方法启发幼儿动脑筋、想问题，从而提高学习兴趣。

（4）讲解要把握时机　在活动过程中，在幼儿注意力集中、情绪较稳定或是有疑惑时讲解，可以取得较好的效果；反之，当幼儿正在做练习时，特别是在情绪高涨地进行游戏，或注意力分散、东张西望、叽叽喳喳说话时，教师不宜进行讲解。因此，讲解要注意把握时机，什么时候讲解最为有利，最能收到很好的效果，教师必须做到恰到好处，这样才能事半功倍。

（5）示范与讲解相结合　在体育活动中，示范与讲解经常是互相结合运用的，在具体结合时是先示范后讲解，还是先讲解后示范，或是边讲解边示范，需要教师事先考虑，在活动过程中根据具体情况灵活运用。

3. 练习法

练习法是根据目标任务，有目的地反复做某个动作的方法，它是掌握技能、发展基本活动能力、锻炼身体、增强体质的基本方法。常用的练习法有重复练习法、变化练习法、条件练习法、循环练习法、完整练习法和分解练习法。

（1）重复练习法　重复练习法是指在不改变动作结构和练习条件下反复做一个练习的方法。如反复做某一节操或某一个游戏。它是普遍使用的比较简单的方法。使用此练习法，应根据动作特点和幼儿的体力以及心理特点确定重复次数，要注意突出活动重点。

（2）变化练习法　变化练习法是指变换动作结构和练习条件的方法。如改变动作的要素、动作的形式或组合，变换练习的环境、器材的高度和器材的重量等。这种方法的优点是能较好地激发练习兴趣，巩固与发展动作和提高运动能力。在运用时应注意所变换的条件、环境、器材等，必须符合幼儿的实际情况和项目特点，必须有利于目标的达成，而不应无限地、盲目地改变环境，增加条件和加大难度，所变化的条件，应是大多数幼儿通过努力能够完成的。

（3）条件练习法　条件练习法是变化练习法的一种，它是设置一定的具体条件，要求幼儿按规定的条件做动作。如向上跳摸物，有一定高度的物就是"条件"。这种练习法的主要优点是：

第一，使幼儿感兴趣。原地双脚向上动作比较单调乏味，但如果挂上花皮球、小铃铛、色彩鲜艳的物体，幼儿就会兴致勃勃地跳起触摸。

第二，把抽象的要求具体化。如投沙包要有一定的角度。这个抽象的要求幼儿是不能理解的，如果在投掷线前面挂起一根有一定高度的绳子，要求他们投沙包时，要使沙包从绳子上边飞过，这就是把抽象要求具体化了，幼儿容易理解也容易做到。

第三，便于掌握正确动作和提高运动能力。如为了让幼儿掌握立定跳远时的摆臂动作，可以让他们跳起来摸身体前面的物体。总之，设置的条件要符合幼儿的能力和动作规格要求，并能引起他们的兴趣。

（4）循环练习法　循环练习法是指依次做几个不同类型和性质的动作，或依次进行几项活动内容的锻炼方法，多用于早操和户外体育活动。

（5）完整练习法和分解练习法　完整练习法是把整个动作或活动过程完整地进行练习的方法。分解练习法是把整个动作或活动过程分解成几个部分，按部分逐次地进行练习，最后再组合成完整的动作或活动过程进行练习的方法。完整练习法的优点是能使幼儿完整地掌握动作，它一般用于掌握较容易的动作或游戏和复习动作时，它的缺点是不易于掌握较复杂的动作。如学习投沙包和"人、枪、虎"等较复杂的内容时，用完整练习法费时间，效果还不理想。分解练习法的优点是把复杂的动作简单化，使幼儿较易掌握，能较好地保证掌握的质量。一般用于较难的动作练习和复杂的活动内容，改进较薄弱的环节或强化重点环节。在幼儿体育活动中分解法不常用，如有使用时要十分注意，分解动作时不要破坏动作的完整性，要注意把分解练习法和完整练习法结合运用。

4. 游戏法和比赛法

游戏法是通过游戏的方法，在规则许可的范围内，达到教学目的的一种方法。在幼儿体育活动中，游戏法是最常用、最有效的一种方法。它突出的优点是能引起幼儿浓厚的兴趣，产生强烈的练习欲望，提高活动的效果。

比赛法是在规定的比赛条件下，充分发挥已掌握的各种动作，互相竞赛以决胜负的一种方法。它和游戏法有着密切联系，主要区别在于比赛法具有更严格的规则和"竞争"因素。参赛者情绪高涨，对体能要求较高。所以，比赛法一般在中、大班采用。

运用这两种方法时应注意目的明确，要求具体，教育及时，发展智力和培养能力，控制运动负荷，严格规则，讲评公正。

5. 口头指示和具体帮助法

口头指示是指在幼儿练习时，教师用简单明确的语言提示和指导他们活动的方法。如排队走步时教师提醒"挺胸，抬头""迈大步"；练习跳远时教师提示"摆臂""腿蹬直"等。它的优点是明确、具体、及时和针对性强。它不仅用于指导做动作和组织教学，而且还用于品德和安全教育。用语言提示时，必须简单明确，要求具体，所用语言应是幼儿懂得且熟悉的，语言要有感情和鼓动性，音量不要太大，以免使幼儿受到惊吓，影响活动。在提示幼儿遵守纪律或纠正其不正确行为时，不能用训斥、埋怨和恐吓的语言和口吻。

具体帮助法是指教师直接地、具体地帮助幼儿掌握动作的方法。它多用于个别指导。如幼儿初练踏"石"过"河"时，教师就可一只手帮助他踏"石"，以便保持平衡和掌握动作节奏，同时还可给予语言信号"嗒、嗒、嗒"。

用具体帮助法时首先应注意要顺其用力方向给予助力，其次要注意教师站的位置和给予助力的身体部位，助力大小也要适当。

6. 信号法

信号法是指用口令、哨音、音乐、鼓声、拍手等声响来帮助和指导幼儿进行身体锻炼的方法。口令是身体锻炼活动中常用的信号，在组织幼儿排队、队形变换及做操时经常使用。使用时应做到声音洪亮、清晰、有节奏、有感情，能正确分清动令和预令。其他信号有利于发展动作的节奏感，活跃活动的气氛，培养幼儿分辨信号的能力。在使用时，应注意根据动作的特点和活动情节的变化改变信号的节奏和速度。

幼儿园身体锻炼的方法是多种多样的，在具体开展活动时，应注意综合运用多种方法，并根据幼儿的身心状况、活动的内容和组织形式、场地、器械等具体情况灵活运用。

二、幼儿健康教育活动的教学原则

（一）兴趣性原则

幼儿健康教育活动主要是通过幼儿感兴趣的体育游戏或游戏的其他形式进行的。在设计幼儿健康教育活动时，首先应考虑根据不同年龄的幼儿特点，选择内容，研究教法，有目的地促进幼儿的身心健康和掌握各项基本动作技能，提高幼儿参与健康教育活动的积极性、主动性，促进他们身心的正常发育，增强体质，全面锻炼身体。例如，在基本体操活动中，就可以创编一些模仿操，对各种动物的动作进行模仿，还可以增加角色的表情和故事情节，使做操过程更具有趣味性，从而引起幼儿学习的兴趣。

（二）适量性原则

适量性的含义是指幼儿健康教育活动的负荷量要按幼儿的生理、心理特点进行设计。人体功能的改善与提高，必须在适当的运动负荷的刺激下才能实现。负荷量的大小，会直接影响幼儿身体的发育与发展以及幼儿健康教育活动的成效。若运动负荷过小或停留在同一水平上，则人体的机能就不能进一步得到提高，增强体质的效果也不大。若运动负荷增加过猛、过快，运动的刺激超出了幼儿身心所能承受的限度和范围，不仅不能增强体质，反而有损于幼儿身体正常的发育，甚至有害健康，还会降低幼儿对活动的兴趣，或产生畏难情绪，丧失信心，有时还会发生伤害事故。因此在健康教育活动设计时，对活动内容的难易程度、方式方法的选择运用、教学环境的合理创设等方面均应贯彻适量性原则。

（三）循序渐进原则

循序渐进的含义是指教学的内容、方法和运动负荷等方面的安排，都要根据人们认识事物的规律，由易到难、由简到繁，逐步深化，不断提高。在安排活动内容时，首先，要注意方式方法，要由易到难、由简到繁。教学过程中，简和繁、易和难都是相对的，同一内容，对身体发展水平不同和掌握动作程度不同的幼儿来说，就有不同的感受。因此，教师要紧密联系实际，全面考虑，统筹安排，以达到全面发展的目的。其次，教学内容要有系统性。要注意教学内容的互相联系性和连贯性，做好计划备好课，新授内容和以前学过的内容合理搭配，达到逐步提高的目的。再次，要有节奏地、逐步地提高运动负荷。在体育活动过程中，要特别注意负荷的加大是渐进的。根据人体发展的规律和超量负荷原理，运动负荷由小到大、由弱到强，可以使机体产生良好的适应性。不同负荷的体育活动内容可以有节奏地按照人体生理机能活动变化的规律进行安排，在一学年、一学期或一定的活动阶段，运动负荷应该保持一种提高趋势。

（四）安全性原则

安全问题是健康教育中最重要的问题，由于幼儿体力较弱，独立活动能力较差，缺乏运动经验，自我感觉和反应能力弱，情绪高涨时容易忽视安全和遵守规则，因此，安全问题在幼儿健康活动和其他体育活动中显得更为重要，必须采取必要的安全措施，防止发生伤害事故。

活动设计时，选用的运动项目性质和动作的难度要符合幼儿的年龄特点和活动能力，要了解运动卫生知识，研究伤害事故产生的原因和规律，制定必要的制度、规则并教幼儿认真遵守。如玩攀登架、滑梯等运动器械的规则，可在醒目位置悬挂提示语等。

活动前要注意检查幼儿的服装，不穿过多过厚的衣服，裤带、衣扣系牢，口袋里不装硬物等。

活动中注意运动生理卫生，如要掌握正确的呼吸方法，运动负荷要适量、注意个体差异，饭前饭后不做剧烈活动等。加强组织过程中的安全要求与防护，如：投掷时不要面对面投；从高处向下跳、爬越障碍时要进行保护或帮助；场地小、人数多可采用分组练习、依次练习等方法，以免发生碰撞；幼儿情绪激动或注意力分散时要及时加以调节。

此外，要注意场地、器械、服装、环境方面的安全卫生。保证场地平坦、不起尘土、各种器械齐全、清洁、牢固，不应带有尖、棱角。

三、幼儿健康教育活动的活动过程

幼儿健康教育活动的活动过程是教育活动的具体实施环节，虽然根据健康教育活动的内容可以呈现出不同的组织形式，但健康教育活动的过程也呈现出共性的特点，本内容主要呈现的是共性的幼儿健康教育活动过程，具体活动过程在本书其他章节中有具体介绍。

1. 分析幼儿情况

一是分析幼儿的发展水平和发展需要，二是所选择的活动内容的特点和适宜性，三是具体活动设计的思路和意图。

进行幼儿情况的分析时，要注意以下几点：

（1）情况分析必须是建立在对幼儿身心保健发展水平观察、调查基础上的客观分析，要避免主观臆断。

（2）教师既要全面把握幼儿在身心健康发展方面的年龄阶段特点和一般规律，又要清楚地知道本班幼儿在身心健康发展方面的整体水平和兴趣需要特点。

2. 确定活动目标

确定活动目标是幼儿身心保健教育活动设计中最重要的一环，它的恰当与否将影响整个活动设计。

3. 选择活动内容

活动内容是实现教育目标的手段，是将目标转化为幼儿发展的载体，也是活动设计和实施的主要依据。

4. 设计活动准备

一个成功的身心保健教育活动必然需要教师做多方面的准备，现有物质条件和环境创设、幼儿的知识和心理准备、教师的知识和心理准备等方面。

幼儿知识和能力方面的准备是教育过程中幼儿强烈的学习兴趣和探究愿望得以维持的重要保证，也是幼儿能够得到更好发展的基础。例如，大班"小小营养师"活动，教师活动前，布置幼儿收集资料，向身边的成人了解常见食物的营养成分和对身体成长的好处，并用自己的方式记录下来，为活动的开展做了充分准备。又如，小班"我有一双干净的手"活动，教师要事先教会《洗手歌》，准备洗手的图示等。

教师对活动内容的领悟和理解以及灵活驾驭的程度是活动的前提条件，对活动的成效起着决定性的影响作用。活动内容的重点是什么、怎样呈现，活动的难点在哪里、怎样突破，先讲什么、后讲什么等，都要有清晰的思路、准确的表达。

教师自身的素养也是活动准备的一项主要工作。例如，要使幼儿增加对人体的认识，教师必须充分了解人体各器官、各部位的名称、构造、功能及其保护方法等全面知识，并且知道如何将这些知识以既科学又儿童化的语言深入浅出地表达出来；教师还必须能够及时纠正幼儿错误的、不准确的、模棱两可的回答。又如，对幼儿进行心理健康教育，教师首先要注意提高自身的心理健康水平，合理排解工作、生活压力，保持自信、乐观、开朗、向上的良好心态；对自己有正确的评价，生活目标切合实际，保持人格的完整与和谐；具有良好的社会适应能力、融洽和谐的人际关系、良好的行为习惯，时时刻刻都给幼儿以积极的、正面的影响。尽量不要在幼儿面前宣泄不良的情绪，不要因为自己心情不好而影响幼儿，更不要向幼儿发泄。因此，教师必须不断地学习，积累丰富的、广泛的身心保健方面的科学知识，以便及时解决幼儿身心保健教育活动过程中遇到的困惑和难题。

5. 设计活动过程

活动过程是为实现活动目标和满足幼儿发展的需要对活动内容的具体展开和教育方法具体运用的设计。这里主要探讨预设性健康活动过程的设计，教师需从预设的活动目标和内容出发，设计一次教育活动的基本组成部分以及各部分的顺序、活动方法、时间分配等。一次预设性教育活动一般从活动的导入、活动过程、活动延伸来设计。

（1）活动的导入设计　活动的导入设计是为了将教育活动目标和内容转化为幼儿的需要，激发幼儿的学习兴趣和动机，将幼儿的注意力导入活动主题。这一部分的时间宜短，教师可以根据不同的活动内容灵活设计各种各样的方法导入活动。

（2）活动过程设计　这是整个活动过程中最重要的部分。活动过程设计一般应考虑以下几个方面。

① 活动过程的环节和层次。

根据活动目标和内容，教师首先要设计该活动过程需要分为哪几个环节和层次；环节和层次的顺序安排如何体现层层递进、相互衔接；分析该活动的重点和难点在哪一环节或层次，如何突破；每一环节或层次的学习目标；等等。例如，小班"我有一双干净的手"活动过程，教师可以设计三个环节，即为什么要洗手、什么时候洗手、怎样洗手。活动过程的重点是怎样洗手。为了突破重点"怎样洗手"，教师可以这样设计：组织幼儿结合已有经验谈谈怎样洗手，接着请一名幼儿或教师示范，然后组织幼儿练习，最后提供真实的情境巩固洗手的正确方法。

② 活动方法和组织形式。

确定活动目标和活动内容后，要根据活动内容的特点、本班幼儿的发展水平及本班的实际条件，有针对性地选择相应的活动方法和组织形式。如穿脱衣服和鞋袜、盥洗等生活技能的掌握离不开动作与行为练习，而这些就要通过讲解演示的方法来实现；身体认识教育活动中的"人体认识和保护"等常常借助模型、挂图、多媒体等进行讲解演示。总之，身体保健活动所采取的活动方法要注重多样性和趣味性。

幼儿身心保健教育活动的组织形式应根据活动内容、材料、场地等各种因素，将集体教育、小组活动与个别指导相结合。例如，集体教育活动适合于帮助幼儿理解一些知识和掌握一些技能；小组活动可以便于一些操作活动的开展和教师的指导；个别指导则更能让教师与个别幼儿互动，实现对个别幼儿的帮助。丰富多彩的组织形式能够更好地调动幼儿的学习兴趣，提供更多师幼互动、生生互动的机会，从而提高教育活动的效果。

（3）活动延伸　幼儿身心保健教育活动要注重活动的延伸部分对幼儿发展的影响，教师应充分考虑活动内容在生活活动中、环境中、家庭中的渗透，注重幼儿掌握知识技能的一贯性和一致性，以帮助幼儿加深印象、加强理解、不断强化，保证活动目标的实现。例如，大班"洁白的牙齿"活动延伸设计：结合9月20日"爱牙日"，带幼儿参观"保护牙齿展览会"；定期为幼儿检查牙齿和进行龋齿防治；家长可让幼儿选择自己喜欢的牙刷、牙膏，引起幼儿对刷牙的兴趣，培养幼儿早晚刷牙及食后漱口的良好卫生习惯；观察幼儿换牙情况，帮助幼儿减少换牙的恐惧感；表演游戏"小熊拔牙"。

6. 拟订活动方案

教师在观察分析幼儿情况、确定活动目标、选择活动内容、设计活动准备和设计活动过程的基础上，还需认真拟订一份合理的身心保健教育活动方案，以便于教师有目的、有计划地实施身心保健活动。一份完整的身心保健活动方案应包括的内容如表2-2所示。

表2-2 身心保健活动方案

项目	内容
活动名称	写清楚本次活动的主题，适合幼儿的年龄班
设计意图	简要概括本班幼儿的健康态度、健康知识、健康行为的发展水平，本次活动设计的意图
活动目标	本次活动应达到的知识、技能、情感的具体目标要求
活动准备	本次活动需要为幼儿做好的经验准备和物质准备
活动过程	完整的活动过程包括：活动的起点和终点，活动过程的详细步骤以及这些步骤相关的内容和组织形式，活动中需要重点提出来的问题
活动反思	活动结束后要写教学反思，指出优点和需要改进的地方

案例

我喜欢上幼儿园（小班）

【活动目标】

（1）知道要高高兴兴上幼儿园。

（2）体验故事中的愉快情绪。

【活动准备】

小兔、小鸭、小花猫的手偶各一个，小书包，用积木搭成的动物幼儿园。

【活动过程】

1. 导入活动：通过认识新朋友激发幼儿学习兴趣

教师把小兔的手偶藏在身后。

介绍小兔朋友，引导幼儿知道小兔是高高兴兴上幼儿园的。

2. 观看小兔上幼儿园的手偶情境表演，体验高高兴兴上幼儿园带来的快乐感受

（1）边看情境表演边提问，体验故事中的愉快情绪。

教师引导幼儿分析叫住小兔的是谁？

引导幼儿回答：小鸭。

教师一只手拿着小兔手偶，另一只手拿着小鸭的手偶，教师分别扮演小鸭和小兔进行情境对话。

教师引导幼儿说出小兔遇到谁了？小鸭去哪里？它们怎么样去幼儿园？

引导幼儿回答：小鸭、幼儿园、手拉手。

教师引导幼儿分析"喵喵喵"是谁？（小花猫）

教师出示小花猫的手偶，三个好朋友手拉手，高高兴兴上幼儿园。

（2）教师引导幼儿回想故事内容，转移经验，启发幼儿高高兴兴上幼儿园。

教师引导幼儿说出故事里都有谁去幼儿园？（小兔、小鸭、小花猫）

引导幼儿说出它们都是哭着去的幼儿园还是高高兴兴地去幼儿园？（高高兴兴地去幼儿园）

教师提问，小兔、小鸭、小花猫都是好孩子，表扬今天也像它们一样高高兴兴来幼儿园的小朋友。

（3）教师引导幼儿表演故事内容。

教师找几个小朋友来当小鸭、小兔、小花猫高高兴兴地上幼儿园。谁愿意表演可以

举手。

3. 结束部分：提供很多手偶让幼儿自己选择并进行表演

小朋友们可以从动物里自己选个好朋友表演高高兴兴上幼儿园。

正确的姿势（中班）

【活动目标】

（1）初步了解人体正确的姿势，逐步形成正确的姿势。

（2）知道保持正确的姿势可以不让骨骼变形。

（3）学习正确的走路、站立和坐的姿势。

【活动准备】

脊柱侧面图两幅（直的和弯曲的）。

【活动过程】

1. 教师出示人体脊柱侧面图（直的）引导幼儿观察

教师出示人体的骨骼透视图，引导幼儿说出这是人体的什么部位？是什么样子的？

教师出示弯曲的脊柱图。

教师提问现在这根脊柱有什么变化？为什么会是这样的？是什么原因使它弯曲了？（引导幼儿大胆猜想可能的原因）

2. 帮助幼儿认识和了解人体的骨骼

教师可以进行简单的介绍：我们生下来时，身体中的骨头包括脊柱都是软的，因为我们不断地吃进各种食物，骨头吸收了营养就会长长、变硬、变粗，我们的个子就会长高。但是，骨头在生长的过程中，因为比较软，所以很容易变形、变弯。像捏油泥一样，你怎么去捏它就会变成什么形状。如果骨骼被经常弯曲，它就会长成弯的。如果长时间使它保持正直，它就是直的。

3. 引导幼儿了解正确的坐、立、行走的姿势，并进行练习

教师示范正确的站姿、坐姿和行走的姿势，再分组请幼儿在集体面前进行正确的动作表演，强化幼儿形成正确的姿势。

【活动延伸】

引导家长为幼儿创造适宜的学习环境，应为幼儿提供与其身高相协调的桌椅。提醒幼儿写字、画画时，应保持"三个一"，即眼睛离桌面一尺远，胸离桌子一拳远，手离笔尖一寸远。

另外，在家不要让宝宝坐在柔软的沙发或床上看书、看电视，坐时不要让宝宝过多地依靠垫背。

眼睛的秘密（大班）

【活动目标】

（1）了解眼睛的作用以及眼睛各部分的名称，懂得保护眼睛的重要性。

（2）创编"眼保健操"，体验大胆表达的成功感。

（3）形成良好的用眼卫生习惯。

【活动准备】

（1）物质准备：每人一面小镜子；眼睛的结构图，对视力有益的食物图片，挂图《眼睛生病了》；每人一副自制的太阳镜，上面贴满胶带；幼儿自制的小老鼠指偶人手一个。

（2）经验准备：活动前带幼儿玩"捉迷藏"的游戏。
【活动过程】
1. 黑暗体验，感受眼睛的重要性
幼儿戴上自制的眼镜，体验看不见东西时的感受，认识眼睛在生活中的重要性。
2. 初步了解眼睛的功能
（1）谈谈眼睛被蒙住的感受。教师引导幼儿说出在捉迷藏的时候，眼睛被蒙住有什么感受。
（2）教师引导幼儿说出我们的眼睛可以看到哪些东西？（拓展幼儿的思维空间）然后引导幼儿知道：我们的眼睛真了不起，能让我们看到很多很多的东西。
3. 了解眼睛各部分的名称
（1）先让幼儿用镜子观察自己的眼睛：眼睛的上面有什么？眼睫毛有什么用处？眼睛里面像黑葡萄的是什么？眼睛最中间的小黑点是什么？
（2）出示眼睛结构图，引导幼儿观察。
教师小结：眼睫毛对眼睛有保护作用，能遮住眼睛不被强光照射，也可防止尘土落入眼内。眼睛里面像黑葡萄的是眼珠，眼珠最中间的小黑点叫瞳孔。
4. 讨论学习保护眼睛的方法
教师请幼儿积极思考应该怎样保护眼睛。
出示挂图《眼睛生病了》，通过提问："这个小朋友为什么要揉眼睛？""他的眼睛怎么了？""眼睛会生什么病呢？"（近视眼、红眼病、沙眼、结膜炎、睑腺炎等）
引导幼儿讨论眼睛为什么会生病？（如用脏手帕擦眼睛，用脏手揉眼睛，看书或看电视时间太长、坐姿不端正等）
讨论：日常生活中我们应怎样保护眼睛？
（1）看电视时，距离电视2米以上，看电视时间不能过长；看书时身体要坐正，不能趴着或仰着看书，看书时间长了，要休息或向远处看或看绿颜色的植物；不能在太强或太弱的光线下看书；画画、写字时要注意保持"三个一"；平时毛巾、脸盆等要专人专用，并定期消毒和清洗，防止相互传染；眼睛生病了可以用点眼药水等方式进行治疗。
（2）出示对视力有益的食物图片，如胡萝卜、虾、大豆、猪肝、鸡蛋、牛奶、水果、肉类等，引导幼儿每样菜都要吃，食品应多样化，荤素合理搭配，这样对眼睛、身体有好处。
5. 创编"眼保健操"
（1）教师请幼儿取出小老鼠指偶，引导幼儿想象自己是黑猫警长，将指偶呈现在眼前，眼珠随着小老鼠上、下、左、右移动，不让老鼠逃跑。这一过程，轻松达到让幼儿手眼一致、活动眼球的目的。
（2）教师鼓励幼儿随音乐节拍设计、创编运动眼球、放松眼睛的方法。
（3）幼儿分组设计、创编眼保健操。
（4）用图示方法记录"眼保健操"。教师及时给予支持、引导、帮助，鼓励幼儿大胆表现，用自己喜欢的方式记录。最后，展示幼儿的记录。
（5）教师小结：今天我们知道了许多有关眼睛的秘密。希望每个小朋友都有一双明亮的眼睛，从现在起，改掉那些不好的习惯，好好地保护我们的眼睛。

【活动延伸】
（1）将眼保健操作为一日活动中的常规活动。
（2）幼儿将"眼保健操"设计图带回家，提醒家长和幼儿保护视力。
（3）进一步开展有关保护眼睛的其他活动。

第四节
幼儿健康教育活动评价

✈ 案例导入

动一动（小班）

【活动来源】
幼儿能用肢体动作对音乐做出反应，能模仿简单的动作。
【活动目标】
喜欢做模仿操。
【活动准备】
律动音乐音频、PPT（各动物图片：大象、老鼠、白兔、乌龟、小虫）。
【活动过程】
1. 开始部分
（1）创设游戏情境，介绍、模仿小动物。（展示PPT）
教师："今天有好多的小动物要来跟我们一起做游戏，它们是谁呢？"
（2）热身活动。
教师："小动物们特别爱运动，我们跟着它们一起动起来吧。"
2. 基本部分
（1）做模仿操中的动作，请幼儿说出教师的什么部位在动。
教师："刚才我学的是哪个小动物？我的什么地方在动呢？你能学一学吗？"
（2）师生自由模仿小动物的动作。
教师："你还能学哪个小动物？还会怎样动动你的身体？"
模仿大象："大大动一动"。（两手合十交叉，甩动手臂）
模仿老鼠："小小动一动"。（双手并拢放嘴前，小脚小碎步跑起来）
模仿白兔："快快动一动"。（双手做耳朵状，小脚并拢跳起来）
模仿乌龟："慢慢动一动"。（双手伸平，慢慢走动）
模仿小虫："弯来扭去动一动"。（身体扭动）
（3）教师说儿歌《动一动》，幼儿跟着做动作。
教师："小动物动起来真是太可爱了，我们跟着小动物做做动动操。"
动一动、动一动，（原地跑步）
小动物们做运动。（原地跑步）

学个大象大大动,（弯腰同时双手交叉,向前用力走两步）
学个老鼠小小动。（双手并拢放在嘴边,同时向前抬腿两次）
学个白兔快快动,（双手各伸出两个手指放在头顶做小兔耳朵状,同时向前跳四步）
学个乌龟慢慢动。（双手向前平伸,同时向前轻走两步）
学个小虫全身动,（双手叉腰,全身扭动）
快来快来动动看。（双手交叉经体前向上转动一周,脚下原地小碎步）
运动运动身体棒。（小跑步转动一周后双手跷起大拇指,左脚做出踵趾步表示赞扬）
（4）播放音乐,随音乐旋律师生边说儿歌边做模仿操。

教师:"小动物们真高兴可以和小朋友们一起做动动操,它们希望小朋友们做操时要跟着儿歌,全身一起动起来。小朋友们,准备好了吗？我们听着音乐一起动起来。"

3. 结束部分

整理活动。

教师:"小动物们要准备回家了,我们跟它们说再见吧！我们也需要回去休息喽！现在一起拍拍肩膀、甩甩胳膊、拍拍腿吧。一会儿我们回到家,可以跟爸爸妈妈一起来学小动物做做动动操。"

要求:

（1）请小组合作,对上述健康领域活动进行评价。

（2）请小组合作,用思维导图的方式总结幼儿健康教育活动的内容并展示。

知识讲解

一、幼儿健康教育活动评价概述

幼儿健康教育活动评价是指在系统地、科学地和全面地收集、整理幼儿健康教育信息的基础上,对幼儿健康教育的整体规划的评价,对幼儿健康教育目标、内容、组织形式和方法,对进行健康学习的幼儿,对进行健康指导的幼儿园教师及其他相关人员的整体规划性评价。

（一）幼儿健康教育活动评价的基本原则

1. 尊重性原则

所谓尊重性原则是指在健康教育活动评价的实施中应充分体现对被评价者的尊重,无论是对幼儿的评价,还是对活动中教师的评价都应当坚持客观、公正的态度,同时体现激励、发展与正面肯定的原则,以帮助教师或幼儿发扬长处,弥补不足。尤其是行政管理者对教育活动中教师行为的评估和鉴定,更要体现尊重和鼓励的原则,因为评价的目的不是甄别和选拔,评价者应善于发现、充分肯定教师在教育活动中的成功和创新之处,也可以让被评价者（教师）一起参与评价,从而激发教师主动进行教育活动后的自我反思,加强对教育活动的调整和再探究。因此,任何教育活动评价都应该建立在评价者和被评价者之间的平等关系的基础之上,使教育活动评价更好地体现出客观性、公正性,以达到评价促进教育活动改革和提高活动质量的作用。

2. 科学性原则

科学性原则是指在进行评价时要采用科学、合理、适宜的评价工具、方法，切勿仅以自身经验和主观感受来评判活动的效果和幼儿的发展水平。主要体现在以下几个方面：（1）不同活动类型其性质具有差异性，因此，评价过程中的核心目标指向要科学；（2）不同年龄段的幼儿的发展水平不尽相同，因此，评价的方式、手段也要具有科学性；（3）同样的活动主题如果教育对象、教育阶段及其组织的方式不同，那么评价的侧重点也不一样。除此之外，还要把静态水平和动态发展相结合，把定量评价和定性评价相结合，体现评价方式的科学性。

3. 全面性原则

全面性原则主要体现在以下几个方面：（1）在评价过程中为保证评价的完整性和客观性，评价的项目指标要全面，从而使收集的信息资料更全面；（2）对幼儿进行评价时，除了关注幼儿身心发展外，还应关注幼儿的社会情感、语言等多方面的发展，如关注活动中幼儿的交往技巧、合作能力、规则意识、活动体验、学习品质的发展等等；（3）评价时不能仅关注当下的教学和课程，而应该全面评价幼儿的整体发展水平；（4）评价途径应多元化，即评价的方式除了最直接的观摩外，还可以采用记录、视频、交流等方式；（5）树立多元化评价主体的理念，即建立教师、幼儿、家长、社区及管理部门共同参与的互动评价体系；（6）在评价时不只是单一地评价活动中幼儿的发展状况，还应涉及整个教育活动中各个环节的评价，即评价时应涉及教育活动的目标、内容、活动准备、活动过程、活动形式和手段、活动材料、活动效果，以及活动过程中的教师指导、师幼互动等。

4. 灵活性原则

灵活性原则主要体现在以下几个方面：（1）在评价过程中应该根据活动情境的特点采用适宜的、多样的评价手段和方式；（2）评价的主体可以多元化，评价的角度可以多样化，从而使得评价信息更丰富，使得交流讨论的焦点、深度都能够更进一步；（3）评价不一定要当时当场进行，也可以利用现代信息技术进行远程评价、延时评价等。

（二）幼儿健康教育活动评价的方法

1. 观察法

观察法是评价者根据评价对象的特点和指标内涵的要求，有目的、有计划地在自然状态下（自然观察法）或控制条件下（试验观察法）观察评价对象并获取评价信息的方法。观察法主要是听和看，可充分利用录像机、照相机等仪器作为辅助工具。观察法适用面广，收集资料的机会较多，目前主要运用于了解评价对象的行为表现、情感改变和意志特点。如通过听课，可以收集教师课堂教学的资料，了解幼儿的活动情况，也可在一定程度上了解教师的备课情况。例如，幼儿生活自理能力的发展状况、同伴交往情况、教师和幼儿在健康教育活动中的表现都可以用观察法进行资料的收集。

2. 测验法

测验法是根据评价内容编制一定的等级量表和标准的试题用以收集评价信息的方法。它主要用于易量化的评价对象和形成性评价，如收集教师教学效果、幼儿掌握知识与技能情况、幼儿各项体能发展状况、幼儿发展状况等信息。

3. 问卷调查法

问卷调查法是通过对评价对象进行书面调查而获取评价信息的方法,主要适用于对范围广的问题进行大面积调查。问卷可以当场发放,直接填写,也可以通过邮寄方式将问卷寄发给调查对象。采用问卷法可以在短时期内获取大量的信息,但编制科学合理的问卷和获取真实的统计结果是一项技术性强、要求高的工作。

4. 访谈法

访谈法是一种口头调查法,是评价者按照访谈提纲,通过与评价对象面对面谈话或是小组座谈会的方式直接收集信息的一种方法。访谈法适用于了解评价对象的心理状态,它不受文字能力的限制。访谈时,可以根据评价对象的心理适应状况,对人群进行分类,从而较深入地了解问题。如对幼儿心理发展中的常见问题进行访谈,以便找到问题背后的原因。

5. 小组讨论法

小组讨论法是让幼儿在小组成员面前就某一话题发表自己的看法或与他人一起讨论,评价者借机从中了解信息的方法。如欲了解幼儿对健康教育知识的掌握情况,就可以采用此方法。

6. 实地检查法

实地检查法是对托幼机构总体健康环境的测定。例如,对幼儿基本用房及活动场地等空间条件及其合理使用情况,玩具、教具、家具、设备的拥有及其利用状况,室内外环境如通风、采光、绿化、安全、卫生及厕所空气质量的测定等。

(三)幼儿健康教育活动评价的类型

1. 正式评价和非正式评价

(1)正式评价　正式评价是指评价者具有计划性、目的性和针对性的评价,一般采用量化的方式来进行,体现在教育活动中,多表现为上级行政部门、幼儿园管理层根据一定的目的和计划而开展与实施的评价。常见的有各个层次(园内或园外)的教学活动评优等,一般采用量化和等级或分数式的评价表。

(2)非正式评价　非正式评价通常是指发生在教育活动过程和特定活动情境中的,不自觉地进行着的对学习者的行为言行以及教学活动现象或事件等的观察和评定,它是教师在与幼儿日常接触及互动过程中通过不断地了解幼儿,进而形成对幼儿的某种判断与反馈的一种评价方式。这种非正式评价一般很难量化,具有较大的主观性和隐蔽性,但教师非正式评价的目的也是更好地了解学习者的需要、学习风格、认知特点等,以帮助和促进幼儿的学习。同样,在教育活动过程中,这种非正式评价有时会发生在幼儿身上,并反过来对幼儿的学习和学习氛围产生一定的影响。

2. 形成性评价和总结性评价

(1)形成性评价　形成性评价是主要通过对幼儿学习进展情况进行评价,进而影响学习过程的一种评价模式,其具有动态性、信息量大、范围广等特点。它有利于教师及时获取有效信息,把握活动状况和幼儿的需要,及时调整教学策略,促进幼儿的有效学习。

(2)总结性评价　总结性评价是指在完成某个教育活动或某个单元性、阶段性活动之后进行的总结和评定，它与目标的达成度紧密相关。

3. 个体评价和群体评价

（1）个体评价　个体评价是指对参与教育活动过程的幼儿个体所进行的评价，评价的内容包括活动兴趣、参与态度、学习方式、互动与社会化程度、学习能力与学习习惯等。

（2）群体评价　群体评价是指对教育活动中参与活动的幼儿整体进行评价。

4. 内部评价和外部评价

（1）内部评价　内部评价是指参与者主体进行的自我评价，如学习者主体对自身的自我认识和评价，教学者主体对自我的教学工作的评价等。作为一种内部评价，教师的自我评价过程实质上就是教师对课程和教学的一个反思过程。对教师而言，对自己教学活动的分析与反思的自我评价是一种内在的行为，它能更自觉而有效地促进教师专业化能力的提高。

（2）外部评价　外部评价是指评价主体独立于评价对象之外所实施的一种他人评价。评价内容包括活动对象在教育活动中的表现（包括知识与技能、情感与态度、能力与习惯等）以及教育活动设计组织者的表现（包括环境创设、材料投放、教学目标、教学内容、教学方式、教学过程等）。

二、幼儿健康教育活动评价的内容

幼儿健康教育评价的内容主要有：幼儿健康发展的评价、幼儿健康教育工作者素质的评价、幼儿健康教育活动的评价、幼儿园健康环境和服务的评价等。

（一）幼儿健康发展的评价

1. 幼儿健康知识、健康态度与健康行为的评价

（1）幼儿健康知识的评价　关于幼儿健康知识的评价，通常要采用前后对照测试的方法。一般根据某项健康教育活动的内容对幼儿进行口头测试，了解其对健康知识的知晓率。

（2）幼儿健康态度的评价　关于幼儿健康态度的评价，主要是指对幼儿执行和保持健康行为的态度所进行的评价，如幼儿对刷牙行为的支持率。

（3）幼儿健康行为的评价　关于幼儿健康行为的评价主要是对幼儿良好的生活、卫生、品德行为习惯的形成率进行的评价。值得注意的是：从知到行要经过许多不同的层次，是一次既复杂又困难的过程。就知识、态度、行为三者比较，其转变的时间及难度是不同的。知识上的转变比较容易达到；态度上的转变，因受感情的影响，比知识改变困难些，历时也长一些；行为上的转变比前两者更困难、更费时。因此，在评价时应考虑各方面因素，特别是在对行为改变内容进行定量评价时，其指标不宜定得太高。

2. 幼儿生长发育与健康状况的评价

生长发育是儿童及青少年期所特有的生理现象，它既包括身体方面的变化，也包括心理方面的变化。

（1）生长发育指标

① 生长发育形态指标　幼儿生长发育形态指标常用以评价儿童生长发育的水平和速

度。生长发育形态指标是指身体及其各部分在形态上可测出的各种量度（如长、宽、围度以及体重等）。对幼儿来说，最重要和最常用的形态指标有身高、体重和头围、胸围等。

体格生长偏离是幼儿生理的异常发育，主要包括低体重、消瘦、肥胖和身材矮小。其中，低体重是指幼儿的体重比相应年龄组人群按年龄的体重均值数低两个标准差以下；消瘦是指幼儿的体重比相应年龄组人群按身高的体重均值数低两个标准差以下；肥胖是指体重超过按身高计算的标准体重20%，超重20%～30%为重度肥胖；身材矮小是指幼儿身高比相应年龄组人群按年龄的身高均值数低两个标准差以下。导致幼儿体格生长偏离的原因是复杂的，包括遗传因素、营养因素、疾病因素、体质因素、心理因素等。

知识加油站

幼儿生长发育形态指标

（1）体重：是指人体各器官、组织及体液的总质量。在一定程度上代表幼儿的骨骼、肌肉、皮下脂肪和内脏质量及其增长的综合情况，是最易获得的反映幼儿体格生长与营养状况的指标。

正常足月新生儿出生体重平均为3千克，出生后3个月大约是出生时的2倍。1岁时体重大约是出生时的3倍，2岁时大约达到4倍。幼儿的体重可用以下公式估算：

1～6个月：体重（kg）＝出生体重（kg）＋月龄×0.6（kg）

7～12个月：体重（kg）＝出生体重（kg）＋月龄×0.5（kg）

1～10岁：体重（kg）＝年龄×2（kg）＋8（或7）（kg）

应定期为幼儿量体重，以检查幼儿是否发育正常。新生儿应在出生后8小时内测出体重：1～6个月，每月测一次；6～12个月，每2个月测一次；1～2岁，3个月测一次；2岁以上，半年测一次。

（2）身高（长）：指从头顶至足底的垂直长度。身高常被用以表示全身生长的水平和速度。身高方面表现的个体差异，比体重所表现的个体差异更大。

出生时身长平均为50厘米，出生后第一年增长最快，1岁时约为出生时身长的1.5倍，即75厘米。第二年增长速度减慢，平均每年增长10厘米，2岁时身长约为85厘米。

2岁以后，儿童的身高可用以下公式估算：

2～7岁身高（cm）＝年龄（岁）×5（cm）＋80（cm）

（3）头围：经眉弓上方、枕后结节绕头一周的长度。头围表示颅骨及脑的大小与发育程度，是反映幼儿脑发育的重要指标，也是脑积水、小头畸形等的主要诊断依据。

新生儿头围平均值为34厘米，1岁45厘米，2岁47厘米，3岁48厘米，5岁50厘米。对头围的测量在出生后头2年意义重大。

（4）胸围：沿乳头下缘绕胸1周的长度。表示胸廓的容积以及胸部骨骼、胸肌、背肌和脂肪层的发育情况，在一定程度上表明身体形态及呼吸器官的发育状况，也能反映体育锻炼的效果。

新生儿胸围平均为32厘米，比头围小1～2厘米，1岁左右与头围大致相等，1岁后超过头围。若小儿超过1岁半，胸围仍小于头围，则说明生长发育不良。营养物质摄入不足，缺乏体育活动以及疾病造成的胸廓畸形均会影响胸围的增长。

（5）坐高（顶臀长）：是从头顶至坐骨结节的长度。可表示躯干的生长情况，与身高比较时可说明下肢与躯干的比例关系。坐高占身高的比率随年龄增长而降低。

② 生长发育生理功能指标　生长发育生理功能指标常用于评价幼儿身体各系统、各器官的生理功能。生长发育生理功能指标指身体各系统、各器官在生理功能上可测出的各种量度，如肺活量（呼吸系统的基本指标）、脉搏和血压（心血管系统的基本指标）等。对幼儿来说，常用的有脉搏、血压、肺活量等。此外，生理功能的评价指标还有视功能（包括视力、色觉、眼位等）、听力检查、实验室检查（包括红细胞计数、血红蛋白、血糖、肝功能等）等。

（2）动作发展及体能评价　幼儿动作发展是幼儿健康成长的重要组成部分，幼儿健康教育就是要使幼儿积极参与各种形式的体育活动和户外游戏，并在活动与游戏中发展幼儿的走、跑、跳等各种基本动作，从而不断增强身体素质、提高运动能力。幼儿的动作发展评价涉及两个方面：大肌肉动作和小肌肉动作。

大肌肉动作是大肌肉群所组成的随意动作，常伴有强有力的大肌肉的收缩、全身运动神经的活动以及肌肉活动的能量消耗。在学前期，比较常见的大肌肉动作有走、跑、跳跃、爬、钻等。

小肌肉动作也称精细动作，是由小肌肉群组成的随意动作。幼儿的小肌肉动作主要是手的动作，包括指尖动作、手指屈伸以及眼手协调等。

（3）身体疾病或缺陷评价　通过幼儿患病率、发病率的变化，可以了解幼儿健康教育的效果。如有无贫血、佝偻病、龋齿、斜视、弱视等常见疾病，有无脊柱弯曲异常、扁平足等常见的姿势缺陷等。这里的患病率是指在某一个时间点上患某种疾病的人数占全体人数的百分数，如在同一时间的健康检查中获得的儿童龋齿人数占总受检人数的百分比，即为龋齿的患病率。发病率是指在一定时间内（如一年），某群体或某地区每100人中新发的病例数。发病率多用于病程短，又有重复感染的疾病，如急性传染病、外伤等。另外，还可通过月病假率（病假率是指一段时间内请病假的幼儿人数占儿童总人数的比率）及死亡率来反映幼儿的健康状况。

通过上述评价指标，幼儿园对幼儿进行定期（每学期一次）或不定期（如入园前、专题调查、发生疾病后）的健康检查，将检查结果与正常标准相比较，可以对幼儿的生长发育指标达成情况进行全面评价，也可以对实施幼儿健康教育的前后结果进行比较，以此了解幼儿健康教育的效果，但后者在实际应用时要考虑长效影响等多方面因素。

（4）心理健康评价　幼儿心理健康评价是运用心理学的方法对幼儿的心理状态和行为表现进行评定的。幼儿心理评价是为了能正确地把握幼儿心理发展状况，并从幼儿群体中鉴别出有行为问题和心理障碍的个体，从而有针对性地实施早期教育，对心理障碍进行早期干预。幼儿心理健康评价常见的方法有：临床精神状态检查、心理行为症状的量表评定、智力发育筛选测验等。

知识加油站

丹佛发育筛选测验

丹佛发育筛选测验由美国丹佛市首创应用，现已成为世界上应用最广泛的幼儿智能筛查方法。筛查项目由四个能区和105个项目组成，四个能区包括：应人能，测试幼儿对周围人们的应答能力和料理自己生活的能力；精细动作——应物能，测试幼儿视觉和用手的能力；粗动作能，测试幼儿的运动能力；言语能，测试幼儿的言语能力。测试根据一定的指导语、项目操作要求和通过标准来进行，每次测试需要10～20分钟。此法已在国内广泛应用，并建立了中国幼儿常模标准。将个体幼儿的测查结果与常模比较，如果对90%的幼儿都能掌握的某项技能还不会，就说明可能存在发育迟滞现象，需要进一步诊治。

（二）幼儿健康教育工作者素质的评价

健康教育工作者既要具有幼儿教师的基本素质，还要具有健康教育工作者的专门素质，只有这样才能胜任从事幼儿健康教育工作的岗位，才能有目的、有计划地设计与实施幼儿健康教育，提高幼儿健康生活质量，增强幼儿健康体质。

1. 具有扎实的幼儿卫生与保健知识和基本的健康教育技能

教师具有扎实的幼儿卫生与保健知识和基本的健康教育技能，包括：掌握幼儿的生理发育特点并能根据幼儿的生理发展特点进行合理的保育；掌握营养与膳食的知识并能合理地设计幼儿的食谱，组织幼儿科学进餐；掌握常见疾病及传染病的基础知识并能进行相关的护理与预防；掌握常见意外事故的紧急处理技术；掌握幼儿心理疾病的干预措施；掌握幼儿的学习特点、运动负荷原则，科学地组织幼儿健康教育活动；制定并执行幼儿一日生活制度，做好晨间检查、健康检查、疾病预防、卫生消毒等工作；具有一定的观察力，善于观察与评价幼儿生长发育与健康状况、卫生行为习惯、生活自理能力、社会交往能力及个性特征。

2. 能够科学制订幼儿健康教育计划

幼儿健康教育的成败与对整个过程是否有周密的计划、计划是否合理可行有很大的关系。健康教育计划的制订，应该体现科学性、可行性和灵活性的特点，使计划更好地发挥其教育作用。健康教育计划的制订要符合教育目标、教育规律和幼儿身心发展规律，要从"幼儿园课程是帮助幼儿获得有益的学习经验，促进其身心全面和谐发展的各种活动的总和"这一认识出发，能对幼儿的发展产生积极作用的活动应尽可能地纳入教育计划中。

幼儿健康教育计划从内容上分包括有目的、有计划地设计与组织的幼儿健康教育活动、幼儿自由选择的活动、幼儿一日生活的安排、幼儿学习环境的提供、家长工作和与社区的联系等；从目标的层次上分包括学年计划、学期计划、月计划、周计划、日计划及具体活动计划，这几种计划是递进而相关的有机整体。教师设计的幼儿健康教育计划可以体现出教师所持有的教育观念及所具有的教育决策能力。

教师在制订幼儿健康教育计划时应避免以下几种情形：

一是为应付领导检查而"写"计划。对计划的价值、作用缺少正确的认识，因此工作一忙就把写计划的工作挤掉了，当领导检查时不求质量，随便写写。

二是盲目照抄。抄其他班计划或抄自己班已用过的计划，抄某些参考书中别人发表出来的计划。这些计划中有些内容根本不符合本班的实际情况。

三是写计划时习惯从教师自己的角度来思考问题，而忽视了幼儿发展的需要和规律。

3. 能够合理地组织与实施幼儿健康教育计划

教师在组织与实施幼儿健康教育计划的过程中要能贯彻保教结合原则，充分利用日常生活、体育活动、集中活动等环节，培养幼儿良好的生活卫生习惯、饮食习惯、自理能力和自我保护能力。

教师能根据目标和内容合理安排教学环节，注意使教学环节递进性推进，层次清楚，过渡自然；能根据教育教学计划做好活动准备，运用适宜的组织形式和多样的教学手段组织教学活动，突破重难点，并帮助幼儿梳理、提升经验。

教师能营造平等、融洽的氛围，关注幼儿的学习过程，及时调控、回应，并做到面向全体与个别指导相结合。

4. 具有反思与评价幼儿健康教育的能力

教师应具有反思自己健康教育教学水平的能力，通过反思自己幼儿健康教育教学活动，总结优秀教育经验，改进不足，采取更有效的措施来改善幼儿健康教育工作。

评价能力主要是指教师以幼儿为对象，对幼儿的活动、幼儿在教育中的受益和所达到的水平进行判断的能力。对幼儿健康发展进行评价，其最终目的是使教师（包括家长等）了解每个幼儿，从而创造适合幼儿发展的健康教育活动，即根据每个幼儿的健康发展水平、个性特点、兴趣爱好、学习方式等方面的个体差异，提出不同的健康教育要求，采取不同的教育方法等。这就要求教师通过多种手段获得幼儿健康发展方面的丰富信息后，对照评价标准，确定每个幼儿的健康发展状况，并在此基础上制订个别指导计划，以便在健康教育进程中加强对不同幼儿的个别指导。

（三）幼儿健康教育活动的评价

1. 活动目标的评价

（1）活动目标定位　幼儿健康教育活动目标定位时应注意活动目标与教育内容、教育对象相适宜。教师要考虑教育活动的目标是否建立在了解本班幼儿现状的基础上，此外，制订活动目标时应该从知识、能力、情感三个维度进行考虑，目标的难度要适中。

（2）活动目标表述　目标的表述应该清晰、准确，具有可操作性。目标表述的行为主体要一致，目标表述应突出幼儿的主体地位。

（3）对活动目标达成度的评价　活动结束时要逐条对照目标是否都实现了。活动目标达成度的评价是一个比较困难的过程，因为它涉及教育活动的即时效应和发展的潜在性问题的关系。过于注重即时效应，可能会使幼儿失去个性多方面发展的机会。

2. 活动准备的评价

对活动准备的评价可以从以下四个方面进行：活动场地的准备，活动材料的选择及利用，知识经验的准备，学习情境的创设。

（1）活动场地的准备　在开展户外体育区域活动之前，教师要对活动场地作全面规划：准备开设哪些活动区，应设在哪个具体位置，需多大空间，对周围环境有怎样的要求等。教师应根据活动提供的材料和活动的内容，事先估计本活动中幼儿可能会有哪些玩法，并从安全的角度科学地对活动场所进行适当的分区，以便管理。例如，大班体育活动"花样玩球"，活动的核心目标是引导幼儿运用所提供的材料（绳子、呼啦圈、高尔夫球棍和园内自制的跳跳板、跑车等）进行花样玩球，教师要预先估计本活动可能会出现哪些玩法，并根据这些玩法进行分区设置，如可以将该活动分成跳跳板区、跑车区、呼啦圈区、高尔夫球区等，进行分区管理。

（2）活动材料的选择及利用　活动材料是教育意图的物质载体，它本身的特性及由这些特性所规定的活动方式往往决定着幼儿可能获得什么样的学习经验，获得哪些方面的发展。幼儿园的活动材料的选择要注意安全、卫生、无毒、对幼儿无伤害。材料可以来源于日常生活中的各种物品、当地的自然资源和安全的废旧材料，这样可以让幼儿学会珍惜和利用资源。材料的利用率要高，力求一物多用，材料的种类和数量要丰富。

（3）知识经验的准备　经验即经历、体验，泛指由实践得来的知识或技能，它是人在实践中通过直接接触外界而获得的对各种事物的初步认识。教师准确地找到新的"经验点"，即把握幼儿的"最近发展区"，是活动成功的关键所在。要找准新的经验点，就要求教师在进行新的教育教学活动前必须了解幼儿先期已经掌握了哪些与本活动相关的知识技能，具备了哪些能力。教师可以采用"任务分析"的方法来分析并了解幼儿的经验准备情况。如大班的"营养自助餐"活动的目标之一是"学习合理搭配食物"，而懂得"合理搭配食物"的前提是幼儿有"常见食物的主要营养素"方面的知识，因此本活动的知识经验准备是丰富幼儿相关的营养知识。

（4）学习情境的创设　幼儿的学习兴趣与学习愿望总是在一定的情境中发生的，适宜的情境能够引发幼儿参与活动的兴趣。在教学活动设计中，教师可以根据教学内容、幼儿的年龄和生活经验，并借鉴一些常见的生活事件，去创设一个个生动而真实的、可亲身体验的、科学而有效的模拟生活情境，让幼儿与情境中的人、事物、事件相互作用，从而建立起连接教学与生活的桥梁。如在"我是环保小卫士"的健康活动中，教师给幼儿出示了被污染的环境这一场景，由此激发了幼儿讨论的兴趣。

3. 活动内容的评价

（1）对活动内容的评价主要应关注内容是否既适合幼儿的现有水平，又有一定的挑战性；既符合幼儿的现实需要，又有利于其长远发展；既贴近幼儿的生活来选择幼儿感兴趣的事物和问题，又有助于拓展幼儿的经验和视野。

（2）对活动内容的评价应了解活动的内容是否能调动幼儿学习的积极性，教育内容、要求能否兼顾群体需要和个体差异，使每个幼儿都得到发展，都有成就感。

（3）对活动内容的评价需要考虑活动内容选择过程和活动进行过程中出现的有价值的信息，以及能否把这些意外的有价值的内容纳入活动中，这是衡量活动内容的一个很重要的指标。

（4）对活动内容的量的判定，主要是评价活动内容是否有超载现象，活动内容是否能在有效的教学时间内完成。

（5）对活动内容的质的判定，主要是从活动内容对幼儿发展的作用和价值进行评价的。

4. 活动过程的评价

（1）是否遵循幼儿的学习特点和认知规律。幼儿健康教育活动的组织要考虑幼儿的学习特点和认知规律，各领域的内容要有机联系、相互渗透，要注重组织和实施过程中的综合性、趣味性、活动性，寓教育于生活、游戏之中。例如，在组织幼儿体育活动时，由于幼儿身体娇嫩，力量小，一般不安排专项的动作练习内容，要避免机械的动作练习和单调枯燥的身体素质专项练习，因为这样容易造成局部机体的过度疲劳，对幼儿的生长发育造成不利。特别是组织小班的体育活动时，教师应灵活运用多种方法和组织形式，促进幼儿身体各部分得到全面锻炼。

（2）能否科学、合理地安排和组织。在时间安排方面，是否有相对的稳定性与灵活性，是否有利于形成秩序，又能满足幼儿的合理需要，照顾到个体差异。教师在活动的组织实施中的角色和地位如何，幼儿是否有适当的自主选择和自由活动时间。

组织活动中的时间浪费现象和消极等待现象是否存在，通过观察和评定集体行动和过渡环节，有助于判断这种现象是否存在。例如，在组织幼儿体育活动时，应遵循"低强度、高密度"的组织原则，这在客观上就要求教师在组织体育活动时应尽量减少幼儿等待的时间，尽量通过提高活动密度以达到锻炼的效果。

注意活动开展的层次性与条理性，遵循由易到难、循序渐进的原则。例如，教师在组织户外体育活动时，一般要先选定户外活动要求幼儿完成的动作，如走、跑、跳、爬等，动作选定后，接着再编排动作的次序，先完成什么动作再完成什么动作。在评价动作的编排时，要考察教师是否注意到动作的前后顺序、动作的难易程度等相关问题。

（3）活动中能否观察、倾听和引领。教师能否随时关注幼儿的需要，以关怀、接纳、尊重的态度与幼儿交往。

教师能否关注幼儿在活动中的表现和反应，如幼儿参与活动的程度、注意力集中程度、情绪是否愉悦、运动后是否有稍微出汗等，并敏感地察觉他们的需要，及时以适当的方式应答，形成合作探究式的师幼互动。

教师能否耐心倾听，努力理解幼儿的想法与感受，支持鼓励他们大胆探索与表达。

教师的语言和动作示范能否发挥引领的作用，尤其是组织室外的早操、体育教学活动和户外活动时，要求教师口令铿锵有力，语言规范、简洁，动作示范正确、得体、大方。

（4）活动组织方式、方法是否得当。活动是否以游戏为主要手段，注重游戏的教育性。活动方法、手段、形式的选择和使用是否符合内容需要和幼儿实际。教师能否面向全体，因材施教，分类指导，能否妥善处理偶发事件。

5. 活动延伸的评价

活动结束后，首先要评价教师是否想到了还需要进行活动延伸，再评价教师使用的活动延伸的方法是否具有可操作性，是否对幼儿的长期发展起到积极的作用。

6. 活动反思的评价

活动反思就是教师以已经展开的活动为思考对象，对活动的目标、内容、组织、评价等环节以及由此产生的结果进行审视和分析的过程。对活动反思的评价可以从以下三个方面来进行。

（1）对活动设计的反思　教学活动设计的反思就是对教学活动的预设是否与教学的实际进程相一致进行比较与分析，目的是找出成功和不足之处及其原因，从而有效地改进教学。设计教学方案时，教师对当前的教学内容，幼儿已有的知识经验，活动目标、重点与难点，如何依据幼儿已有的认知水平设计活动过程，如何突出重点和突破难点，幼儿在活动中可能会出现哪些情况以及如何处理这些情况，设计哪些练习或游戏以巩固新知识，如何评价幼儿的活动效果等，都会有一定的思考和预设。

（2）对活动过程的反思　被评价教师是否从这些方面进行活动反思：各活动环节的时间分配是否合理，活动重点和难点的处理情况；提问有效性如何，问题是否恰时恰点，幼儿是否有充分的思考机会；活动内容是否科学准确，是否关注到幼儿的个性差异，幼儿活动是否高质高效；教学方法的选择是否恰当，教师的语言、行为是否符合教育教学规律，是否关注幼儿的反应；游戏和练习是否适当，师幼互动情况如何。

（3）对活动效果的反思　对活动效果的反思，是指在活动结束后，教师对整个活动所取得的成效的价值判断，包括幼儿所获得的发展和教师自己的价值感受两个方面。活动是否达到了预期的目标，幼儿知识、情感和行为是否产生了预期的变化，是教学效果反思的重点。

（四）幼儿园健康环境和服务的评价

1. 幼儿园健康环境的评价

幼儿园健康环境包括物质环境和心理环境。幼儿园健康环境的创设，既可促进幼儿的身心健康和生长发育，又有利于开展幼儿健康教育活动，幼儿在美好和谐、健康的环境中自由、充分地活动，在活动中认识周围环境中的事和物，学习与人交往，陶冶性情，增强环保意识，使幼儿养成热爱生活、珍惜生命、关心他人、爱护公共卫生和生态环境等行为习惯。

（1）物理环境的评价　幼儿园物理环境方面的评价主要包括幼儿基本用房及活动场地等空间条件及其合理使用情况；玩具、教具、家具、设备的拥有及其利用状况；室内外环境的通风、采光、绿化、安全、卫生状况。物质环境评价指标有环境绿化面积、环境清洁卫生状况、环境细菌数量、采光系数、人工照明强度、儿童用房面积、家具大小颜色等。

幼儿园应配有幼儿活动室、幼儿厕所、盥洗室、保健室、办公用房和厨房等。有条件的可单独设音乐室、游戏室、体育活动室和家长接待室等。寄宿制托幼园所应设寝室、隔离室、浴室、洗衣间和教职工值班室等。幼儿园的各种用房的具体面积规定可参考《城市幼儿园建筑面积定额（试行）》。

幼儿园应配备适合幼儿特点的桌椅、玩具架、盥洗卫生用具，必要的教具、玩具、图书和乐器等。幼儿园的教具、玩具应有教育意义并符合安全、卫生的要求。此外，幼儿园要有与其规模相适应的户外活动场地，必要的游戏和体育活动设施，创造条件开辟沙地、动物饲养角和种植园地等，根据幼儿园特点进行绿化与美化。

总之幼儿园的环境应安静、整洁、优美，室内光线充足、通风良好、空气新鲜。

（2）心理环境的评价　幼儿园心理环境方面的评价主要包括教师与教师之间、教师与幼儿之间、幼儿与同伴之间的关系是否融洽，是否充满爱与温暖的情感气氛；是否有利于幼儿与人交往、互助、合作，是否能够经常地满足幼儿的各种合理的需要；能否针对不同幼儿的需要与特点，进行个别照顾、个别指导和个别咨询等。

营造宽松自由、接纳理解、尊重支持的氛围，使幼儿获得安全感，情绪稳定，主动愉快地参与各种活动。保证充足的户外体育活动时间，提供丰富的器材，宽阔的场地，创设游戏情节，满足所有幼儿运动的需求。器材安排要体现出层次感，满足幼儿个体差异及对运动需要的不同兴趣爱好，满足幼儿自我评价的需要。提供、创设丰富的符合健康领域教学内容要求的情境、环境，鼓励幼儿主动地思考和解决问题，从而增强健康意识，养成健康习惯。

2. 幼儿园健康服务的评价

幼儿园健康服务是指幼儿园为了保证幼儿健康提供的一系列卫生保健措施和活动。如对幼儿进行健康状况、生长发育的检查，身心疾病的防治、心理咨询、预防接种、营养餐的供给等，托幼机构健康服务可促使幼儿正常生长发育，预防疾病的发生，保证幼儿身心健康。还可以使幼儿养成良好的行为习惯，懂得基本的健康和疾病知识，掌握自我保健的简单技能。幼儿园健康服务的评价包括制度建设的常规评价、卫生消毒的常规评价、健康检查的常规评价、生活作息制度管理的常规评价、疾病防治的常规评价和安全工作的常规评价等几个方面。

（1）制度建设的常规评价　制度建设是否齐全，执行是否有力，包括学年、学期卫生保健工作计划（包括月重点）；卫生保健制度；各种资料齐全，记录完整、清楚、准确，如出勤登记表、传染病登记表、疾病登记表等；对资料进行统计和科学分析，并以此为依据做好卫生保健工作，如体格发育评价、膳食评价等；保健室建设；定期检查计划、制度落实情况，有总结，有记录；落实岗位责任制，卫生保健工作职责明确，责任到人。

（2）卫生消毒的常规评价　卫生消毒是预防疾病发生以及切断传染病传播途径的一项重要措施。幼儿园要建立并严格执行卫生消毒制度。卫生消毒常规包括通风换气常规、环境卫生常规、个人卫生常规（包括幼儿和工作人员的个人卫生常规）、炊事卫生常规、清洗消毒常规。对卫生消毒制度进行的评价首先是检查其内容是否全面，其次要对消毒的用品、方法、周期或频率、时间进行评价。

（3）健康检查的常规评价　幼儿园健康检查是指对幼儿和工作人员进行的定期或不定期的体格检查。通过健康检查，了解幼儿的生长发育和营养状况是否达到正常的标准，并能尽早发现幼儿的疾病和生理缺陷，以便进行干预和矫治；对体弱幼儿建立档案，加强管理。幼儿健康检查在时间上包括新生入园体检制度、幼儿定期体检制度、晨检和全日观察制度；在内容上包括：体重、身高、头围、胸围、肺活量、脉搏、血压、眼睛、耳朵、鼻、口腔与咽喉、扁桃体、胸部、背部和四肢等。

健康检查常规除了对检查时间和检查内容进行规定以外，还包括对各种检查项目的检查方法做出规定。因此，对幼儿园的健康检查常规进行评价时，考察重点在于其内容是否全面、落实是否到位，对检查结果的分析处理措施是否及时合理。

（4）生活作息制度管理的常规评价　幼儿园必须严格遵守规定的作息制度。幼儿园制定生活作息制度主要有两个依据：一是充分考虑自身条件和幼儿的具体情况；二是根据本地区的气候、习俗、地理环境等。幼儿园生活作息制度中最主要的是一日生活作息制度。幼儿一日生活中的常规有：晨（午、晚）检常规、饮水常规、如厕常规、洗手常规、进餐（早、午、晚）常规、睡眠常规、伙食常规、上课、游戏和户外活动等。生活作息制度管理评价要围绕这些方面来展开。

（5）疾病防治的常规评价　疾病防治的常规评价包括预防传染病、防治常见病和多发病、加强体弱幼儿管理等。预防接种是预防和消灭传染病综合措施的重要组成部分。幼儿园应建立预防接种制度，严格按照规定的接种种类、剂量、次数、间隔时间等进行预防接种，防止漏种、错种或重复接种，有效地预防幼儿疾病。隔离制度是幼儿园控制传染病传播和蔓延的一项重要措施，幼儿园应配备有专门的医务室和隔离室，建立完善的隔离制度并严格执行。

（6）安全工作的常规评价　安全工作的常规评价包括园舍设施、物品放置、药物管理、环境创设、户外活动、用电安全、消防安全、接送制度、交接班制度、保教人员带班要求、安全教育、外出活动和安全事故报告制度等。

一要定期检查托幼园所环境、设备、房舍、场地、大型玩具设施、防火设备、防电设备、交通安全等，要有专人负责，并做好记录。可采用成立安全小组，每月检查幼儿园设施、设备是否安全完好以及安全制度的落实等工作的方法。

二要检查维修全园设施（墙、巷、下水道、厕所管道、门、窗、自来水龙头等）、电气设备（空调、电话、报警器、电扇、电视机、插座、电脑等）、用电线路、运动器械等，并做好记录。

三要关注食品、药物的管理和幼儿接送等问题。以加强幼儿接送制为例，幼儿离园时，托幼园所要负责查看家长有无幼儿接送卡，有接送卡的可直接入园；对未带接送卡的家长，确认后方可允许其入园接送孩子；在非接送幼儿时间，门卫室在接到班主任或医务室的通知时，家长才能准予接出幼儿，从而防止发生各种意外事故。

四要建立并严格执行各班的交接班制度。交接班时负责人员的责任包括清点幼儿人数、交接幼儿健康情况，并在交接本上记录幼儿在园时发生的任何异常情况，无论大小、后果如何。

五要加强对幼儿的安全教育。经常对幼儿进行安全教育，使他们逐步积累生活经验，知道哪里有危险，有什么危险，应当怎样做才可以有效避免意外事故的发生等。

第五节
制定幼儿健康教育活动方案

案例导入

幼儿园要进行健康领域教育活动磨课，小姜老师想设计"好玩的报纸"体育教学活动，但是她不知道如何设计才会有好的效果。

要求：

（1）请小组合作，设计体育教学活动"好玩的报纸"，并展示。

（2）请小组合作，用思维导图的方式总结幼儿健康领域活动方案的设计过程，并展示。

知识讲解

一、制定健康教育活动目标

（一）关注身心和谐发展

幼儿健康包括身体健康和心理健康两个方面。幼儿的身体健康以发育健全、具备基本的生活自理能力为主要特征，幼儿的心理健康以情绪愉快、适应集体生活为主要特征。由于幼儿的身体健康与幼儿的心理健康是密不可分的两个方面，因此有的目标如"生活、卫生习惯良好"既包含日常生活中的盥洗、排泄等生理意义的卫生习惯，也包含没有吮吸手指等心理意义的问题行为，只有身心和谐发展才能真正既保证身体的健康又保证心理的健康。

（二）保护和锻炼并重

目标既要重视掌握必要的保健知识以提高保护自身的能力，又强调通过体育活动提高身体素质。其中，了解必要的安全保健知识并提高相应技能是保健教育的主要目标，培养对体育活动的兴趣、增强动作的协调性和灵活性是体育锻炼的主要目标。例如，小班体育活动"有趣的皮球"，制定的目标是：喜欢参加活动；让幼儿尝试各种不同的玩球方法，发挥自身的想象力和创造力；提高动作的协调性、灵活性。在这一目标表述中，不仅有动作技能方面的培养，也突出了情感、态度及认知方面的培养。

（三）注重健康行为的养成

提高幼儿的健康意识、改善幼儿的健康态度、培养幼儿的健康行为都是幼儿健康教育的目标，但幼儿健康行为的养成被视为幼儿健康教育的核心目标，探讨幼儿健康行为建立、改变和巩固的一般规律是幼儿健康教育的重点。教师要认真研究本班幼儿健康行为的现状，遵循"最近发展区"原则，制定出适应本班幼儿发展的教育活动目标。

二、选择健康教育活动内容

（一）要注重内容的整合性

由于幼儿的生活、经验是整体的、连续的，教师在选择健康内容时应注意从整体出发，选择适合幼儿整体发展的健康教育活动内容。具体地说，就是应整合身体健康与心理保健的内容，整合身心保健与身体锻炼的内容，整合健康教育与社会适应性教育及科学教育的内容，整合各领域教育的内容，切不可人为地割裂有益于幼儿发展的整体经验。例如，大班的体育活动"我是小小消防员"，幼儿通过跑、爬、跳、翻滚的练习，身体得到了锻炼，发展了协调、灵敏或速度等身体素质，同时获得了有关火灾的消防知识。

（二）要注重内容的递进性

一般而言，学习经验应是先前经验的自然发展，后续的学习能使先前的经验得到加深和巩固。在选择教育内容时应注意其间的逻辑顺序，内容的安排由易到难、由简到繁，将动作难度大、要求高的内容安排在后面。以饮食营养教育为例，教师需要先让幼儿对各类食物有一个初步的认识，然后再组织幼儿学习合理搭配食物。在不同的年龄班，健康教育活动内容的编排也要注意递进式推进。以平衡练习为例，小班要求能在宽25厘米、高20厘米的平衡木（或斜坡）上行走，中班要求能在宽20厘米、高30厘米的平衡木上行走，大班要求能在宽15厘米、高40厘米的平衡木上变换手臂动作或手持重物行走。

（三）要注重内容的均衡性

在选择健康教育活动内容时要兼顾幼儿多方面的需要，全面而均衡地选择健康教育活动的内容，不能以某个方面的内容或以体育取代健康教育活动的全部内容。例如，对幼儿进行生活卫生习惯教育要兼顾日常健康行为的养成，安全教育要兼顾身心健康以及存在的问题，饮食营养教育要兼顾健康饮食习惯的养成，身体锻炼更是要兼顾身体的健康生长、身体素质的提高。

（四）要注重内容的时令性

在编排具体的健康教育活动内容时应考虑季节的变化和气候的特点。一般要注意以下两个方面。一是内容与季节、气候的一致性。例如，涉及有关"游泳"等内容时宜安排在夏季，而涉及"打雪仗"的内容时宜安排在冬季。教师组织幼儿进行安全自护教育时也应考虑季节性，如在夏天可以开展爱惜生命、预防溺水的教育，在雷雨多发季节可开展雨天防雷教育。进行身体保健活动时，根据不同季节选择的内容也不同，例如，夏天可以介绍防暑降温的方法，冬天可以介绍身体保暖的方法。二是体育锻炼的活动量与季节和气候的关系要处理好。一般来说，冬春季节可以选择活动量大些的内容，如快跑、追逐跑、钻爬等；夏季可以选择活动量小些的内容，如走、投掷、平衡等。

三、设计健康教育活动过程

（一）身心保健教育

1. 活动导入，激发兴趣

（1）直观导入。即教师利用直观材料、实验材料、教育环境等教育因素，向幼儿提供与本活动有关的可视形象，启迪他们的兴趣和经验。直观材料可以是图片、实物、模型，也可以是电教演示如应用幻灯片，还可以是展览会、情景剧表演等方式。

（2）作品导入。即教师运用文艺作品如谜语、诗歌、故事、歌曲、图画等引导幼儿进入活动的方式。

（3）设疑导入。即教师通过设置悬念、提问等手段引入活动的方式。

2. 感知体验，理解主题

导入活动结束后，马上要切入活动主题，向幼儿呈现具体事件，充分感知体验、理解"具体事件"。

（1）第一环节：情境感知。根据身心保健教育活动具体内容可以选择以下几种感知形式。一是现实性情境感知，教师充分利用自然的环境，引导幼儿对实际生活中的事物以及人们的行为态度进行实景、实情、实物观察。二是问题性情境感知，即教师根据活动的需要和幼儿的兴趣，有意识、有计划地通过一个问题、一段轶事、一张照片、一幅漫画、一张图片或一本图书等构成"问题情境"。三是表演性情境感知，即教师通过木偶表演、故事表演、情境表演等形式引导幼儿感知观察情境。

（2）第二环节：体验理解。在这一环节中，教师的主要任务是引导幼儿进一步探索、体验理解"具体事件"。教师可以采取下列几种常见的体验理解方式。一是认知参与式理解，情感体验要转化为情感认识，必须通过认知的参与、调节和评价。二是层层递进式理解，是教师依据幼儿的认知特点和教育内容的逻辑联系，由浅入深、由表及里地引导幼儿活动的方式。三是操作活动式理解，操作活动式理解是教师通过巧妙布置练习任务，让幼儿亲自做一做、玩一玩、动一动等方式，达到情感体验理解的目的。

（3）第三环节：方法学习。方法学习是指帮助幼儿建立和形成有益于身心健康的行为和习惯。一是要组织幼儿讨论、交流某一情境中的行为要求，通过概括，让幼儿知道怎样去行动。二是部分幼儿根据教师创设的情境尝试正确的做法，其他幼儿观看台上幼儿的做法后进行评价，从而学习正确的行为方法。三是教师小结，归纳概况。

3. 活动结束，强化巩固

（1）归纳总结式。就是教师用简洁的语言将活动的内容和主题进行概括或对幼儿的活动情况、行为表现做出总结性评说。

总结评说的内容：知识技能的掌握情况；学习态度和积极性；纪律表现和互助合作行为；个别幼儿的进步情况和创造性表现等。

（2）操作练习式。即教师以精心设计的操作、游戏等方式引导幼儿巩固所学知识和技能。

（二）体育教学活动

1. 热身活动

目的是把幼儿组织起来，集中他们的注意力，引发他们参与学习和运动的积极性，同时，克服身体各器官、组织的惰性。提高其活动能力，为下面的活动做好适应性准备，一般占总时间的10%~20%。

热身活动的主要内容：排队集合，说明活动的主要内容和要求；根据基本活动的需要，做一些有针对性的准备活动，如基本体操或模仿活动，简单的舞蹈或律动，也可以开展一些运动负荷不大、有利于调动身体运动积极性的游戏。同时，还应该根据当天活动所涉及的基本动作的需要来设置热身活动的动作。例如，投掷要多设计上肢活动的动作，跳跃、跑则应该多设计下肢活动的动作，以便更好地为后面的活动做好准备。

2. 练习活动

目的在于学习新的或较难的基本动作和活动内容，巩固和提高已学过的各类动作和游戏等，并通过幼儿自身的身体练习，增强他们的身体素质，提高机体的运动能力和对运动的兴趣，培养幼儿良好的意志品质等。主要内容：通过教师对动作的讲解、示范或者幼儿自身的探索，了解基本动作要领或者游戏内容；通过徒手或者带器械练习，初步掌握基本动作；通过有趣的游戏，在感兴趣的活动中进一步练习、巩固基本动作，发展体能。这部分一般安排1~2个内容，把新内容或较复杂的内容放在前面，把容易引起幼儿高度兴奋的内容放在后面。至于提高身体素质的内容，一般把发展速度、平衡的内容放在前面，而把发展力量、耐力的内容安排得靠后一些。在安排上应注意新旧搭配、急缓结合，以及对身体不同部位练习的交替进行。

3. 放松活动

目的在于有组织地引导幼儿进行放松整理，结束活动，使幼儿的身体和情绪逐渐平静下来，使机体放松，逐渐恢复平静状态。内容一般选择一些逐步降低运动负荷的练习（如较安静的游戏、轻松自然地走步、徒手放松练习、简单的舞蹈以及同伴间的按摩活动等），对本次活动进行合理的小结和评价，组织幼儿收拾和整理活动器材等。

教学活动的过程设计并不是一成不变的，各部分的内容选择、时间安排等方面也应该根据实际情况有所不同。

学习总结

本章主要探讨幼儿健康教育活动的设计与实施。本章一共分为五节。第一节：幼儿健康教育活动目标，包括健康教育活动的总体目标、年龄阶段目标和具体活动目标。第二节：幼儿健康教育活动内容，包括内容选择的依据、内容选择的原则、健康教育活动的主要内容以及年龄阶段内容。第三节：幼儿健康教育活动实施，包括幼儿健康教育活动的教学方法、幼儿健康教育活动的教学原则、幼儿健康教育活动的活动过程。第四节：幼儿健康教育活动评价，包括幼儿健康教育活动评价概述、幼儿健康教育活动评价的内容；第五节：制定幼儿健康教育活动方案，包括制定健康教育活动目标、选择健康教育活动内容、设计健康教育活动过程。

拓展训练

请你为每节课程内容做一个思维导图。

实践练习

（1）简述幼儿健康教育活动内容的选择依据。
（2）简述幼儿健康教育活动内容的选择原则。
（3）简述幼儿健康教育活动的教学方法。
（4）简述幼儿健康教育活动的教学原则。
（5）简述幼儿健康教育活动的评价内容。

第三章
幼儿身体保健教育活动的设计与指导

导学

在本章中你将会学习到幼儿身体保健教育活动的设计与指导策略，以及如何进行案例评析。在第一节中，你能学会如何制定幼儿身体保健教育活动的目标，包括身体保健教育活动的总体目标、年龄阶段目标、具体目标等。同时，你还会学会如何选择幼儿身体保健教育活动的内容，包括总体内容、年龄阶段内容、具体内容。第二节是探究幼儿身体保健教育活动的指导策略。在这一节中，大家会探讨到身体保健教育活动的实施，包括实施的原则、教学活动方法和实施过程。探究幼儿身体保健教育活动的指导策略。同时，你还会学到幼儿身体保健教育活动应该注意的问题。最后，在第三节中你能学会如何评析小、中、大班的活动方案。

学习目标

通过本章的学习，你应该做到：
（1）掌握幼儿身体保健教育活动的目标、内容、设计过程、指导方法等。
（2）能够根据不同年龄阶段的特点设计和组织身体保健教育活动。
（3）培养学生的身体保健意识，形成正确的价值观、人生观、教育观、儿童观、教师观等。

思维导图

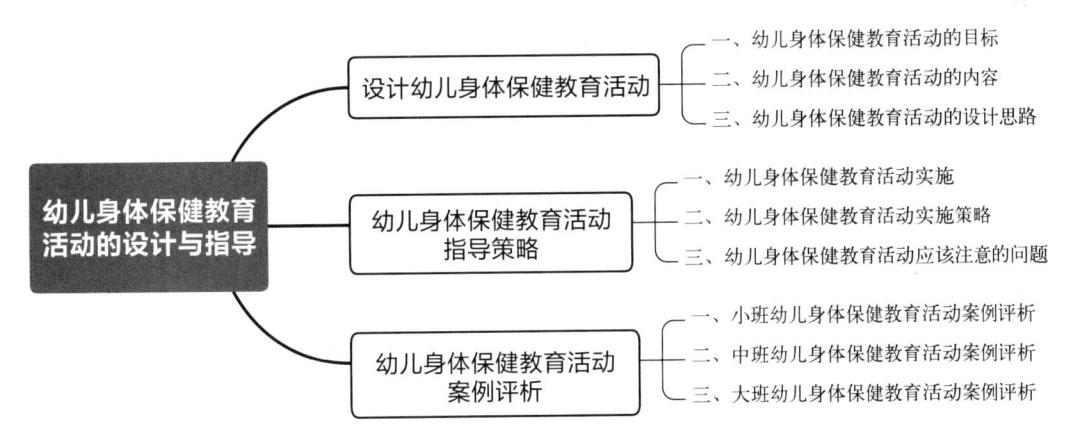

- 幼儿身体保健教育活动的设计与指导
  - 设计幼儿身体保健教育活动
    - 一、幼儿身体保健教育活动的目标
    - 二、幼儿身体保健教育活动的内容
    - 三、幼儿身体保健教育活动的设计思路
  - 幼儿身体保健教育活动指导策略
    - 一、幼儿身体保健教育活动实施
    - 二、幼儿身体保健教育活动实施策略
    - 三、幼儿身体保健教育活动应该注意的问题
  - 幼儿身体保健教育活动案例评析
    - 一、小班幼儿身体保健教育活动案例评析
    - 二、中班幼儿身体保健教育活动案例评析
    - 三、大班幼儿身体保健教育活动案例评析

第一节
设计幼儿身体保健教育活动

案例导入

中一班的区域游戏的时间到了，小朋友们都去各自喜欢的区域玩着喜欢的游戏，李老师看到"娃娃家"里小朋友们手里拿着玩具在"聊天"，李老师过去想听听他们聊着什么，于是悄悄走过去。只听乔乔说："瑞瑞，你的眼睛里有我！哈哈哈！"瑞瑞说："我看看你的眼睛！"于是瑞瑞盯着乔乔的眼睛看看。"呀，眼睛里有一个特别特别黑的小点！"区角

里其他小朋友都凑过来看。乔乔说"你们也有，我看到了！"小朋友们看李老师过来了，七嘴八舌地问："李老师，我们眼睛里有一个特别特别黑的小圆点，为什么啊？"李老师看看小朋友们，笑着说："那是瞳孔，每个人眼睛里都有的，明天李老师带你们了解一下我们的眼睛，好不好？"小朋友们开心地拍起手来，高兴地说："好！"

要求：

（1）小组合作，为小李老师设计第二天的教学活动，并展示。

（2）小组合作，用思维导图的方式总结身体保健教育活动的设计过程。

知识讲解

一、幼儿身体保健教育活动的目标

幼儿身体保健教育活动是指通过设置专门的教育活动，帮助幼儿正确认识自己的身体，初步了解疾病的原因、症状和预防，以及对身体健康的影响，并初步掌握身体保健的技能和方法，关注并爱护自己的身体。

教育活动目标是教育活动的起点和归宿，在进行教育活动之前，要认真思考教育活动的目标是什么。教育活动的目标呈现金字塔结构，最上面的是教育活动的总体目标，第二层是年龄阶段目标，第三层是具体目标。

（一）身体保健教育活动的总体目标

结合3～6岁幼儿身心发展的年龄特点，参照《纲要》和《指南》，身体保健教育活动的总体目标是：

（1）幼儿能够正确地认识自己的身体和身体的主要器官及其功能。

（2）幼儿初步掌握保护身体的知识和方法。

（3）幼儿逐步认识疾病的病因、症状及对身体健康产生的不良影响。

（4）幼儿能够形成接受疾病治疗的积极态度，养成良好的卫生习惯，爱护自己的身体。

（二）身体保健教育活动的年龄阶段目标

身体保健教育活动总体目标的达成是一个循序渐进的过程，每一个年龄阶段都有各自的目标（表3-1），目标的形成需要考虑每个年龄阶段幼儿身心发展的特点，制定出符合其最近发展区的目标。

表3-1　身体保健教育活动的年龄阶段目标

年龄	身体保健教育活动的年龄目标
3～4岁	（1）了解身体的主要外部结构，认识并学习保护五官，不用脏手揉眼睛，学会正确刷牙的方法。 （2）懂得要预防疾病，不舒服时要告诉成人，能够配合疾病的预防和治疗。 （3）知道自己的性别，能根据身体外部特征区分男女
4～5岁	（1）初步认识身体的主要内外部器官，知道保护身体的简单常识和方法。 （2）知道简单的防病知识，初步懂得疾病预防和治疗的重要性，并能够积极配合。 （3）知道男女分厕，具有初步的性别角色意识
5～6岁	（1）进一步认识人体主要器官的功能及相关知识，具有自我保护的意识。 （2）知道如何预防常见疾病，学习处理常见外伤的简单方法。 （3）了解有关出生和死亡的简单知识

（三）身体保健教育活动的具体目标

具体目标是目标的最小单位，是每一次具体身体保健教育活动的目标。根据布鲁姆的三维目标体系，教育活动的目标可以按照认知、能力、情感三个方面进行设计。

例如在上面的年龄阶段目标中，小班3～4岁的年龄阶段目标是了解身体的主要外部结构，认识并学习保护五官，不用脏手揉眼睛，学会正确刷牙的方法。在一次具体的教学活动中，需要从这一目标中进行分析，"了解身体的主要外部结构"这一点，具体有哪些外部结构，例如眼睛、耳朵、脸、嘴巴、鼻子、肚子、胳膊、手、腿、脚等。在一次教学活动中，不能一次将这么多的内容全部设计进去，需要分时间段进行设计。例如只让幼儿了解自己的小手，就可以组织"我的小手"的教育活动来完成"了解身体的主要外部结构"这一目标，其他的内容可以再组织教学活动。同样，在中班4～5岁的年龄阶段目标中有"初步认识身体的主要内外部器官，知道保护身体的简单常识和方法"。主要的内外部器官有哪些？如果本班在小班已经进行了"认识外部主要的器官"的目标，在中班就可以侧重于内部器官。身体主要的内部器官有哪些？例如心脏、胃、肺、肠、大脑等，选择其中的一个器官或系统进行组织活动，例如选择一个内部器官"胃"可以组织一次教学活动"我的胃"或者"胃，你好吗？"等，也可以选择一个系统组织活动，例如消化系统"食物的旅行"或者"肚子里有个火车站"等，通过这些内容，来完成中班"初步认识身体的主要内外部器官，知道保护身体的简单常识和方法"的目标。在大班5～6岁的年龄阶段目标中有"知道如何预防常见疾病，学习处理常见外伤的简单方法"。幼儿经常会生的病包括感冒、流感、腹泻、肠痉挛等，教师选择一种疾病，例如流感，组织"病毒，快走开！"的身体保健活动，来完成大班的"知道如何预防常见疾病，学习处理常见外伤的简单方法"的目标。

具体目标在设计时需要注意认知、能力、情感这三个方面。例如，教育活动"漱漱口"（小班，健康）的活动目标为：

（1）认知目标：懂得漱口的重要性，学会漱口小儿歌。
（2）能力目标：能够用正确的方法漱口。
（3）情感目标：愿意漱口，养成良好的卫生习惯。

二、幼儿身体保健教育活动的内容

《指南》指出："帮助幼儿养成良好的个人卫生习惯。如：早晚刷牙、饭后漱口。勤为幼儿洗澡、换衣服、剪指甲。提醒幼儿保护五官，如不乱挖耳朵、鼻孔，看电视时保持3米左右的距离等。"

身体保健需要从多方面进行，例如睡眠、营养、疾病、生活习惯等，为了使内容更为详细，本项目只探讨身体保健的几个方面，营养等其他方面会专门设置项目来进行探讨。

（一）幼儿身体保健教育活动的总体内容

1. 认识自己的身体，懂得保护

儿童在很小的时候，就会对自己的身体感兴趣，例如常常摸摸嘴巴、鼻子、耳朵等。家长也会进行教育。"宝宝，宝宝，小手在哪里？小脚在哪里？眼睛在哪里？鼻子在哪里？

嘴巴在哪里？耳朵在哪里……"那么，对于上了幼儿园的儿童来说，应该选择哪些身体的器官进行教学活动呢？下面初步进行梳理。

人体有感觉器官和八大系统，对于幼儿来说，应该从简单到复杂，通过多种教学方法，循序渐进地选择幼儿能够理解的内容进行了解。

具体可以总结这样几个方面：

（1）细胞。

（2）器官：脑、胃、肝脏、肠、心脏、肺、手、脚等，只要用合适的教学方法，幼儿能够理解的内容，都可以作为教学内容。

（3）五官：眼睛、鼻子、嘴巴、耳朵、眉毛。

（4）保护自己身体的常识。例如勤洗手，不能用脏手揉眼睛，不能把东西往耳朵里放，不能喝冰冷的水或者饮料等。

2. 关于疾病的常识内容

幼儿从出生后，身体就会面临疾病的侵扰。教师可以选择幼儿经常生的疾病，进行教育活动，进而让幼儿理解为什么要养成良好的卫生习惯，以及生病了为什么要看医生、吃药、打针等。

幼儿常见的可理解的疾病有：感冒、腹泻、龋齿、近视、手足口病等。

在了解疾病的基础上，懂得如何进行预防，配合医生的治疗，减少生病的概率。

3. 生长发育的相关常识

了解生命孕育的过程，身体生长发育带来的变化，进而懂得生命的变化过程以及生老病死的自然规律。初步理解性别的不同，知道自己的性别以及性别的差异。

（二）幼儿身体保健教育活动的年龄阶段内容

幼儿身体保健方面的内容相对有三方面，但是由于幼儿的身心年龄特点，每一个年龄阶段选择的教育内容是有区别的。总体的原则是按照幼儿身心发展的年龄特点，依据教育内容来源于生活，兼顾幼儿的理解能力。身体保健教育活动的内容应该由易到难，循序渐进，考虑幼儿以往的生活经验来进行选择。

1. 小班

（1）认识五官：眼睛、鼻子、嘴巴、耳朵、眉毛。知道手、脚、胳膊、腿等身体部位的名称以及初步的功能。

（2）身体部位简单的保护方法。

（3）疾病的常识以及初步的预防知识。

2. 中班

（1）认识五官：眼睛、鼻子、嘴巴、耳朵、眉毛的功能及保护的方法。

（2）知道膝盖、腰、脖子等的功能及保护的方法。

（3）常见疾病的原因、症状及预防，并且能够配合治疗。能够对自己的身体做出一些保健措施，例如根据天气情况增添衣服等。

（4）知道自己的性别。

3. 大班

（1）更深入地认识身体器官，例如皮肤、胃、肠、肝脏、脑等，了解功能及保护方法。

（2）常见疾病的常识，例如原因、症状、预防等，并能够对自己的身体做出一些保健措施，例如运动前要热身等。

（3）懂得性别的差异。

（三）幼儿身体保健教育活动的具体内容

幼儿身体保健教育活动的具体内容很多，在本项目中，搜集和整理了大量的资料，以供同学们进行选择。

1. 小班可以组织的具体身体保健教学活动

① 认识五官："保护眼睛""鼻子的秘密""白牙和黑牙""我的小脸""小熊学刷牙"。

② 身体部位："认识我的身体""我的身体""我的小脚""能干的小手""洗洗小手""漱漱口"。

③ 疾病："打喷嚏的小老鼠""为什么会肚子疼""细菌躲猫猫""擦香香""豆豆为什么生病了""迪迪医生"。

④ 生长发育："我长大了""我有多重"。

2. 中班可以组织的具体身体保健教学活动

① 认识五官："保护眼睛""谁的牙齿最干净""小熊学刷牙""看谁听得清"。

② 身体部位："我爱洗澡""可爱的小脚丫""人体的支架——骨骼"。

③ 疾病："蛀牙虫，快走开"。

④ 生长发育："根据冷热穿脱衣""长高了，变矮了"。

3. 大班可以组织的具体身体保健教学活动

① 认识五官："换牙我不怕""眼保健操""舌头本领大"。

② 身体部位："保护我们的皮肤""保护我们的指挥中心——大脑""身体的哪些部位可以动？""身体的秘密""神奇的关节"。

③ 疾病："皮皮肚子疼""感冒了怎么办？"。

④ 生长发育："我的身体我做主""我的体重我做主"。

三、幼儿身体保健教育活动的设计思路

（一）确定活动目标

1. 身体保健教育活动的目标设计依据

教学目标的制定要依据幼儿保健教育活动的总体目标、年龄阶段目标的要求，又要体现本班幼儿的身心发展年龄特点及规律。因为幼儿保健教育活动的总体目标是依据幼儿群体发展的一般规律，而每个幼儿身心发展的状况很可能是不一致的，即使同一年龄阶段的幼儿，其身心发展也很有可能存在一定的差异。因此，要求教师要认真研究本班

幼儿身心发展的特点,并遵循"最近发展区"原则,制定出适合本班幼儿的健康教育活动目标。

活动目标如果超出本班幼儿的能力范围,制定得过高,幼儿就可能因此完不成活动任务,没有获得成功的体验,则幼儿可能会对身体保健教育活动失去兴趣;如果活动目标制定得过低,低于幼儿实际水平,幼儿则会觉得活动枯燥乏味,没有兴趣,身心疲劳,从而失去了活动的积极性。例如,在大班身体保健教育活动"我的小手"中,教师如果把目标定位为了解手部位的名称,幼儿已经知道了手的各个部位,就会觉得活动枯燥乏味。如在小班身体保健教育活动"我的身体"中,教师如果把目标定位在认识身体的内脏器官,那么幼儿就会理解不了,出现犯难情绪,失去兴趣,甚至会出现沮丧的情绪。

对本班幼儿身心发展水平的判断是建立在长期对班级身心发展水平的观察、调查基础上的客观分析,避免自己的主观臆断。如果新入职的教师,可以在《指南》的基础上参考班级幼儿在教学活动中的表现,以及以往的评价表。同时,教师要全面把握幼儿身心发展的年龄阶段的一般特征和规律,又要清楚知道本班幼儿在身体保健方面的整体水平和兴趣需要。

教师在进行某次教学活动之前,可以和幼儿进行一次简短的小调查,最好采用聊天的方式。例如教师要组织健康教育活动"我的双手",可以跟幼儿进行一次简短的聊天,来确定自己的教学目标和重点。教师:小朋友们,知道这是什么吗?(伸出双手)。幼儿可能会回答:手!通过幼儿的回答,教师知道幼儿已经知道了手的命名。教师:那你们知道手上有什么吗?分成哪些部分?幼儿可能回答:手指头!手指甲!手背!手心!通过幼儿的回答,教师发现幼儿基本没有提到指纹,那么可以把指纹作为重点内容。在聊天的过程中教师只是了解孩子已有的经验,对幼儿提出的问题不作答,可以设计到教学活动当中。

经过分析幼儿的身心发展水平和大范围的教学活动内容,就要确定具体的教学活动目标。教学活动目标是幼儿身体保健教育活动中非常重要的内容。

2.幼儿身体保健教育活动目标的表述

(1)幼儿身体保健教育活动目标的表述形式。幼儿身体保健教育的目标需要通过一定表述方式加以展示,常见的有两种表述方式,即行为目标与表现性目标。所谓行为目标,就是具体的可操作的教育教学目标,它指向教育教学过程结束后幼儿所发生的行为变化。行为目标使教师更加清楚教学任务,更容易准确判断目标是否达成,具有较强的可操作性。行为目标的表述一般有如下句式:"知道……""理解……会……""指出……""区分……""把……配对""对……进行分类"等等。一般基础知识和基本技能方面的目标采用行为目标比较有效:一来指导性强,二来容易评估学习效果。而情感态度之类的目标则难以用行为目标表述。例如,某中班组织的身体保健活动"白白的牙齿",其目标之一"了解保护牙齿的方法,懂得早晚刷牙的好处",采用的就是行为目标的表述方式,根据该活动目标可以较容易地评价幼儿。通过本活动的学习是否掌握了保护牙齿的方法和懂得早晚刷牙的好处。所谓表现性目标,是指幼儿在参与活动中所产生的个性化表现。教师们常常发现幼儿在具体的教育情境中的行为表现和得到的进步往往出乎预料,而且每个个体的表现各不相同,因此很难预先规定其发展变化的结果。表现性目标要求的不是幼儿反应的同质性,而是反应的多元性,例如,小班心理健康教育的目标之一"学习用语言表达感受,用适当的方式表达自己的情绪"。中班营养教育的目标之一"参观农贸市场,说说喜欢吃的菜",这两个活动目标是采用表现性目标进行表述的。表现性目标对幼儿活动及过程的评价是一种鉴赏式的评价,它不同于行为目标,无法追求结果与预期目标的一一对应关系。表现性目标较适合表述难以用具体行为来表述的那些情感态度类的目标。教师在制定和表述教育活动目标时,应注意各种形式目标的互补性,用恰当的表述方式来撰写,使之扬长避短,从而有效地实现幼儿身体保健教育活动的总体目标。

(2) 幼儿身体保健教育活动目标的表述要求。

① 目标表述的涵盖面要广。教育活动目标应包括知识的学习、能力的培养、情感方面的要求,当然,具体的活动目标可以有重点,但必须兼顾各方。在制定健康教育活动的目标时,教师应避免两种倾向:一是偏重知识的学习,忽视其他方面的发展;二是错误理解"全面性",表现为脱离活动内容和具体情境的形式上的面面俱到,即凡是健康教育活动就必定有认知、情感、能力三个方面的目标,从而使某些目标成为装饰或点缀,对幼儿发展以及教育教学并无价值。

② 目标表述的角度要统一。教育活动包含了教师的"教"和幼儿的"学"两方面的互动,在表述上一般从幼儿发展目标出发,指出幼儿在学习以后应该知道的和能够做到的表现。通常用"学会……""能够……""喜欢……""愿意……""感受……"等表述幼儿的发展目标,这种表述方式可使教师把关注点更多地放在幼儿的学习和发展上,从幼儿行为的变化中观察他们的发展状况。

例如,中班身体保健教育活动"保护牙宝宝"中的目标表述为:

a. 引导幼儿观察比较浸了醋和没有浸醋的蛋壳,了解酸会腐蚀牙齿。

b. 使幼儿懂得饭后漱口,早晚刷牙能保护牙齿,初步掌握正确的刷牙方法。

c. 通过活动,使幼儿养成良好的卫生习惯。

此目标以教师为主体进行表述,最好应换为以幼儿为主体,从幼儿的角度进行表述。

修改为:

a. 观察浸了醋和没有浸了醋的蛋壳,了解牙齿腐蚀的原因。

b. 能够采用正确的方法刷牙。

c. 愿意参与活动,并养成良好的卫生习惯。

③ 目标表述的内容要具有可操作性。教育目标是分层次的,作为最底层的幼儿身体保健教育活动目标,其特点就是具体、具有可操作性,能具体指导、调控教师的教学过程;否则,也就丧失了制定活动目标的意义。而在教育实践中,有些教师只是照搬照抄,把学年教学工作计划的要求当作具体的某教育活动目标,这就混淆了各层次目标的作用。例如,"发展幼儿的观察力、想象力、口语表达能力、逻辑思维能力""提高幼儿的欣赏力,感受力和表现力""培养幼儿合作精神和竞争意识""培养幼儿活泼开朗的性格""养成幼儿遵守规则的习惯""培养幼儿关心别人的品质"等,这些提法多是指向人的基本素质的,素质的形成需要长期的教育与影响才能形成。一个具体的教育活动很难使幼儿的素质发生变化,也就是说,目标的操作性不强,指导性不够,类似的表述只适合于长远期教育目标,而不适合于某个具体教育活动的目标表述。

④ 清晰明确的目标表述可使人一目了然,每一条目标均是单独的内容,目标之间没

有交叉和重复，因此要求在目标表述时要注意认知、能力、情感三方面的内容尽量分别阐述，避免交叉混杂。

例如：大班身体保健教育活动"会动的身体"的目标为：

a. 引导幼儿通过自身的探索活动，了解自己身体能动的一些部位，使幼儿对自己的身体感兴趣。

b. 激发幼儿敢于探索和勇于发现的学习兴趣，培养幼儿互相合作、互相谦让的优良品质。

对于大班幼儿，目标设计得过低，认知、能力、情感目标混淆，表达不清楚。

修改为：

a. 了解自己身体能动的部位，理解关节的概念。

b. 能够跟随音乐做相应的动作。

c. 敢于探索，对自己的身体感兴趣。

（二）选择活动内容

关于身体保健的教育活动内容在前面我们已经介绍过了，这里主要探讨身体保健教育活动具体内容的来源以及如何进行选择的问题。

1. 来源于生活

幼儿教育活动的内容主要来源于幼儿周围的生活，身体保健教育活动的内容仍然可以这样选择。例如寒假结束后回到幼儿园中，幼儿周围的人们谈论着幼儿长了一岁，长高了多少，体重增加了多少的问题。教师就可以组织关于幼儿身高、体重的教学内容。例如新型冠状病毒流行的时期，教师就可以组织关于疾病的原因、预防、治疗等相关的内容，同时对于洗手等身体保健的教学内容也可以开展。例如在大班幼儿谈论换牙等问题时，教师就可以组织关于乳牙和恒牙的教学内容。

总之，教育来源于生活，越是与幼儿生活密切相关的内容，熟悉的内容，幼儿越是感兴趣，能更好地理解和参与其中。

2. 来源于目标

教学活动内容来源于具体的目标，这是目标模式的特征，也是大家比较熟悉的一种设计过程。在前面我们已经探讨过身体保健教育活动的目标，教师要根据本班幼儿的身心发展水平，结合本班身体保健教育活动的具体目标，选择能够完成目标的教学内容。

例如，大班健康教育的年龄阶段目标中有"进一步认识人体主要器官的功能及相关知识，具有自我保护的意识"，根据这一年龄阶段的目标，"主要器官"选择了"胃"，那么目标就可以具体为：认识我们的"胃"，了解"胃"的主要功能及保护胃的常识。从这个案例中，我们事先了解了大班身体保健的年龄阶段目标，再根据阶段目标选择教学活动内容。

3. 来源于幼儿的兴趣、需要与经验

在富有弹性的课程中，教师常常要关注幼儿的兴趣和需要，通过敏锐地观察，抓住幼儿感兴趣的身体保健内容，结合既定的主题活动，创设许多生成性的内容。兴趣有时是幼儿园某个群体的，有时是大部分幼儿的，有时是全班幼儿的。对于对这些内容没有兴趣的

幼儿，教师要通过教学活动的设计激发幼儿兴趣。

4. 来源于已有的材料

已有的材料包括已有的教材、活动方案、资源等。这种方式已经不是传统意义上的教育活动设计了。目前有各种版本的教育活动设计提供关于健康领域身体保健方面的内容给教师，包括优秀教材、教师自己多年的教育积累中也不乏一些成功的活动案例，因此，教师可以选择他人已经设计好的身体保健教育活动，或者根据自己以往组织得比较成功的案例进行教学，这种模式是"从活动出发"来组织教育活动。幼儿园健康教育教材中一般都能够显示出其为教师设计和选定身体保健教育活动的内容以及材料包。这类教材给教师一个内容范围，提供给教师不同的主题素材和活动提示，但教师要把它们真正变为适合本班幼儿需要、促进幼儿发展的教育活动内容，还需要再次筛选、加工和设计。虽然教材的内容是作为一个"文本"提供给教师，是教师的一个参考资料，但是教师不能完全按照上面的内容组织身体保健教育活动，这样就变成了"死"教书。教师要把教材中的内容根据本班幼儿的情况进行修改，使其适合本班幼儿。

具体说来，教师从这些他人设计好或自己以往积累下来的活动案例出发组织教育过程的设计时，应该思考几个问题：这个活动与本班幼儿的兴趣、经验相符合吗？这个活动的目标与本班年龄阶段性目标关系密切吗？这个活动与本班以前进行过的活动之间有关联吗？有什么样的关联？这个活动所需要的材料容易获得吗？如果这几个问题的答复基本是令人满意的，那么，需要进一步考虑的是这个活动有没有做一些修改的必要，然后再考虑如何设计。当前有不少幼儿园教师在选择幼儿身体保健教育活动内容时出现"全盘抄袭"，即直接上网下载具体的身体保健教育活动方案的现象，这种"全盘吸收"的做法，显然是不合适的。一是网上的资源不一定是优秀的，大多是不合格的。二是即使是优秀的身体保健教育活动，也要考虑对象之间的差异、本班幼儿的兴趣需求等。总之，不能不加选择、不加修改地直接拿已有的教案组织教学活动，有可能活动失败，不利于幼儿的发展，同时对自己的专业成长也是不利的。

（三）撰写活动方案

制定好幼儿身体保健教育活动目标、选择相应的内容后，就可以撰写身体保健教育活动方案了，身体保健教育活动方案按照我们前面章节中探讨过的顺序进行撰写。教育活动方案是组织教学活动的流程、计划。只有方案设计得比较清楚，思路清晰，组织教学活动时才会比较顺利，但是也不用一成不变地按照教学方案的每个步骤来完成。同样，在组织教学活动时是存在变化的，这就需要教师长期积累的教学机智。

（四）活动后的反思

身体保健教学活动结束后，教师要进行教学反思。反思是非常有益的，它可以帮助教师总结在活动中孩子的表现，教师的行为，教学的方法是否合适，教学的内容是否适合，存在的问题是什么等。每次活动后的反思对教师的专业成长是非常有益的，然后教学反思又是大部分教师容易忽略的。人们总是认为我终于把这个活动组织完了，不想再去探讨了，但是如果里面出现的问题没有及时找到解决的办法，会影响以后的教学活动，时间久了，就会形成教师固有的思维，对专业成长极为不利。

第二节
幼儿身体保健教育活动指导策略

📄 案例导入

阳光幼儿园本周的活动主题为"我的身体",李老师是一名新入职的教师,虽然在学校中学习过幼儿身体保健教育活动的内容,也进行了模拟课程,但是真实地在幼儿园设计和组织幼儿身体保健教育活动时还是显得信心不足,担心自己选择的课程内容幼儿不喜欢、设计的教学活动幼儿不愿意参加,在组织过程中出现意外情况不知道该怎么办。于是,李老师带着这些疑问,咨询了有经验的教学班长。

要求:
(1)小组合作,给予李老师指导,并展示如何进行指导。
(2)小组合作,用思维导图的方式总结身体保健教育活动的指导策略。

知识讲解

一、幼儿身体保健教育活动实施

(一)幼儿身体保健教育活动实施原则

1. 整合性原则

为了实现身体保健教育的目标,在落实具体教育内容时,可以与幼儿园其他学习领域的内容相融合,体现教育活动内容的综合性,利用语言、科学、社会、艺术等领域的内容,对幼儿进行综合性的教育活动,符合其心理特点。例如在大班身体保健教育活动"我的体重我做主"中,除了健康领域的体重知识外,教师还运用到科学领域的数学知识,不仅能够让幼儿对自己的体重有所了解,而且培养了幼儿的数学思维能力。目前的教育理论倾向于综合性的课程,因为幼儿是一个完整的个体,不要人为地将知识割裂开,需要给幼儿提供一个整体的知识。所以在组织任何领域的活动时,都需要先考虑它的综合性。

2. 思想性原则

思想性原则是指教师在教育活动中,应注意培养幼儿对待周围事物的正确态度,并结合幼儿的思想实际,有意识地、自然地对幼儿进行思想品德教育。
(1)从实际出发,有针对性地进行教育。
(2)教育形式活泼,教育方法多样。

3. 科学性原则

科学性原则是指向幼儿传递的知识观点、技能等应该是正确的,是符合客观规律的,并帮助幼儿正确认识客观事物,形成正确的观点。
运用科学性原则应该注意的问题:
(1)活动内容的选择要科学合理。

（2）活动的具体内容要科学合理。
（3）活动的组织过程要科学合理。

4. 趣味性原则

趣味性原则是指在教学活动当中，教师应该使各个环节充满趣味，以引起幼儿浓厚的学习兴趣，激发幼儿的学习性与求知欲，使幼儿在愉快的氛围中，带着喜悦的心情投入活动中，与教师和同伴进行互动。

运用趣味性原则需要注意的问题：
（1）选择的内容容易引起幼儿的直接兴趣，并进一步转化为幼儿内在学习的动力。
（2）运用直观手段和生动形象的语言，增加教学的趣味性。

5. 发展性原则

发展性原则是指幼儿园的教学活动内容要能促进幼儿个性的全面发展，即智力、体力、道德、意志、情感等发展，使幼儿从现有的发展水平向最近发展区发展。

运用发展性原则应该注意的问题：
（1）活动内容的可接受性。
（2）教学内容安排的系统性。
（3）注意因材施教。

6. 直观性原则

直观性原则是指教师利用直观性的手段，比如实物、图片、视频、示范、演示等方法，使幼儿获得直接经验。由于幼儿思维的具体形象性特点，在教育活动中，设计时应该符合直观性原则。

（二）幼儿身体保健教育活动实施方法

1. 直观教学法

由于幼儿直观形象性的思维特点，身体生长发育应尽可能借助直观的教学手段来展示学习内容、传递信息。教师在活动中边讲解边借助实物、模型、图片或者演示动作进行示范等，具体而形象地向幼儿讲解粗浅的健康知识，从而获得更好的学习效果。例如，在组织健康教育活动"爱护眼睛"时，教师可以通过视频、图片、绘本、模型等多种直观性的手段，让幼儿获得直接经验。

2. 感知体验法

教师在进行身体生长发育时，常常会受到幼儿理解能力的限制，如果采用让幼儿通过亲身感受、动手操作、实验等方法来获得丰富的感知经验，就能使深奥、抽象的问题变得通俗易懂，激发幼儿探索身体奥秘的积极性。例如在组织健康领域教育活动"我的鼻子"时，教师可以准备很多嗅觉瓶，让幼儿闻一闻里面的味道。在健康教育活动"神奇的皮肤"中，教师可以准备不同质地、材质的物品，让幼儿进行触摸，感受不同物体的粗糙和光滑的程度，不同物品的软硬程度。通过五官，让幼儿多听一听、闻一闻、尝一尝、摸一摸、看一看，有利于幼儿获得直接经验。

3. 游戏法

游戏法是指以游戏的形式组织幼儿进行身体保健教育活动的方法，采用游戏法，能把抽象的、难以理解的人体知识变成有趣的游戏情节，使幼儿在轻松、愉快的氛围中接受新内容。例如，在组织健康教育活动"我的身体"时，可以通过玩"影子游戏"来让幼儿在轻松愉快的气氛中学习到身体各部位的内容。在组织健康教育活动"我的五官"时，可以通过"蒙眼贴五官"的游戏，让幼儿对五官的位置有深刻的印象。

4. 角色扮演法

角色扮演法是幼儿可以选择喜欢的角色，进行角色扮演。例如在组织关于牙齿保护的主题活动中，教师可以利用绘本《牙齿大街的新鲜事》来引导小朋友进行表演，如果小朋友特别喜欢，还可以进行童话剧的表演，在表演的过程中，小朋友不仅全身心参与，而且也能从中知道怎样才能不让哈克和迪克这样的小东西在我们的嘴巴里干坏事。

5. 练习法

练习法是指幼儿在教师的引导下，依靠自觉控制和校正，反复完成一定动作，借以形成技能、技巧或行为习惯的教学方法。在身体保健的内容中，有很多是需要幼儿进行练习的，例如刷牙、漱口、洗手的正确方法等。在练习的过程中，为了防止幼儿觉得枯燥无聊，需要配合一些儿歌或者手指操。例如关于洗手的手指操：两个好朋友，手碰手，你背背我，我背背你，来了一只小螃蟹，我跟螃蟹点点头，螃蟹举起两只大钳子，大钳子，我跟螃蟹握握手，握握手。

（三）幼儿身体保健教育活动过程

幼儿身体保健教育活动过程可以分为三部分。包括开始部分、基本部分、结束部分。

1. 开始部分

开始部分必须符合大脑皮层的始动调节原则，因为神经系统与其他系统一样，存在一定的"惰性"，刚开始工作时，工作效率较低，神经系统与其他系统建立联系需要时间，随着它对其他系统的调节的"启动"，神经系统的工作效率逐渐提高。在教育教学过程中应由浅入深，由易到难，由简到繁，逐渐增加学习的难度和强度。开始部分遵循大脑皮层始动调节原则，同时能够在比较短的时间内引起幼儿的学习兴趣，为了达到这个目的，教师可以选择适当的导入方法。在身体保健教育活动中，导入的方法主要有：

（1）谜语导入　谜语导入主要在讲解幼儿身体各器官的时候用得比较多。例如：在组织有关眼睛的教学活动时，可以利用谜语进行导入。"上边毛，下边毛，中间一个黑葡萄""有趣有趣真有趣，小小两颗黑葡萄。白天躲在草丛里，晚上急忙盖被子""早上开门，晚上关门；走近一看，门里有人"。在组织关于耳朵的教学活动时，可以利用这样的谜语导入。"两把扇子，在两边，摸得着，看得见"。在组织关于鼻子的教学活动时，可以利用这样的谜语导入。"左边一个孔，右边一个孔，是香还是臭，问他他就懂"。在组织关于嘴巴的教育活动时，可以利用这样的谜语。"红门楼，白院墙，里面卧个红姑娘。既会说，又会唱，一日三餐用得上"。

（2）谈话导入　谈话导入是导入方法中比较自然的方法，随着教师们的认可程度，被越来越多的教师使用。谈话导入就像在跟小朋友聊天，但不是无目的地聊天，而是通过师幼互动的方式，导入活动的主题中。例如在组织教育活动"换牙我不怕"时，教师可以这样导入。教师：①小朋友的牙齿为什么会掉下来？请有换牙体验的幼儿向大家介绍牙齿脱落及长出新牙的经过。②在换牙的时候要注意什么？幼儿以自身经验和已有知识开展讨论。

（3）悬念导入　采用悬念的形式导入新课，可引起幼儿的好奇心，激发幼儿追根问底的热情，培养幼儿主动探索的精神。例如在组织"保护牙齿"的教学活动中，教师可以这样导入。教师：小朋友们，今天老师带来了两位客人，她们和你们一样，也正在换牙，想来这里听课，你们欢迎吗？她们长得像吗？可是她们的牙齿却长得不一样。你们觉得谁的好看？为什么？

（4）直观导入　教师通过出示图片、模型、绘本等方式进行导入。例如在组织"刷牙我最棒"的活动时，教师可以这样导入。教师：小朋友们，你们看，老师今天给你们带来了什么？牙齿模型，猜猜我们要干什么呢？教师运用了直观导入的方式。同时，我们也可以看到，也包含了设置悬念导入的方式。所以，不是只能用一种导入方式。

（5）手指操导入　手指操导入是指教师通过欢乐有趣的手指操进行导入，激发幼儿的兴趣。例如，教师在组织"我的五官"教育活动时，可以做"我的五官"手指操。"眼睛眼睛亮晶晶，样样东西看得清。鼻子鼻子本领大，分辨气味都靠它。嘴巴嘴巴笑哈哈，会唱歌来会说话。耳朵耳朵仔细听，小鸟唱歌多动听。眉毛眉毛别忘记，漂亮宝宝看这里"。

2. 基本部分

基本部分是教学过程的主要环节，是突破教学难点、完成教学目标最重要的环节，也是体现教学原则、教学方法最重要的环节。基本部分的组织环节没有固定的要求，重点是运用合理的教学方法达到教学目标。基本部分需要遵循大脑皮层的活动规律，符合镶嵌式活动的原则，遵循动静结合。大脑皮层的不同区域执行着不同的任务，分工很精细。当进行某项工作时只有相应的区域处于兴奋状态，其他区域处于抑制状态。随着工作性质和活动方式的转变，兴奋和抑制不断转换，出现一些新的兴奋点和抑制点，使各区域轮流休息，以保证大脑皮层的工作效率，这就是大脑皮层的镶嵌式活动原理。幼儿神经系统尚未发育成熟，兴奋容易扩散，单一性质的活动持续时间过长，会超过大脑皮层的机能限度。因此，教学活动要不断变换活动的性质和方式，做到动静结合，提高学习和活动的效率。

知识加油站

健康教育活动"小熊学刷牙"的活动过程：

一、谈话导入，激发兴趣（静的部分）

教师：小朋友们，我们之前讲过故事《小熊拔牙》，你们还记得吗？

教师：老师就给你们请来了那只可爱的小熊。（小熊出场）

（小熊的出现活跃了课堂气氛，孩子们有了很大的兴趣）

小熊：小朋友们，你们好。今天，我要和你们一起做游戏。

二、幼儿讨论，教师概括（静的部分）

引导幼儿讨论不保护牙齿的害处。

（加深幼儿对不保护牙齿的害处的认识。幼儿听过故事《小熊拔牙》，都知道一些不保护牙齿的害处，对幼儿的回答，老师加以概括）

教师：小熊因为不注意保护牙齿，牙齿被拔掉了。你能告诉我不保护牙齿还有哪些害处吗？

幼儿讨论，交流。

教师小结：牙齿如果生病了，会影响我们吃东西。牙疼得不想睡觉，不想吃饭，影响了我们的身体健康。牙齿拔光后说话不清楚，而且也不好看。

小熊：我现在知道要保护自己的牙齿了。不乱吃零食，每天早上和睡觉前坚持刷牙，牙齿就会很健康。可是，我不会刷牙怎么办呢？

三、示范刷牙，幼儿模拟练习（动的部分）

教师：小朋友会刷牙吗？你来教教小熊你是怎么刷牙的？（小熊到小朋友中间去）请幼儿根据自己的经验谈谈，教师与幼儿共同讨论正确的刷牙方法。

（在这个环节中，教师让幼儿各抒己见。让幼儿作为活动的主体，发表自己的意见。幼儿知道刷牙的方法，但不知如何表达。教师请幼儿用动作示范，教师以语言引导）

教师示范讲解正确的刷牙方法。（肯定幼儿的回答，教师加以补充）

（1）刷牙时先要做什么？（提醒幼儿在刷牙时要做一些准备）

教师：刷牙是先要在牙刷上挤上牙膏，在杯子里盛满水。然后，用水漱一下口。接着，我们开始刷牙。

（2）教师利用模型，边示范，边讲解。（利用模型讲解更为直观）

教师：上面的牙齿从上往下刷，下面的牙齿从下往上刷。两边的大牙齿要由里往外来回刷。

（3）组织幼儿徒手练习。

（4）幼儿小结刷牙方法。

（在练习的基础上再通过刷牙儿歌加深印象）

刷牙儿歌：小牙刷，手中拿；我呀张开小嘴巴；上面牙齿往下刷；下面牙齿往上刷；左刷刷，右刷刷；里里外外都刷牙；刷得牙齿没蛀牙；张开小嘴笑哈哈。

四、集体练习刷牙（动的部分）

（1）教师强调刷牙方法：

① 做好刷牙前的准备；

② 刷牙要按一定的顺序。

（2）放音乐，集体练习刷牙。（音乐活跃气氛，更增添幼儿兴趣）

3. 结束部分

结束部分应自然结束，教师可以进行总结，继续升华教学活动目标。同时，应该安排活动延伸，让教学内容自然延伸到日常生活、区角、户外活动、家庭中。例如健康教育活动"我的皮肤"中，教师进行小结：皮肤对我们非常重要，我们要好好保护它。

（1）经常清洗皮肤，例如：洗脸、洗手、洗澡、洗头等。

（2）要勤换衣服，保持皮肤干净。

（3）尖锐的东西不去碰，防止戳伤或划伤皮肤。

（4）夏天穿短衣衫，走路要小心，尽量不摔跤，防止跌伤皮肤。

（5）冬天天冷，要戴手套，穿厚衣服，以防冻伤皮肤，还要每天搽点护肤油，不要让皮肤太干燥。

（6）避免蚊虫叮咬，脏东西不要碰，因为细菌也会使你的皮肤红肿或长疙瘩等。

（7）平时加强锻炼，使皮肤更健康。

(8) 如果你的皮肤不小心破了，要及时擦药和包扎。

总结要具体，对今天活动中的内容及要点进行梳理，总结之后可以进行活动延伸。例如健康教育活动"我的皮肤"中，教师在结束部分进行活动延伸。

活动延伸可以延伸到日常生活中。例如：教师在户外活动前，给小朋友们擦护手霜。

活动延伸可以延伸到区角。例如：小朋友们，活动结束后，如果你们愿意，可以到"娃娃家"把我们的小宝宝们的皮肤护理一下。也可以去美工区给书上的宝宝做衣服，保护他们的皮肤。还可以去图书区读读关于皮肤的绘本。

活动延伸可以延伸到户外。例如：小朋友们，我们今天了解到了皮肤的重要性，平时要加强锻炼，使皮肤更健康，那么今天我们就一起去户外，让我们皮肤晒晒太阳，进行阳光浴。

活动延伸可以延伸到家庭中。例如：小朋友们，今天我们了解了皮肤，回家跟爸爸妈妈讲讲我们应该如何保护皮肤吧。

二、幼儿身体保健教育活动实施策略

（一）正面引导

由于幼儿思维水平以及心理水平的局限性，幼儿教师在组织身体保健教育活动时必须给予正确的指导，同时，要给出正面的示范，多采用正向教育。例如教师在组织"保护眼睛"的活动中，尽量提供正面的例子，即如何做对眼睛比较好，少提供一些反面的例子，例如如何做对眼睛有危害。随着年龄增长他们的理解能力增强，可以适当加入反面的例子。

（二）讲解与体验相结合

第一，要增强幼儿的亲身感受和生长体验，激发其探索身体奥秘的兴趣，引导幼儿关心身体。进行身体保健教育时，常常受到幼儿的理解能力的限制，比如：教师经常劝导幼儿多吃饭菜、多运动，这样身体就可以长得高高壮壮的，但是幼儿没有相应的数概念和长度概念，对于身体的长高、长大看似简单的问题可能也理解不好。所以，教师要以具体、形象教学为主，可以让幼儿量一量、画一画、比一比，通过亲身操作，体验身体直观上的变化。同理，在进行身体内部器官教学时，教师更应该注重幼儿的亲身体验，避免抽象说教。例如，在讲解心脏的作用时，可以让幼儿跑步至略带急促呼吸，对比运动前后心跳的变化。

第二，让幼儿充分发现健康身体的美，启发他们爱护身体。即便是低年龄阶段的幼儿也开始有了美感，亮晶晶的眼睛、整齐洁白的牙齿、匀称的身体、灵活的手脚等，这些都可以给他们带来美的感受，激发他们关爱自己的身体，拥有一个健康的体魄。

第三，加深幼儿对疾病的记忆，引导幼儿珍惜自己的健康。虽然每个幼儿都能感受到疾病带来的痛苦，但是他们并不是都能从这种经历中吸取教训，做好平时的身体保健和疾病预防。因此，可以在幼儿自身患病或看到他人患病时及时进行教育，增强他们对疾病的痛苦感受，知道身体健康的重要性，引导幼儿自觉爱惜身体，珍惜健康。

（三）认知教育和行为训练相结合

幼儿健康教育以幼儿形成健康的行为为最终目标，是建立在幼儿的正确健康知识的基础上的，有正确的健康观。因此，教师在进行身体保健教育活动时要做到认知教育和行为训练相结合，帮助幼儿形成正确的健康认知。幼儿接受的健康知识信息越多，就越有利于幼儿形成健康的行为，但两者之间没有必然联系，从知识到行为是一个复杂的过程，并且要避免枯燥、一味说教。

（四）注重榜样的力量

教师教育活动中要善于运用榜样的力量，例如有的幼儿牙齿保护得好，每天都注意刷牙。教师在讲牙齿保护的时候要善于运用牙齿保护好的小朋友作为榜样。同时，教师本身也要做好榜样的示范作用。

三、幼儿身体保健教育活动应该注意的问题

（一）挖掘日常生活中的教育素材

在幼儿的日常生活之中存在着许多身体生长教育的素材，有许多关于人体知识和安全卫生教育的成分还没有被充分地挖掘和利用。例如，在进行有关换牙的生长发育教育主题活动时，可选在大班已有几个幼儿开始换牙、大多数幼儿将要换牙的时候进行。这样既利用了个别幼儿的亲身经历激发幼儿的兴趣，又能面向大多数幼儿进行超前教育，对幼儿生长发育教育产生良好效果。

（二）兼顾领域间的渗透与整合

《纲要》明确要求："教育活动内容的组织应充分考虑幼儿的学习特点和认知规律，各领域的内容要有机联系，相互渗透，注重综合性、趣味性、活动性，寓教育于生活、游戏之中。"身体保健教育内容可以说既属于健康教育范畴，又属于人体科学教育范畴，其并无绝对的划分标准。所以教育实践中不能因为学科内容的划分而人为割裂幼儿的知识结构，而应注意教育内容的渗透与整合。应当尝试着把幼儿感兴趣的人体科学教育与幼儿身体生长发育教育结合起来，对幼儿实施保育和教育。

（三）科学解释与艺术解释相结合

所谓的科学解释，是指教给幼儿的身体知识是科学的、符合实情的。这就要求教师要积累扎实的幼儿卫生学知识。幼儿身体生长发育教育实施过程中十分强调信息传播的科学性及准确性。例如，要幼儿增加对人体的认识，教师必须掌握丰富的、正确的人体知识和幼儿的生理卫生特点并且能够深入浅出地表达。教师还必须能够及时地纠正幼儿错误的、不准确的、模棱两可的认识。所谓艺术解释，是指鉴于幼儿的认知水平和情感接受程度，有时必须要求教育者对身体知识以隐喻的方式加以说明。如常常令大人们棘手的问题是关于"生"与"性"的阐释。教育者应以幼儿能接触到的身边生物为例，说明所有生物都有性现象，人类并不特别。教育者在对待性问题时应以平静的心态去面对儿童，让幼儿知道男女在体力、体格等方面的不同点及男女合作对家庭和社会生活的重要性。

（四）多种教学方法相融合

身体保健方面的内容是比较深奥的，教师在制定教学目标时要注意，不要追求知识的高、深、精，主要是让幼儿了解人体的主要结构和生理现象，注重培养幼儿的自我防护意识和良好的卫生行为习惯，最终提高幼儿在身体保健方面的能力。教师在组织此部分的内容时，要综合运用多种教学方法，例如直观法、游戏法、体验法等，把相对难以理解的内容，通过直观的图像或者实物，会取得较好的效果。例如，在认识人体器官的教育过程中，首先让儿童欣赏健康人体的美，如长长的睫毛下亮晶晶的眼睛、整齐洁白的牙齿等，然后再展示受到伤害的眼睛、龋齿等，强烈的对比更能激发幼儿向往健康的愿望。

第三节
幼儿身体保健教育活动案例评析

一、小班幼儿身体保健教育活动案例评析

活动方案

小班健康领域活动：有趣的身体检查

【设计意图】

面对打针和体检，大部分小班幼儿都存在着恐惧心理——怕疼！我们不能一味地要求幼儿勇敢，而应从积极的角度帮助幼儿感受和理解体检的重要作用。正如《纲要》中指出的："要鼓励、教育幼儿知道身体不舒服时告诉成人，配合医务人员进行身体检查和预防接种。"所以，我设计了本次活动，希望幼儿在"小医院"的角色游戏中感受到医生与患者的关系，愿意配合医务人员进行预防和接种，在生病时不怕医生，愿意亲近医生。

【活动目标】

（1）乐于配合医生进行身体检查。

（2）初步了解定期检查对身体成长的好处。

【活动准备】

（1）经验准备：幼儿玩过"小医院"的游戏，有去过医院的经历，接受过幼儿园保健医生的晨检；熟悉儿歌《我最勇敢》。

（2）物质准备：扮演医生用的白大褂、帽子、药品箱、针筒、体温计、药瓶等；教师自制一个愁眉不展的布娃娃；创设2～3个"小医院"的区域，并准备相应的医疗器具（如听诊器、手电筒、尺子、体重秤等）。

（3）人员准备：请幼儿园保健医生参与部分教育活动。

【活动重点】

乐于配合医生进行身体检查。

【活动过程】
（1）出示"小医院"玩具，帮助幼儿简单了解医疗器具对身体检查的重要性。
① 教师创设问题情景，帮助幼儿回忆原有经验。
教师：我们要开设一家"小医院"，"小医院"里都应该有些什么呢？
② 教师根据幼儿的回答，出示相应的"小医院"玩具。
教师：在"小医院"里，为什么要准备这些？如果没有这些，可以吗？
小结：医院是为病人治病或给人们检查身体的地方，这些医疗器具对检查人们的身体有重要的作用。
（2）玩"小医院"游戏，引导幼儿感知、体验配合医生检查身体的乐趣。
① 创设2～3个"小医院"的区域，鼓励幼儿主动到"小医院"检查身体。
教师（扮演医生）：今天我们的"小医院"可以为小朋友做身体检查了，欢迎小朋友的光临。
② 幼儿扮演到"小医院"检查身体的顾客，自选其中的一家"小医院"进行体检。
③ 医生一边为顾客检查身体，一边自然地与顾客交流。
听诊器放到你的身上有什么感觉？请你吸气、呼气。
张开嘴，让医生看看你的牙齿里面是不是有小虫子。
掀开衣服，让医生摸摸你的肚子。请站在上面，称称你有多重？站直，量量你有多高？
小结：我们在做身体检查时，就像和医生及这些医疗器具做游戏一样，并不可怕。
④ 请幼儿园的保健医生给幼儿讲解定期检查身体的重要性。
小结：定期体检可以帮助我们了解身体成长的状况，预防疾病，保证我们更加健康。
（3）创设问题情境，鼓励幼儿大胆地运用新经验解决生活中的问题。
① 教师出示一个愁眉不展的布娃娃，引发幼儿思考。
教师：这个娃娃应该参加今天的身体检查，可是她害怕、不想去，怎么办？
② 引导幼儿开展"我想对娃娃说"的交流活动，鼓励幼儿大胆地运用新经验。
教师：你们在做身体检查时，是什么感觉？谁愿意帮助娃娃，让她也像你们一样勇敢地进行身体检查？你想对娃娃说些什么？
小结：小朋友体检时不要紧张、害怕，要勇敢地配合医生检查身体。

【活动延伸】
（1）在日常生活中，鼓励幼儿见到保健医生要主动问好，主动配合保健医生做晨检；教师要与保健医生配合开展班级体检活动，鼓励每个幼儿勇敢面对。
（2）在班级中开辟"小医院"的角色游戏区，投放医疗器具让幼儿反复操作。
（3）在班级创设"我和医生做朋友"的墙饰。墙饰分为两个部分：第一部分展示班级中从事医务工作的家长及他们的工作环境和部分工作内容；第二部分展示班级中的小朋友装扮成小医生和小顾客游戏的照片。
（4）在"家长园地"中与家长分享相关儿歌《我最勇敢》引导家长帮助幼儿克服上医院的畏难情绪；教师将班级中从事医务工作的幼儿父母请到班级中，简单地向小朋友介绍医生的职业及他们的工作。

【附：儿歌】

我最勇敢

小针管儿亮晶晶，
里面药水清又清，
打针吃药我不怕，
健康身体人人夸。

活动方案评析

优点：

（1）评价活动名称：活动名称符合活动的内容概要，言简意赅，而且具有新意和童趣。

（2）评价活动目标：活动目标表述清楚、具体，具有可操作性。教师能够理解幼儿的情绪制定符合幼儿需要的教育目标。教师能够站在幼儿活动目标的角度。接着，教师又站在教育的角度思考：如何在幼儿现有发展水平的基础上，帮助他们克服恐惧、紧张的心理，促使他们在未来的身体检查中能够做到积极配合。因此，本次活动的目标制定和内容选择符合幼儿的现有发展水平和实际需要，重点突出。

（3）评价活动准备：活动准备充分，包括经验准备、物质准备和人员准备三部分。丰富的活动准备能为活动过程起到很好的支撑作用，有利于活动目标的实现。

（4）评价活动过程：

① 活动的开始部分：教师运用情境导入法，为幼儿创设一个"小医院"的情境，可以让幼儿有身临其境的感受，激发幼儿的学习兴趣。

② 活动的基本部分：教师通过游戏、角色扮演、创设情境、讨论等多种教学方法，达到活动目标。角色扮演游戏，丰富幼儿配合体检的认知经验。幼儿之所以对"体检"产生恐惧、紧张的心情，原因之一就是对"医生的惧"。因此在活动设计的过程中，教师通过"小医院"的情境，丰富幼儿对医生职业的认识：医生不仅是为人们打针、开药，还可以帮助人们定期检查身体，预防疾病。在玩"小医院"的游戏中，教师有意识地设计了一系列与身体检查相关的游戏情境，让幼儿去感受、体验，自然地丰富他们对"体检"的认知经验。幼儿心里没有了负担，拥有了积极配合医生进行身体检查的轻松体验。情境创设、运用情境，巩固幼儿"配合医生"的积极情绪。为了帮助幼儿将良好的情绪体验运用到日常生活中，教师设计了一个"我想对娃娃说"的交流活动。通过这个环节的相互交流，进一步强化了幼儿对于"应积极配合医生做身体检查"的认识。

③ 活动的结束部分：教师运用讨论，鼓励幼儿运用已经学到的经验来解决生活中的问题，突破教学难点，实现教学目标。

（5）评价活动延伸：教师一共设计了四个延伸的内容，丰富具体，包括日常生活中、区域活动中、环境创设中、家园合作中四个方面，使活动目标进一步得到实现。

总之，教师设计的教学活动采用多种教学手段，内容层层递进，一环扣一环，逐步实现目标，解决问题，突破难点。

建议：在幼儿进行身体检查的环节中，"医生"在小朋友交流时的语言还可以更生动、形象些。比如，把"请站在上面，称称你有多重？站直，量量你有多高"改成"请站在上面，称称你有多重？比一比是其他小朋友重还是你重？看看你站得直不直，量一量你高还是其他小朋友高"等。

目标可以增加能力目标，具有可操作性。

二、中班幼儿身体保健教育活动案例评析

➡️ 活动方案

中班健康教育活动：赶走细菌

【设计意图】

良好的卫生习惯不仅关系着孩子们的身体健康，也是一个人文明礼貌的重要标志。然而，幼儿园的孩子们在日常生活中存在着手脏时不洗手的不良习惯，需要教师反复督促。他们尚未意识到勤洗手、讲卫生对身体健康的重要性。《指南》提出："4～5岁幼儿要具有良好的生活与卫生习惯，饭前便后要洗手，方法基本正确。"依据目标要求，设计了此活动，对幼儿进行手脏时主动洗手的卫生教育，使他们明白勤洗手能够预防"病从口入"，帮助幼儿逐步养成勤洗手的好习惯。

【活动目标】

（1）了解洗手的重要性，逐步养成勤洗手的好习惯。

（2）能够在手脏时主动洗手。

【活动准备】

（1）经验准备：幼儿有过肚子疼的经历。

（2）物质准备：自编故事《小熊看医生》《讲卫生的小熊》，细菌图片1张，每人1个小棉球。

【活动重点】

能够在手脏时主动洗手。

【活动过程】

1. 倾听故事《小熊看医生》

教师：故事里都有谁？（河马医生和小熊）

教师：小熊为什么去医院看病？（小熊用脏手吃东西导致肚子里有细菌）

教师：小朋友们独自疼过吗？肚子疼时感觉怎么样？

小结：手脏时吃东西会把细菌带到肚子里，使自己生病痛苦，危害身体健康。

2. 玩"小棉球变变变"游戏，感知细菌

教师：细菌是什么样子呢？我们来找一找。请小朋友们看看自己的手上有细菌吗？（没有）请小朋友们用小棉球擦一擦自己的手，小棉球变成什么样了？（灰色）

教师：我们看一看擦手之前的小棉球和擦过手后的小棉球，比一比，你发现了什么？（小棉球由白色变成灰色了，说明手上很脏，有细菌）

教师（出示细菌图片）：这就是让小熊和小朋友们生病的细菌，它很小，我们用眼睛是看不到的。请你们帮小熊想想办法，怎么做才能不生病？（手洗干净后再吃东西）

教师：小朋友们想一想，做什么事情时会沾到病菌？（玩玩具时、玩滑梯时等）

小结：细菌很微小，眼睛看不到，因此小朋友们要勤洗手才能防止"细菌从口入"，才能保护身体不生病。

3. 倾听故事《讲卫生的小熊》

教师讲述故事，幼儿倾听。

小结：只有爱讲卫生、主动去洗手，才能避免细菌危害身体健康。手脏时要主动去洗

手,养成勤洗手的好习惯。

4. 进行盥洗活动

组织幼儿如厕和洗手,在实践中培养幼儿主动洗手的意识。

【活动延伸】

(1)在语言区提供故事《小熊看医生》和《讲卫生的小熊》的图片与头饰。引导幼儿进行故事表演,从而认识到勤洗手有益身体健康。

(2)在盥洗室的墙面上粘贴"六步洗手法"的图示,在日常生活中请幼儿相互监督和检查,比一比谁的手洗得最干净。

(3)家园合作,引导家长正确认识洗手的重要性,请家长在家里和幼儿玩"小棉球变变变"的游戏,使孩子认识到勤洗手有益身体健康。

【附:故事】

小熊看医生

小熊很开心,今天是星期天不用去幼儿园,他可以想玩什么就玩什么了。他跑到院子里,跳上秋千架,大喊一声"呦呼",把秋千荡得很高;他爬到滑梯上,大喊一声"呦呼",高兴地滑了下来;他来到沙堆前,堆了一座漂亮的"城堡"。小熊玩累了,回到了屋子里,看到了桌子上有美味的点心,刚想拿起来,想到了妈妈的话:吃东西前要洗手,他看了看自己的手,一点也不脏。就随便在衣服上蹭了几下,拿起点心吃了起来。到了晚上,小熊很难受,肚子疼极了,被送进了医院。河马医生检查完,说道:没关系,是吃坏了肚子,以后记得吃东西前一定要把手洗干净,要不然细菌会跑到你的肚子里,让你生病难受。小熊很纳闷:吃点心前看了手呀,没有脏东西,细菌是怎么跑到肚子里去的呢?

讲卫生的小熊

小熊的肚子不疼了,但他记住了妈妈和医生的话:吃东西前一定要认真把手洗干净,可是他仍然想不明白:明明手上很干净没有脏东西,细菌怎么会跑到肚子里去了呢?于是,小熊来到了医院,找到了河马医生,把自己的困惑告诉了他。河马医生听了后说道:细菌很小很小,我们直接用眼睛去看是看不到的,要借助工具才能看到。说着,他让小熊看了显微镜下的细菌,小熊恍然大悟:哦,这就是细菌啊,原来我的手看上去很干净没有脏东西,其实有很多的细菌啊!谢谢您,河马医生,我以后一定会记住,饭前便后要洗手,手脏时也要洗手。

从此以后,小熊养成了勤洗手的好习惯,成了小伙伴中的榜样。

活动方案评析

优点:

(1)评价活动名称:活动名称具有新意,具有创造性,能更生动地表现内容的主要议题,生动形象。

(2)评价活动目标:活动目标表述清楚、具体。能力目标具有可操作性。目标设计符合中班幼儿年龄特点,结合《指南》制定教学目标,有很强的理论依据。

(3)评价活动准备:活动准备充分,包括经验准备、物质准备两部分。准备比较充分,有利于活动的展开,为达到教学目标做好铺垫。

（4）评价活动过程：

① 活动的开始部分：活动的开始部分用故事导入，激发幼儿的学习兴趣。通过提问的方式，引发幼儿思考。

② 活动的基本部分：在活动过程中，教师采用三种教学方法，有利于活动目标的实现。故事法：通过讲述生动、有趣、贴近的故事，让幼儿与自己的生活经验相结合，在引发共鸣中促进幼儿积极思考回答问题，同时也引出了活动的重点"洗手能使我们不生病、身体健康"。游戏法：通过"小棉球变变变"的游戏，让幼儿直观地看到：细菌很微小，是肉眼看不到的，只有勤洗手讲卫生才能使自己身体健康不生病。教师在此设计此环节非常巧妙，把看不见的细菌用棉球颜色的变化引导幼儿亲身感知，这样的方式符合中班幼儿的思维特点及年龄特点，且简单易行。实践法：实践活动让幼儿把学到的知识在生活中进行练习，起到引导幼儿主动认真洗手的作用。

③ 活动的结束部分：教师组织幼儿如厕和洗手，结束部分处理得非常自然，也符合幼儿的需要，同时能够延伸活动的目标。

（5）评价活动延伸：教师一共设计了三个延伸的内容，丰富具体，包括区域活动中、环境创设中、家园合作中三个方面，使活动目标进一步得到实现。

总之，教师在传染病多发的季节里，选择这一主题组织教学活动，既符合幼儿的需要，又解决了班级幼儿不爱洗手的问题。整个活动围绕"勤洗手，讲卫生"的意识层层展开，动静结合，符合大脑皮层的活动规律。内容环环相扣，逐步实现教学目标。

建议：

① 在活动目标方面，可以将第一个目标拆分，按认知、能力、情感三方面进行表述，即：了解洗手的重要性，知道细菌；能够在手脏的时候主动洗手；愿意参与活动，养成勤洗手的好习惯。

② 在活动准备方面，可以用小棉签或者纸巾代替棉球。活动准备可以增加人员准备，例如请保健医生来检查幼儿洗手的方法，并给予指导，更有说服力。

③ 在活动延伸部分，可以再增加一个延伸，延伸到日常生活中，例如在活动后幼儿知道主动洗手。

三、大班幼儿身体保健教育活动案例评析

活动方案

大班健康领域：食物的旅行

【活动目标】

（1）认知目标：初步认识人体的主要消化器官，了解食物的消化过程。

（2）能力目标：学习简单的自我保护方法，具有自我保护的能力。

（3）情感目标：培养幼儿良好的饮食和卫生习惯，激发幼儿的好奇心和探究欲望，养成敢想敢做、勤学、乐学的良好素质。

【教学重点、难点】

重点：讲解胃与身体健康的关系，让幼儿明白不良饮食习惯对胃的伤害。

难点：知道人体消化器官的顺序及功能保护。

【活动准备】
（1）Flash 课件《食物的旅行》以及相关的故事《小蛋糕的旅行》。
（2）音乐：《幸福拍手歌》。
（3）人体消化系统图，即时贴消化系统卡片图，小蛋糕，小饼干。

【活动过程】
1. 谈话导入，激发幼儿学习兴趣
（1）小朋友们，你们喜欢和爸爸妈妈一起去旅行吗？旅行的时候有没有看到什么有趣的事呢？
（2）出示小蛋糕，"看，这是谁？"（小蛋糕）小蛋糕它也到了一个特殊的地方去旅行了，今天，小蛋糕也要把它的旅行故事讲给大家听，小朋友们想听吗？
（3）播放课件，讲述故事《小蛋糕的旅行》。

【附：故事】

小蛋糕的旅行

小朋友最喜欢吃小蛋糕了，小朋友把我放到嘴里，嚼呀嚼，把我弄得痒痒的，一不留神，我就被吞了下去。不一会儿，我到了一条长长的管子里，就像坐滑梯一样，真好玩！还没等我玩够，就滑到了一个大袋子里，这大袋子可神奇了，它会一边分泌出一些液体，还一边慢慢地蠕动，把我磨得呀越来越碎，越来越碎……被磨碎的我接着到了一条弯弯曲曲的小管子里，像迷宫一样，好不容易出了迷宫，我就到了一条皱巴巴的大管子里，在这我的营养都被吸收掉了，最后我就被排出了体外。

（4）听完小蛋糕的故事，你知道小蛋糕它去了什么地方旅行吗？
2. 观看动画，了解食物的消化过程
引导幼儿逐幅观看 Flash 动画课件
（1）放第一段食物从口腔到食管的动画。
提问：小蛋糕从哪里进去？知道那叫什么名字吗？（口腔）它在我们的嘴巴里怎么样了？
（牙齿把食物嚼碎了，方便吞下去）
经过嘴巴后，小蛋糕被吞了下去，到了什么地方？知道那长长的管子叫什么吗？（食管）
（2）放第二段，了解胃的功能以及胃与身体健康的关系。
提问：接着小蛋糕从长长的管子滑下去，到了一个大袋子里，这个大袋子叫什么名字呢？（胃）它有什么作用呢？（教师小结）
（3）放第三段，知道小肠的作用。
提问：刚才小蛋糕的旅行经过了嘴巴、食管、胃，它又要旅行了，下一站是哪里呢？那条弯弯曲曲的小管子是什么呢？（小肠）它有什么作用呢？
（4）放第四段，理解大肠的用途。
提问：小蛋糕又到了哪里呢？这是什么地方呢？
让幼儿品尝饼干，想象食物进入各个器官并排出旅行路线图。
（1）教师：听了小蛋糕的旅行故事，小饼干羡慕极了，它也想到小朋友的身体里去旅行，小朋友愿意带它去吗？

把幼儿分成四个旅游团，小饼干的旅行开始了！

（2）请各组小朋友品尝饼干，并根据提示把小饼干旅行的顺序排列出来。

提示：

① 这是旅行的入口（口腔），在这里给它拍张照吧！（出示口腔图片）

② 我们的牙齿先把小饼干咬破，嚼碎了，吞下去，到了哪里呢？（食管）

③ 食管这个细细的管子，把食物送到哪里去了啊？（胃）胃里有许多的消化液，小饼干在这里停留了很久，谁能找到小饼干休息的胃呢？

④ 胃磨啊磨，把饼干磨得更碎了，到了哪里了？（小肠）小饼干的营养大部分在这里被吸收。

⑤ 小肠把小饼干里的营养都吸收了，然后到了哪里？（大肠）大肠转呀转，把没用的残渣都排出去了。

小饼干的旅行也结束了。

（3）评析每个小组的排列情况。

3. 结束部分，听音乐做活动

教师：小朋友们，今天我们听了小蛋糕旅行的故事，也带着小饼干到我们的身体里旅行了，你们的心情怎么样？

我们把食物吃下去以后，还需要做些轻微的活动帮助它们消化，现在请小朋友们轻轻起立，和老师一起做动作。（播放音乐《幸福拍手歌》，让幼儿跟随音乐做律动）

活动方案评析

活动方案的评析需要从活动名称、活动目标、活动准备、活动过程、活动延伸等几方面进行评价。

优点：

（1）评价活动名称：活动名称具有新意，富有童趣，将食物在人身体中的过程比喻成旅行，生动形象。

（2）评价活动目标：活动目标表述清楚、具体。从认知、能力、情感三维目标进行表述，从幼儿角度进行表述。目标设计符合大班幼儿的年龄特点，适合大班幼儿。重点与难点设置恰当，符合教育目标的层次结构。

（3）评价活动准备：活动准备相对比较充分，能够满足幼儿在活动中的需要，为达到教学目标做好铺垫。

（4）评价活动过程：

① 活动的开始部分：活动的开始部分使用谈话导入，从幼儿做过的事情谈起，贴近幼儿的生活，符合导入环节的要求。能够在短时间内激发幼儿学习的兴趣，同时谈话的主题是旅行，为引出活动内容做准备。

② 活动的基本部分：在活动过程中，教师采用三种教学方法，有利于活动目标的实现。故事法：教师讲述故事《小蛋糕的旅行》，通过可爱的蛋糕，生动形象地将人体消化系统的消化道讲解出来，为接下来的环节做好铺垫。直观教学法：教师运用课件，将难以理解的人体消化道所包含的器官和食物消化的过程用幼儿能够接受的方式表现出来，易于幼儿理解。实践体验法：教师组织幼儿吃小饼干，体验食物在自己身体里的旅行过程，进一步实现目标。

③ 活动的结束部分：结束轻松自然，教师带领小朋友们随着音乐做轻微的放松动作，

幼儿在开心的氛围中结束了此次学习。

总之，教师结合大班幼儿的年龄特点，选择易于理解的教学内容，根据幼儿的需要以及兴趣，是非常可取的。整个活动围绕着"食物的旅行"层层递进，一环扣一环地展开。整个过程环节的设计符合动静结合的原则，可以使幼儿注意力集中的时间延长，提高学习的效果。

建议：

（1）在活动准备方面，教师可以增加经验准备。例如经验准备：大部分幼儿有跟家长旅行的经验。

（2）本活动缺少延伸的部分，延伸可以包括日常生活中、区域活动中、环境创设中、家园合作中四个方面。例如活动延伸：

① 教师可以引导幼儿在进餐的时候感受食物在身体里的"旅行"。

② 把故事对应的绘本投放在图书区，供幼儿观看。

③ 教师和幼儿可以制作食物旅行的图片，将旅行的路线图放到墙上作为墙饰。

④ 幼儿回家可以给爸爸妈妈讲一讲食物在身体里"旅行"的过程。

学习总结

本章主要探讨3~6岁幼儿健康领域中身体保健教育活动的目标、内容、实施等，共分为三节。第一节主要讲解如何选择身体保健教育活动的目标，包括总体目标、年龄阶段目标、具体目标；学会如何选择身体保健教育活动的内容，包括总体内容、年龄阶段内容、具体内容；重点讲解了教学过程如何设计，包括确定活动目标、选择活动内容、撰写活动方案、活动后的反思。第二节主要探讨身体保健教育活动的实施，包括教育活动实施的原则、教育活动可以采用的方法以及教育活动的活动过程；同时探讨身体保健教育活动的指导策略以及应该注意的问题。第三节主要探讨如何对小、中、大班幼儿身体保健教育活动进行评价分析。

拓展训练

以"我的身体"为主题，设计中班健康领域中身体保健活动方案，并上传至学习通……

实践练习

1. 修改身体保健教育活动目标并重新书写

（1）大班健康领域：眼保健操。

目标：

① 指导幼儿认识眼睛的重要作用和保护眼睛的方法。培养幼儿良好的用眼卫生习惯。

② 懂得爱护眼睛，渗透对近视同伴的关爱、尊重。

修改为：_____。

_____。

_____。

（2）中班健康领域：预防龋齿。

① 引导幼儿初步了解龋齿的原因及龋齿的危害。

② 教育幼儿牙齿是人体的一个重要器官，知道保护它。
③ 帮助幼儿树立保护身体健康的意识。
修改为：_____。
_____
_____

（3）小班健康领域：小老鼠，打喷嚏。
目标：
① 知道天冷要预防感冒，注意保暖。
② 乐意模仿故事中小老鼠的动作。
修改为：_____。
_____
_____

2. 简答题
（1）幼儿身体保健教育活动的设计思路有哪些？
（2）幼儿身体保健教育活动需要注意哪些问题？
（3）幼儿身体保健教育活动的指导策略有哪些？

第四章
幼儿心理健康教育活动的设计与指导

导学

在本章中你会学会如何制定幼儿心理健康教育活动的目标、如何选择幼儿心理健康教育活动的内容，掌握幼儿心理健康教育活动的具体实施步骤，在分析幼儿心理健康教育活动案例的基础上，能够对幼儿心理健康教育活动指导要点加以理解巩固。

学习目标

通过本章的学习你应该做到：

（1）了解幼儿心理健康教育活动的目标，熟悉幼儿心理健康教育活动的内容，掌握幼儿心理健康教育活动的具体实施步骤。

（2）能够正确分析幼儿心理健康教育活动案例。

（3）能够对幼儿心理健康教育活动指导要点加以理解巩固。

思维导图

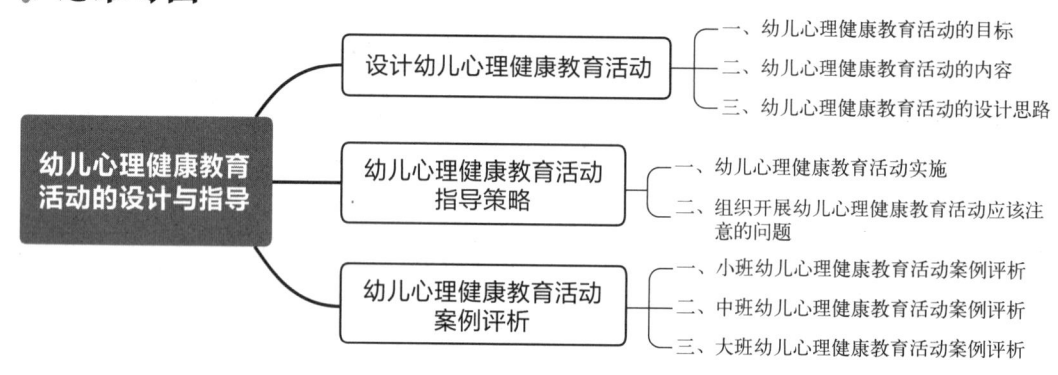

幼儿心理健康教育活动的设计与指导
- 设计幼儿心理健康教育活动
  - 一、幼儿心理健康教育活动的目标
  - 二、幼儿心理健康教育活动的内容
  - 三、幼儿心理健康教育活动的设计思路
- 幼儿心理健康教育活动指导策略
  - 一、幼儿心理健康教育活动实施
  - 二、组织开展幼儿心理健康教育活动应该注意的问题
- 幼儿心理健康教育活动案例评析
  - 一、小班幼儿心理健康教育活动案例评析
  - 二、中班幼儿心理健康教育活动案例评析
  - 三、大班幼儿心理健康教育活动案例评析

第一节

设计幼儿心理健康教育活动

案例导入

游戏课上，老师问大家："谁知道小木马在哪？"小朋友们都不吱声。老师又说："小木马的妈妈找不到孩子了，请大家帮她找一找吧。"小朋友们纷纷行动起来。突然，一个小朋友高声喊着："老师，在虫虫的书包里。"还没等老师说话，其他小朋友纷纷指责虫虫。有人说虫虫故意将小木马藏在书包里，有人说虫虫想把小木马带回家和小木马玩。老师来到虫虫身边，蹲下去，微笑着问："我们的虫虫一定是想让累了的小木马睡上一觉再回家，对吧？"（因为之前老师曾表扬有的小朋友将丢在地上的玩具收起来，说他们知道玩具累了，要休息）眼里满是惊恐和害怕的虫虫红着脸，咬着嘴唇，慢慢地点了点头。

要求：

（1）小组合作，根据虫虫出现的行为，设计一项幼儿心理健康教育活动，并展示。

（2）小组合作，用思维导图的方式总结幼儿心理健康教育活动的设计过程，并展示。

❖ 知识讲解

随着社会发展的不断进步，人们对心理健康越来越重视。很多人意识到，孩子在成长过程中不仅需要健康的体魄、合理的饮食、舒适的环境，更需要心理健康发展。

幼儿心理健康是指心理发展达到相应年龄组幼儿的正常水平，情绪积极、性格开朗，无心理障碍，对环境的适应能力较强。儿童教育专家、心理专家总结了幼儿心理健康的几个方面：①智力发育正常；②稳定的情绪、积极向上；③自我意识良好；④有良好的人际关系；⑤稳定、协调的个性；⑥热爱生活，没有严重的心理卫生问题。

一、幼儿心理健康教育活动的目标

（一）幼儿心理健康教育活动的总体目标

根据幼儿健康教育活动的总体目标，综合《纲要》《指南》，幼儿心理健康教育活动的总体目标就是要促进幼儿身心及社会适应方面良好发展，促进幼儿拥有健康的体魄、愉快的情绪、协调的动作、良好的生活习惯和基本的生活能力，培养幼儿积极、乐观、向上的心理品质和健全的人格，保障幼儿心理健康的发展，提高心理健康水平。

总体来讲，幼儿心理健康教育活动的总体目标包括：

（1）培养幼儿具有良好的自我意识。增强自我调控、承受挫折、适应环境的能力；提高自信心，培养幼儿的独立性和坚持性。

（2）培养幼儿积极、乐观、开朗的性格。

（3）培养幼儿的交往能力及关爱他人的品格，不仅要学会关心自己、爱护自己，更要同情他人，关心和帮助他人，特别是父母、老师和同伴。

（4）培养幼儿广泛的兴趣，保持幼儿的好奇心，激发其求知欲，训练幼儿的思维，开发幼儿的智力和创造性。

（5）对有心理行为问题的幼儿给予科学有效的心理辅导，对有可能出现的问题要及早进行心理教育，防止问题发生。

（6）积极关心周围世界的各种事物和现象，有良好的观察、注意、想象、概括分析能力，有较强的求知欲，能认识自己与周围世界中各种事物、现象的关系，具有良好的自我意识和社会意识。

（7）帮助幼儿形成良好的情绪与情感，初步学会表达和控制自己的情感，能和同伴积极友好地相处，善于表现自己，懂得调控自己的言行，能听取父母及老师的教导。

（8）知道必要的心理健康常识，学习保护自己。有爱心，懂得帮助他人，有恒心，遇到困难能坚持或想办法解决。

（9）培养幼儿的生活自理能力、学习能力，初步养成良好的卫生习惯。

（二）幼儿心理健康教育活动的年龄阶段目标

根据幼儿的心理发展特点，幼儿心理健康教育活动的各年龄阶段目标各有不同。

1. 3~4岁幼儿心理健康教育活动目标

（1）培养幼儿的生活自理能力，初步培养良好的卫生习惯。

（2）引导幼儿用适当的方式表达情绪，初步学会排解自己的不愉快，喜欢与别人分享快乐。

（3）愿意与同伴合作玩玩具和游戏，能勇敢地玩一些户外大型玩具。

（4）知道男女在外形上的不同，知道并认同自己的性别角色。

2. 4~5岁幼儿心理健康教育活动目标

（1）喜欢幼儿园的集体生活，能与小朋友互相合作，团结友爱，愉快地与同伴一起进行各种活动。

（2）能自觉遵守活动的规则和要求，初步形成良好的日常行为习惯。

（3）培养求知欲，初步形成良好的学习习惯。

（4）关心周围的人、事、物，学会爱亲人、朋友、老师。

3. 5~6岁幼儿心理健康教育活动目标

（1）学会与人合作、分享，学会用积极的心态去理解别人、帮助别人。

（2）学会思考，培养独立学习、生活的能力。

（3）正确对待挫折、困难，勇敢顽强。能体验到成功的快乐，对力所能及的事情有信心，具有较强的竞争和合作意识。

二、幼儿心理健康教育活动的内容

（一）情绪和情感教育

创设良好的情绪、情感环境是培养幼儿心理健康的重要手段，它能给予幼儿潜移默化的影响，使幼儿情感和行为受到感染，有利于幼儿良好情绪的产生。

帮助幼儿学会恰当地表达情感。要使幼儿在不同的场所、不同的氛围中的行为得到规范，培养幼儿对情绪的控制力。在幼儿遇到挫折、感受到不愉快时，能不受压抑地表达、发泄和沟通，这样可以减轻幼儿心理上的压力，不产生过激行为。

（二）社会交往教育

幼儿时期是人际交往发展的关键时期，人际交往是人与人之间心理上产生相互影响的过程。通过交往，可以培养他们了解他人情感和需要的能力、解决生活中实际问题的能力，可以帮助他们养成良好的行为习惯，达到互相交流信息、协调彼此间的关系、共同友好活动的目的。在幼儿园中，教师要为幼儿提供交往的机会、沟通的良好环境、丰富的交往内容，充分发展幼儿的交往能力。

（1）认识老师、同伴、周围的邻居，知道怎样有礼貌地称呼和打招呼。

（2）学会与人分享食物、玩具等好东西。

（3）在做游戏时，能与同伴友好合作。

（4）用积极的心态理解、关心和帮助他人，学习处理与同伴之间的矛盾。

（5）学习与陌生人交往的一些技巧和方法。

（三）良好的行为习惯教育

培养幼儿良好的行为习惯，需要家庭与幼儿园形成合力。一方面，家长应树立正确的教育思想，坚持不懈地与幼儿园密切配合，目标一致，使孩子在幼儿园里形成的良好行为习惯在家里得以巩固和发展。另一方面，幼儿园也要多向家长宣传科学的教育方法，提高家长的参与积极性。可在幼儿园中运用以下方式帮助幼儿形成良好的行为习惯。

（1）爱清洁、讲卫生，养成一些好的卫生习惯。
（2）按时作息，养成生活、学习习惯。
（3）纠正幼儿一些不良的行为习惯。

（四）独立生活和学习的能力教育

（1）学习自己的事情自己做，培养幼儿的独立生活能力。
（2）为幼儿创设学习条件，让幼儿尝试自主、探索学习。
（3）纠正幼儿过分依赖成人的不良行为。

（五）初步的性教育

随着年龄的增长，幼儿渐渐地开始注意到自己的外表、自己的特质，会形成很强烈的性别印象，有了"女小朋友""男小朋友"这样的想法，这时若同孩子谈论身体，要带着性别语言来区别或表扬孩子。

（1）对自己及身边的人有一个正确的性别认识，认识家庭里的人、幼儿园里的老师、同伴。可用游戏的形式，使幼儿知道其是男是女。比如：游戏"不一样"，听老师的指令，男、女生分别做不一样的动作，男蹲下、女站立，男摸头、女拍手，初步分辨自己和别人的性别。

（2）了解男女不同的外形及穿衣、打扮特点，活动方式特点。用图片的方式，从男、女在外形穿着上的不同，进一步区分男女，如：女孩留辫子，喜欢穿好看的衣服、裙子；男孩留短发，穿帅气的男装。

（3）用表演、角色游戏的方式，模仿、学习与自己同性别的成人的行为、语言方式，加深自己的性别认同。如：让男孩学习爸爸的声音（粗粗的），修理家中的东西，看报等；女孩学习妈妈抱娃娃，给娃娃讲故事，整理家务等。

（4）纠正幼儿的性角色偏差。对有性别偏差倾向的幼儿，要与家长取得联系，找出问题产生的原因，家园配合及时纠正。

（六）健康的生活环境教育

（1）幼儿园、家庭要以平等、尊重的方式对待幼儿。

幼儿虽然小，却是一个独立的个体，家长、老师、其他成人应该以平等的方式对待幼儿。无论是在家庭中还是在幼儿园中，都应该有孩子说话的权利、自由，尊重幼儿人格，以便幼儿健康、快乐地成长。

（2）创设自由、宽松的生活和活动氛围。

活动室、幼儿起居室的布置应该符合幼儿的心理和年龄特点。老师、父母不应以长辈、权威的命令和绝对服从的方式来教育幼儿，而应以爱和民主说理的方式来引导幼儿，使幼儿能感受到成人对自己的关爱，以便以积极、健康、快乐的方式接受来自老师、父母的批评和指导。

三、幼儿心理健康教育活动的设计思路

（一）确定活动目标

幼儿心理健康教育活动的目标设计要根据幼儿心理健康教育活动的总体目标和幼儿年龄阶段目标，结合幼儿年龄阶段的特点，制定幼儿心理健康教育活动的具体活动目标。

1. 幼儿心理健康教育活动的目标设计依据

幼儿心理健康教育活动的目标制定依据主要来源于三方面。第一，来源于幼儿心理健康教育活动的总体目标。总体目标是幼儿心理健康教育的指导方向。第二，来源于幼儿心理健康教育活动的年龄阶段目标。在前面的论述中，我们已经知道幼儿各年龄阶段的阶段目标，各个年龄阶段目标是具体目标的上位目标。第三，来源于幼儿的年龄特点和心理发展水平。本班幼儿的年龄阶段水平是非常重要的依据，因此，教师要通过观察、调查等各种方法，了解本班幼儿的年龄阶段心理发展水平。

2. 幼儿心理健康教育活动目标的表述

（1）幼儿心理健康教育活动目标的表述形式　　在编写幼儿心理健康教育活动目标时，我们仍然用布鲁姆的三维目标体系，即认知、能力、情感，但侧重于情感目标。例如心理健康教育活动"开开心心上幼儿园"中，活动目标为：①了解幼儿园是什么，知道上幼儿园的重要性；②能够说出幼儿园有哪些好玩的地方；③逐渐适应集体生活，乐意去幼儿园，乐意和老师、小伙伴亲近，体会一起做游戏的快乐。在这个目标表述中，第一个目标是认知目标，第二个目标是能力目标，第三个目标是情感目标。我们可以看到，仍然是三维目标，但是应该知道，在心理健康教育活动中，对情感目标的描述是具体的，而且也是教育活动的重点。

（2）幼儿心理健康教育活动目标的表述要求

① 目标表述涵盖面要广　　目标的涵盖面要广，包括知识的学习、能力的培养和情感态度方面的要求。在心理健康教育活动中，重点侧重于情感目标。即使是一个情感类的教案，也要考虑教案中是否有认知目标和能力目标。如果没有就会偏向一方面。例如在"看望兔奶奶"的活动中，教育目标为：a. 通过情境化的游戏，使幼儿学着关心长辈，并乐于帮助长辈做力所能及的事；b. 培养幼儿关心和尊敬长辈的美好情感；c. 学会在日常生活中保持乐观的情绪，逐渐养成乐观开朗的性格。这三个目标都是情感目标，没有达到目标的涵盖面要广的要求。应该修改为：a. 了解兔奶奶的故事，知道关心是一种很好的品质；b. 能够用关心的话来安慰别人；c. 乐于帮助长辈，保持乐观的情绪。目标表述涵盖面要广，挖掘活动的三维目标。

例如，中班心理健康教育活动"保持好心情"的活动目标为：

a. 在说说、画画中知道如何让不愉快的心情变好。

b. 能用连贯的语言表达自己的想法。

c. 通过活动学会关心他人，萌发互相关爱的情感。

d. 学会保持愉快的心情，培养幼儿热爱生活、快乐生活的良好情感。

e. 让幼儿知道愉快有益于身体健康。

目标涵盖面要广，不是说目标越多越好，一般在一次教育活动中，三个目标或者两个目标都可以，一般三个目标的认知、能力、情感目标是比较多的。在此教学活动中，第一个目标是认知目标，第二个目标是能力目标，第三个目标是情感目标，第四个目标是情感目标，第五个目标是认知目标。所以应该进行融合。

修改为：

a. 在说说、画画中知道如何让不愉快的心情变好，知道愉快有益于身体健康。

b. 能用连贯的语言表达自己的想法。

c. 通过活动学会关心他人，萌发互相关爱的情感。

② 目标表述的角度要统一　心理健康教育活动的目标表述要统一，即如果选择从教师的角度进行表述，三个目标的表述要统一从教师的角度进行表述。如果从幼儿的角度进行表述，三个目标的表述要统一从幼儿的角度进行表述。避免出现混杂的情况。目前大家一致认可的目标是从幼儿角度进行表述，因为这样的表述更能关注到幼儿的学。

例如，中班心理健康教育活动"好朋友，陪我走"中的目标表述为：

a. 初步学会与自己不同性格和爱好的小朋友交朋友，知道好朋友在生活中的重要角色。

b. 与其他小朋友之间发生小矛盾时，能够自己初步使用一些简单的方法，如与彼此进行沟通等，处理小矛盾。

c. 喜欢和与自己性格爱好不同的小朋友做朋友，并且愿意与自己的好朋友分享快乐，深入体验与好朋友相处的快乐。

d. 培养幼儿与同伴之间和睦相处并珍惜这份友情。

e. 培养幼儿健康活泼的性格。

这个活动目标同样存在混杂的情况。第一，目标设置过多，第二，我们可以看到，第一个目标从教师角度进行表述，第二个目标是从幼儿角度进行表述，第三个目标是从幼儿角度表述，第四个目标是从教师角度进行表述，第五个目标是从教师角度进行表述，表述不统一。

修改为：

a. 知道好朋友在生活中的重要角色。

b. 能够自己初步使用一些简单的方法，如与彼此进行沟通等，处理小矛盾。

c. 喜欢和与自己性格爱好不同的小朋友做朋友，并且愿意与自己的好朋友分享快乐，深入体验与好朋友相处的快乐。

③ 目标表述的内容要具有可操作性，避免过于笼统、概括或抽象　目标具有可操作性，主要针对的是认知目标和情感目标。目标表述要具体，认知、能力、情感表述都需要具体。具体的目标可以更好判断目标有没有达到。

例如，小班心理健康教育活动："我好害怕"的目标表述为：

a. 知道害怕的感觉人人都会有，愿意大胆说出自己内心的恐惧。

b. 能够想办法消除害怕的心理，尝试战胜害怕。

c. 学习控制自己的情绪，难过或疼痛时不哭。

d. 学会保持愉快的心情，培养幼儿热爱生活、快乐生活的良好情感。

e. 让幼儿知道愉快有益于身体健康。

此次教育活动的目标存在这样几个问题：第一，目标设计过多；第二，目标表述角度不统一；第三，目标出现表述笼统的情况，第五个目标比较笼统。

修改为：

a. 知道害怕的感觉人人都会有，知道愉快有益于身体健康。

b. 能够想办法消除害怕的心理，尝试战胜害怕，学习控制自己的情绪，难过或疼痛时不哭。

c. 愿意大胆说出自己内心的恐惧，学会保持愉快的心情，培养幼儿热爱生活、快乐生活的良好情感。

（二）选择活动内容

幼儿心理健康教育活动内容的选择来源于生活，来源于目标，来源于幼儿的需要与兴趣，来源于已有材料。

1. 来源于生活

幼儿心理健康教育活动首先来源于生活。例如幼儿刚进入幼儿园时，会出现幼儿焦虑行为，教师可以设计教学活动缓解入园焦虑。当小班幼儿在玩玩具时，出现争抢的行为，教师可以设计分享行为的教学活动。当幼儿出现说谎行为时，教师可以设计关于说谎的教育活动。或者教师可以设计一些活动避免幼儿出现这样的行为。当班级里有腼腆、自卑、任性的小朋友时，教师可以设计此类相关的活动。

2. 来源于目标

幼儿心理健康教育活动除了来源于生活外，还来源于心理健康教育目标。心理健康是幼儿健康教育的重要组成部分，特别是当今，一些学生面对压力时，会选择轻生等方式结束自己的生命，因此心理健康尤为重要。因此，在幼儿时期，幼儿园有责任和义务去为幼儿创设一个健康的教育环境，引导幼儿形成健全的人格。因此，幼儿心理健康教育是健康教育非常重要的组成部分，也是健康教育目标完成的重要一环。

3. 来源于幼儿的需要

幼儿心理健康教育活动来源于幼儿的需要。当幼儿遇到不会解决的事情时，会出现焦虑情绪。当幼儿面对强大的力量时，会出现害怕的情绪。当幼儿伤心时，需要知道如何缓解自己的情绪等。因此，教育活动来源于幼儿的需要。为了幼儿健康快乐地成长，形成健全的人格，需要我们组织心理健康教育活动。

4. 来源于已有的材料

心理健康教育活动可以选择已有的教育材料，已有的材料包括已有的教材、活动方案、资源等。目前资源获取的途径很多，教师的教材、网上的资料都可以为教师提供教案。但是，作为教师应该有鉴别的能力，从中选择一些优秀的教案供自己学习。不能"拿来就用"，要根据本班幼儿的年龄特点进行修改，设计出适合本班幼儿年龄特点的教案。

（三）撰写活动方案

在制定好教学目标、选择好教学内容后，就要撰写活动方案（即教案）了。心理健康教育活动的教案包括：活动名称、活动目标、活动准备、活动过程、活动延伸五部分。活动名称简明扼要，富有吸引力，富有创新性，同时要包括领域、班级等元素。活动目标包含三维目标，从幼儿角度进行陈述。活动准备包括经验准备和物质准备，是组织好教学活动的有力保障，要把需要用的物品都写上。活动过程是活动最主要的组成部分，包括开始部分、基本部分、结束部分。活动延伸是教育活动的延续，可以延伸到区角、家庭、接下来的活动、日常生活中等，也是目标的延伸、学习的迁移。

（四）活动后的反思

心理健康教育活动结束后，教师应该及时进行教学反思。教学反思时，可以从以下几个方面进行反思：第一，活动目标设计是否恰当，幼儿是否完成。第二，活动过程是否顺利，活动中有哪些地方可以修改。活动中哪些地方做得比较好，下次活动可以继续选择这种方式。第三，活动中幼儿的表现如何，发展的水平如何等。教学反思不仅有利于下次教学活动避免出现同样的问题，促进幼儿的心理健康，同时也能提高教师的教学水平。

第二节
幼儿心理健康教育活动指导策略

🛪 案例导入

洋洋老师是一位新入职的老师，园长让她带刚上幼儿园的小班小朋友。洋洋老师发现有一些小朋友经过一周的时间，还是存在入园焦虑的行为。入园焦虑是幼儿正常的心理现象，但是如果时间长，会影响到幼儿的身体健康，出现身体疾病，例如感冒、头疼、呕吐等。洋洋老师决定设计一项心理健康的教育活动，帮助幼儿克服焦虑行为。但是作为新入职的教师，不知道如何做？

要求：

（1）小组合作，对洋洋老师设计的心理教育活动进行指导，并展示。

（2）小组合作，用思维导图的方式总结心理健康教育活动的实施。

✖ 知识讲解

一、幼儿心理健康教育活动实施

（一）幼儿心理健康教育活动遵循的原则

1. 注重发展、强调预防、防重于治的原则

幼儿处在不断变化成长的过程中，其心理活动也在变化中逐渐走向成熟，因此，幼儿的心理健康教育也应有针对性地进行。心理健康教育是以预防为主的教育，要求融入幼儿生活的各个环节,当幼儿的认知和行为出现偏差的苗头时就应针对情况进行预防,比如有个小女孩在地上画了一个妈妈,她投进了妈妈的怀抱,体现出了小女孩的孤独感、恐惧感。

2. 日常生活渗透与幼儿参与性的原则

幼儿的心理健康教育应蕴藏于幼儿日常生活的各环节,是一个幼儿参与式的教育活动。这样,幼儿才能通过听、说、看、想、做的过程,逐步形成良好的心理品质,铸造优秀的心理素质,形成健康的人格心理。

3. 常规教育与随机性教育相结合的原则

日常的心理健康教育课程是面向全体幼儿、以预防为主的教育形式,而面对个别幼儿的"突发"事件,就要求教师和家长学会随机应变,在第一时间迅速做出反应,给予幼儿相应的指导和帮助,以取得最好的教育效果。

4. 家庭、幼儿园、社会合作共育的原则

幼儿是生活在幼儿园、家庭和社会中的,幼儿园开设的心理健康教育课程和家庭教育、社会教育共同引导着幼儿形成健康的心理。各方面的教育力量应紧密联系在一起,形成幼儿心理健康教育的良好大环境,才能达到教育的一致性、一贯性和延续性,才能取得最好的教育效果。

(二)幼儿心理健康教育活动的途径

1. 班级开设心理健康活动课,系统而科学地进行心理健康教育

对于心理健康教育中某些幼儿不太容易理解的健康常识,不太容易掌握或需要系统训练的健康行为技能等,教师可以有目的、有计划、精心地设计教学,引导并启发幼儿探索、理解和掌握。幼儿园要进行长期、系统、科学的课程设置和开展教育,同时将幼儿的健康教育有机地渗透在幼儿园各领域的教育之中,才能形成幼儿健康良好的心理。

2. 发现问题,班级教师进行随机教育

日常生活中的各个环节都可以用来对幼儿进行心理健康教育。一方面,日常生活中的心理健康教育自然、及时;另一方面,日常生活中的心理健康教育能在其他教育活动中得以延伸,有利于巩固幼儿的健康行为。幼儿入园后,进餐、如厕、就寝等生活方面的问题,教师可以在各个环节中适时地予以行为指导,而不必等到在专门的心理健康教活动时进行。幼儿的心理状况往往外显为语言和行为状态,在日常活动中经常会表现出不健康的心理倾向,应该适时对幼儿予以引导和教育。在常规安排的活动之外,对于突发事件,教师应迅速做出反应,给予幼儿相应的帮助和指导。

3. 家园配合,做好幼儿心理健康的预防和矫正工作

深入幼儿的家庭进行访谈,获取有关信息,指导家长了解幼儿的心理健康教育,及时发现有心理健康方面障碍的幼儿,做好系统观察,通过记录幼儿的问题行为,了解幼儿生活背景,并与其家长进行深入的沟通,了解幼儿在家的表现、家庭的情况,找出形成障碍的原因,进行分析和个别心理辅导,促进家园配合,共同做好幼儿心理障碍的矫正工作。坚持不懈地关注、帮助他们克服心理障碍,纠正问题行为,引导他们向更和谐、更完美的人格方向发展。

4. 开设家长学校，定期就幼儿的心理健康问题进行研讨

幼儿园应定期组织家长，开展一些有关幼儿健康方面的讲座和研讨活动，使家长在思想上引起重视，行动上给予配合，真正做到幼儿心理健康的家园共育、防治结合。

5. 幼儿园设置心理健康教室

配备专业幼儿心理健康教育指导老师，对心理健康方面有问题的幼儿进行初步干预，对于有心理障碍的幼儿，要视障碍程度进行分级管理和分别矫正。特别严重的，可建议家长带幼儿到专业的心理咨询师处进行系统的矫正。

（三）幼儿心理健康教育活动的方法

1. 讲解和谈话法

是指向幼儿讲解有关心理健康的一些粗浅知识，在提高幼儿认知水平的基础上，通过和幼儿谈话，使幼儿认识到自己的行为正确与否，及时纠正行为偏差，帮助幼儿形成健康的心理的方法。在运用时一定要循循善诱，让幼儿自己意识到自己的言行正确与否、是否给同伴带来了不良影响等，语言上要符合幼儿的认知水平等。

2. 亲身体验和情境表演法

是指让幼儿以亲身体验或表演的方式，体验和体会生活中的不同角色在一定情境中遇到的问题和冲突，并让幼儿做出相应的反应，说出感受，使之选择合乎健康心理的行为的方法。在运用这一方法时要注意选择符合生活实际的情境，及时对幼儿的反应和感受予以引导。

3. 事例分析法

是指针对幼儿中发生的事情，列举相同或相似的事例进行分析或讨论，让幼儿自觉产生相应的健康行为方式的方法。在运用这一方法时应注意多选择正面事例，为幼儿多树立榜样，对反面事例须注意引导。

4. 操作法

是指导幼儿通过操作的方式，对行为方式和操作技能进行练习、巩固和提高，从而养成稳定的、良好的健康行为方式的方法。在运用时应注意把握指导的尺度、幼儿操作的兴趣以及操作的完成度等。

5. 图表法

是指通过图表展示的方式，展现幼儿在哪些方面取得了进步或应该注意哪些方面，及时纠正幼儿的不良行为，表扬良好行为，促使幼儿形成健康行为方式的方法。在运用图表法时应注意表扬和纠正的及时性、公正性和公平性。

（四）幼儿心理健康教育活动的活动过程

幼儿心理健康教育活动的活动过程可以分为三部分：开始部分、基本部分、结束部分。

1. 开始部分

开始部分必须符合大脑皮层的始动调节规律，神经系统刚开始工作时，具有一定的惰性，在教育教学过程中应由浅入深，由易到难，由简到繁，逐渐增加学习的难度和强度。因此，在活动开始部分应该有导入环节，慢慢让幼儿进入状态，特别是心理健康教育活动，不易直接进入主题。导入要具有启发性、针对性、趣味性、艺术性和简洁性。

在心理健康教育活动中，导入的方法主要有：

（1）谈话导入　心理健康教育活动用得比较多的是谈话导入，谈话导入是导入方法中比较自然的方法，随着教师们的认可程度，被越来越多的教师使用。谈话导入就像在跟小朋友聊天，但不是无目的地聊天，而是通过师幼互动的方式，导入活动的主题中。例如在组织教育活动"保持好心情"时，教师可以这样导入。出示小兔子的心情图片，谈话引入。教师：昨天小兔子去公园玩了，它好开心啊，它的心情是愉快的（笑脸）。可是今天小兔子生病了，它好难受啊，它的心情就是难过的（哭脸）。小结：每个人都会有这两种情绪，这些都是很正常的。

（2）悬念导入　心理健康教育活动可以采用悬念导入，采用悬念导入一般是引出一些直观具体的形象，例如手偶、图片、客人等。例如：教师在组织心理健康教育活动"看望兔奶奶"时，教师可以这样导入。教师：小朋友们，今天有人生病了，你们猜猜是谁呢？采用悬念的形式导入新课，可引起幼儿的好奇心，激发幼儿追根问底的热情，培养幼儿主动探索的精神。

（3）直观导入　教师通过出示图片、模型、绘本、玩偶等方式进行导入。例如在组织"开开心心上幼儿园"的活动时，教师可以这样导入。出示布偶，引起幼儿兴趣：①教师拿出布偶小鸭，请幼儿与小鸭打招呼；②教师表演《小鸭上幼儿园》。直观导入通过直观的形象，让幼儿直接感知，更容易激发幼儿的学习兴趣。

例如，教师在组织心理健康教育活动"我好害怕"中的导入：绘本植入，引出害怕心理。出示绘本，大胆猜测小熊害怕的原因。

——你们看，谁来了？（小熊）

——小熊脸上是什么表情？（不高兴、生气、害怕）

——猜猜小熊可能遇见了谁？可能会发生什么事情呢？（大灰狼、怪兽、大老虎，要吃它……）

（4）故事导入　故事导入是用简短的故事进行导入，导入时间一般比较短，因此，故事导入一般采用比较简短的故事引出活动。例如教师在组织心理健康教育活动"好朋友，陪我走"时，可以这样导入。教师讲述小胖熊吹气球的故事，并提问：故事中有哪些小动物，其他小动物和小胖熊发生矛盾时，小胖熊是怎样做的呢？（该部分旨在引发幼儿的兴趣以及思考，不用回答）

（5）创设情境导入　教师可以创设一种情境，使幼儿能够进入情境中，更有利于幼儿的情感体验。例如在"看望兔奶奶"的教育活动中，教师可以这样导入。去兔奶奶家玩：①教师扮演兔妈妈，幼儿分别扮演白兔和灰兔。兔妈妈说："今天的天气真好，妈妈带宝宝们去奶奶家玩好吗？"②（在音乐伴奏下，兔妈妈带小兔们蹦蹦跳跳来到了兔奶奶家门口）兔妈妈边跳边讲："宝宝们，这里景色真美，有绿绿的草儿，红红的花儿，奶奶家到了。"③进入兔奶奶家，共同寻找兔奶奶，小兔们围坐在兔妈妈身边自由讨论，启发幼儿猜猜奶奶有可能去的地方。

2. 基本部分

心理健康教育活动的基本部分是教学过程的主要环节，是突破教学难点、完成教学目标最重要的环节，也是体现教学原则、教学方法最重要的环节。基本部分教育环节需要符合大脑皮层的镶嵌式原则，动静结合，使幼儿大脑皮层的各个区域得到相应的休息，幼儿能够更好地集中注意力，达到较好的学习效果。

3. 结束部分

结束部分首尾对应、结构完整，应留有余兴、延伸扩展、水到渠成、适可而止。例如在心理健康教育活动"我好害怕"中，教师这样进行结束：今天来了这么多不认识的客人老师，刚才进来的时候，很多孩子都不敢大声跟客人老师打招呼呢，有点害怕吧？那现在，你还害怕吗？那让我们大声地去跟客人老师打招呼，去抱抱他们，好吗？

结束部分应自然结束，教师可以进行总结，继续升华教学活动目标。同时，应该安排活动延伸，让教学内容自然延伸到日常生活、区角、户外活动、家庭中。例如心理健康教育活动"微笑"中，教师可以进行这样的延伸。

活动延伸可以延伸到日常生活中，例如：每天遇见小朋友、教师、客人、家长时，我们要保持微笑。

活动延伸可以延伸到区角。例如：小朋友们，我把手工材料投放到区角里，感兴趣的小朋友可以制作"微笑"小卡片送给其他小朋友。

活动延伸可以延伸到户外。例如：小朋友们，我们今天了解到了微笑的重要性，我们一起去户外，做一个"微笑"的小游戏吧。

活动延伸可以延伸到家庭中。例如：小朋友们，我们可以把微笑传递给爸爸妈妈、爷爷奶奶。

二、组织开展幼儿心理健康教育活动应该注意的问题

1. 集体心理健康行为指导要与个别健康行为指导相结合

对幼儿进行心理健康教育，既要面向全体幼儿，又要照顾到个别幼儿，使不同的幼儿得到不同的发展。面向全体幼儿，要根据幼儿的身心发展规律以及心理健康教育活动自身的特点，精心设计丰富多彩的游戏活动，提高幼儿参与的主动性。通过参与活动，指导幼儿处理活动过程中所发生的事情，促进幼儿心理健康发展。在游戏过程中还应注意对特殊幼儿的照顾，使每个幼儿的心理都能得到健康发展。

一般来说，幼儿心理健康教育活动以集体健康行为指导为主，但是由于幼儿常常存在着个体特殊的心理健康问题，因此必须在进行集体健康行为指导的同时对幼儿进行有针对性的健康行为的个别指导。

2. 心理健康教育活动要与其他领域的教育活动相结合

在开展幼儿心理健康教育活动时要与艺术、语言、社会、科学等领域的教育活动有机地配合，把心理健康教育渗入幼儿园保育和教育的各个环节中，发挥幼儿园各项活动的整体教育功能。

3. 心理健康教育活动要与家庭和社会健康教育相结合

幼儿心理健康教育活动的内容与家庭生活内容息息相关。因此，幼儿心理健康教育必须得到家庭的积极配合，家长理应成为幼儿心理健康教育的指导者。另外，幼儿园的心理健康教育也不能忽视社会的影响，如电视、电脑及其他传媒的影响。

良好的家庭氛围来自和睦的家，父母以身作则，做好幼儿健康心态的表率，尊重信任幼儿，营造健康的精神氛围和良好的家教环境，才能促进幼儿身心的健康成长。孩子的健康成长离不开良好的家庭教育环境。作为家庭教育的实施者，家长们应不断更新教育观念，用发展的眼光看待他们，要把幼儿当作一个有活动能力、有发展主动性的人来对待，并按照幼儿的年龄特征、心理特点去教育他们。不同的家庭、不同的父母，所实施的家庭教育迥然不同。家长们是否有正确的家庭教育观念，是否有科学的教育方式，对幼儿的身心健康发展有着至关重要的影响。

4. 心理健康教育活动要求要与幼儿年龄相适宜

根据幼儿心理发展的水平，幼儿心理健康教育活动对不同年龄的幼儿要求不同，侧重点也不同。同时还要了解每个幼儿的心理健康状况、家庭生活环境等。教师应针对每个幼儿的具体情况进行教育，根据他们在心理健康教育活动中的表现，及时予以引导。

5. 教师及周围成人要提高自身的心理健康水平

教师和家长的心理健康与否，直接影响着身边的孩子。因此，要对幼儿进行心理健康教育，教师和家长包括周围的其他成年人首先应注意提高自身心理健康水平，保持人格的完整与和谐，具有良好的社会适应能力、融洽和谐的人际关系、良好的行为习惯，给幼儿以积极的正面的影响。尽量不要在孩子面前宣泄不良情绪，不因为自己心情不好影响孩子，更不要向孩子发泄。

6. 关注留守儿童和单亲儿童的心理健康，注意突发事件对幼儿心理健康的影响

留守农村、父母离异和突发事件的出现，容易使一些幼儿过早在心里留下不健康的阴影。开设心理辅导课，开展心理咨询、心理矫正活动，定期开展思想教育、情感教育、独立生活教育和体谅父母教育活动等，能使留守儿童和单亲儿童感到关爱，体验到生命成长的快乐与幸福，消除不良情感体验，树立乐观向上的生活态度，有助于其良好、健康心理的养成。

第三节
幼儿心理健康教育活动案例评析

一、小班幼儿心理健康教育活动案例评析

▶ 活动方案

我好害怕

【活动目标】

（1）知道害怕的感觉人人都会有，愿意大胆说出自己内心的恐惧。

（2）能够想办法消除害怕的心理，尝试战胜害怕。

（3）学习控制自己的情绪，难过或疼痛时不哭。

(4)学会保持愉快的心情,培养幼儿热爱生活、快乐生活的良好情感。
(5)让幼儿知道愉快有益于身体健康。
【活动准备】
(1)绘本《我好害怕》。
(2)事先让幼儿和家长讨论并记录自己最害怕的事或物。
(3)打针情境。
【活动过程】
(1)绘本植入,引出害怕心理。
① 出示绘本,大胆猜测小熊害怕的原因。
——你们看,谁来了?(小熊)
——小熊脸上是什么表情?(不高兴、生气、害怕)
——猜猜小熊可能遇见了谁?可能会发生什么事情呢?(大灰狼、怪兽、大老虎,要吃它……)
② 绘本继续,揭示谜底。
——到底遇见了谁?我们来看看。
"发生什么事情了呢,我们一起来看看。"
可以省略,停顿一下,教师直接跟孩子说:
——原来是一只大狼狗,还在汪汪汪地叫呢!小熊真害怕!你会害怕吗?
③ 绘本继续,引出害怕的声音。
——咦?这是什么时候?(晚上、天黑)
——听!这是什么声音?(刮风)
——你听到这个声音有什么感觉?(很冷、很害怕)
小结:是啊,遇到恶狠狠的狗时,小熊会害怕,我们也会害怕。天黑了,小熊一个人在家,心里也很害怕。
(2)经验迁移,说出自己的害怕。
① 根据记录图,讨论自己的害怕。
——除了害怕大狼狗,你还害怕什么?你有害怕的时候吗?(有)
——昨天宝宝们和爸爸妈妈一起,已经把自己害怕的事情画了下来,我们一起来看看。请你轻轻地从小椅子下面取出图片,和身边的朋友说一说。(老师巡回倾听)
② 个别幼儿说出自己的害怕心理。
——你害怕的是什么?(大灰狼)
——为什么会害怕?(因为大灰狼会咬我们)
——害怕的时候你心里是什么感觉?(不舒服)
③ 经验归类梳理。
——还有谁也害怕这种厉害的动物?(我怕老虎、我怕的是蛇)
总结:原来你们都害怕蛇、虎、大灰狼这类厉害的动物。(教师边说边出示展板)
——你害怕的是什么?(火)
——为什么?(因为它会把人烧死的)
总结:原来还有一些小朋友害怕火、水、电、刀等这类东西。
(老师边说边揭示第二部分展板)

——你们为什么害怕这些东西？

（因为水会把房子冲走，插头有电要电死人的，剪刀碰到别人也会受伤）这几点小班的孩子应该想不到，因为他们没有生活经验。

——你害怕的是什么？（打雷）

——为什么？（很响，很吓人）

——还有谁也害怕这种很响的声音的？（我怕气球爆炸、风声）

总结：原来那些很响、很恐怖的声音也会让我们害怕。（出示展板第三部分）

——我们来看看他的害怕是什么？（打针）

——为什么？（打针很疼）

——也有很多小朋友因为怕疼，害怕打针。（揭示展板第四部分）

小结：原来每个人都会害怕，害怕是种冷冷的、紧紧的、不舒服的感觉。害怕的时候我们会哭、会躲起来。你喜欢这种感觉吗？（不喜欢）

（3）讨论交流，克服害怕心理。

① 结合展板，讨论解决的办法。

——怎么样才能让我们不害怕呢？

——遇到这些凶猛的动物时，我们可以怎么做？（逃跑、躲起来、找妈妈……）

总结：有了这些好办法，我们就不怕这些凶猛的动物了。（将害怕表情翻面成笑脸）

——水、电、火、刀这些东西，我们在生活中都会用到，但是一不小心就会受伤，那该怎么做？（小心使用、不玩电和火、请爸爸妈妈帮忙）

总结：你们真会动脑筋，这样这些东西我们也不怕了。（翻转笑脸）

——听到可怕的声音怎么办？（捂耳朵、放音乐、让妈妈抱）

总结：原来我们也可以想办法分散注意力，战胜这些可怕的声音。（翻转笑脸）

② 情境表演，积极面对害怕。将这部分作为重点，前面都可以短一点，让孩子从害怕打针到不害怕打针，有一个明显的心理变化过程。

——打针你们怕吗？

——打针可以治疗疾病；打预防针可以让我们身体变得棒棒的，能不能因为害怕就不打针呢？怎么做才能让自己不害怕？（有的不怕，真勇敢；怕，打针的时候不看，躲在妈妈怀里……）可以让孩子们都来说一说，或者教师找一个不怕的孩子来说一说他打针的时候为什么不害怕，是怎么做的？

——我们一起来学学打预防针的样子：袖子卷一卷、手臂弯一弯、脑袋歪一歪，告诉自己我不怕！我不怕！我不怕！（你们真勇敢！翻转表情）让幼儿大声地说出来：打针我不怕！

小结：原来有些害怕的事情，我们可以躲起来或者做其他事情，但有些害怕的事情，只要我们勇敢面对，也就不害怕了，就像打针一样。

（4）绘本回归，生活应用。

① 回归绘本，了解小熊的克服方法。

——你们都想到了好办法克服了害怕，变成了勇敢的孩子。小熊有没有变勇敢呢？我们一起来看看。（播放多媒体）

——它想到了什么办法？（抱小熊玩具、躲在奶奶肩膀上、自己看书）

——现在小熊脸上是什么表情？（开心）

——是啊！因为它知道害怕的时候该怎么做了。

② 生活应用，克服害怕。

——今天来了这么多不认识的客人老师，刚才进来的时候，很多孩子都不敢大声跟客人老师打招呼呢，有点害怕吧？那现在，你还害怕吗？为什么？那让我们大声地去跟客人老师打招呼，去抱抱他们，好吗？老师心里也有些害怕。你们愿意和我一起去和客人老师打招呼、抱抱客人老师吗？

活动方案评析

活动方案的评析需要从活动名称、活动目标、活动准备、活动过程、活动延伸等几方面进行评价。

优点：

（1）评价活动名称：活动名称简单、直接，可以从名称中看出主题。

（2）评价活动目标：活动目标表述清楚、具体，从幼儿角度进行表述，表述角度统一。

（3）评价活动准备：活动准备相对比较充分，物质准备能够满足活动需要，为活动达到目标做好铺垫。

（4）评价活动过程：

① 活动的开始部分：活动的开始部分使用直观导入方式，采用绘本进行导入，能够激发幼儿的学习兴趣，书写规范。

② 活动的基本部分：在活动过程中，教师采用三种教学方法，有利于活动目标的实现。故事法：教师讲述绘本故事《我好害怕》，通过绘本故事的讲述，引入主题。讨论法：教师采用讨论法，解决怎么样才能使我们不害怕。小朋友们的讨论有利于活动目标的达成，解决难点。情境表演法：教师运用情境表演法，积极面对害怕。用情境表演法可以增加活动的趣味性，教师将这部分作为重点，并采用恰当的方式突破重点。

活动内容环环相扣，前一环节为后面的环节做好铺垫，层层递进，逐步解决难点，突破重点，使活动进入高潮。同时动静结合，符合大脑皮层的活动规律。

③ 活动的结束部分：结束部分首尾呼应，结束轻松自然，教师带领小朋友们随着音乐做轻微的放松动作，幼儿在开心的氛围中结束了此次学习。

建议：

（1）在活动目标方面，目标设置过多，需要重新整合，应该按照认知、能力、情感进行表述。例如修改为：

① 知道害怕的感觉人人都会有，知道愉快有益于身体健康。

② 能够想办法消除害怕的心理，尝试战胜害怕，学习控制自己的情绪，难过或疼痛时不哭。

③ 愿意大胆说出自己内心的恐惧，学会保持愉快的心情，培养幼儿热爱生活、快乐生活的良好情感。

（2）在活动准备方面，教师可以增加经验准备。例如经验准备：大部分幼儿有害怕的经历。

（3）本活动缺少延伸的部分，延伸可以包括日常生活中、区域活动中、环境创设中、家园合作中四个方面。例如活动延伸：①在日常生活中，害怕的小朋友要主动找老师或者小朋友诉说；②教师将《我好害怕》的绘本投放到图书角，感兴趣的小朋友可以继续阅读；③教师和幼儿一起制作我不害怕的墙饰；④回去跟爸爸妈妈说一说今天讲的故事，当爸爸妈妈出现害怕时，我们告诉他们不要害怕。

二、中班幼儿心理健康教育活动案例评析

活动方案

高兴和生气

【活动目标】

（1）了解日常生活中高兴和生气的事情。

（2）尝试运用肢体动作、记录的表达方式来表现各种表情。

（3）懂得要用笑脸对待朋友。

【活动准备】

小铃一对，图片一张（一面是笑脸，一面是没有五官的脸），自制大魔方一个（6块大正方形墙塑板拼搭而成的正方体，在正方体的6个面上分别贴有不同的表情图），数码相机一部及电脑一台。

【活动过程】

（1）有节奏地敲几下小铃，"丁丁，丁丁，快过来画画。"教师边说边做出呼唤动作。

"丁丁真是个粗心的小画家，没画完，他就走了。"

（2）"那我们一起来看看他画了什么？"出示没有五官的脸的图片。"这张画丁丁少画了什么呀？"幼儿回答的同时教师当场添画上五官，教师要故意添画一个生气的五官。"这个小朋友怎么了？"请小朋友们观察生气脸的图片，回答问题：从哪里看出他很生气？平时，你碰到什么事也会生气不开心？

引出幼儿生气的事件。

小结：经常生气是不好的，生气的时候，小脸也特别难看。生气对人的身体也不好。别人生气的时候，你也会觉得不开心。

（3）"张老师有个好办法可以让它高兴起来。"这时，教师故意与生气脸说悄悄话。

翻图片，出示笑脸图。"瞧，现在怎么了？"请小朋友观察高兴脸的图片，回答问题：从哪里看出他很高兴？平时，你在什么时候也会很开心呢？

引出幼儿高兴的事件。

（4）做"变脸"游戏。

出示大魔方。"让我们一起来看看，这是一个大魔方。魔方上有什么呀？"引导幼儿观察魔方上6种不同的表情，并尝试着去表现。"魔方的本领可大了，它能让你一会儿笑，一会儿哭，我们和魔方一起来做游戏吧！"（当魔方最上面一个表情是笑脸时，幼儿们就表现出开心的样子）第一次，请个别幼儿先来尝试。第二次，分成男女两队，依次进行尝试。在玩魔方游戏的同时，请一位教师协助，将游戏中小朋友表现出的不同表情用数码相机记录下来。

（5）欣赏不同的表情。"刚才老师把我们小朋友各种不同的表情用照相机拍下来了，我们一起来看看。"教师把照相机连接到电脑上，把记录的孩子们的表情一一呈现给幼儿看。"笑脸好看，还是生气的脸好看？"

小结：小朋友们也喜欢笑脸，笑脸最漂亮了，所以我们对待好朋友应该用笑脸来面对。希望我们小朋友来幼儿园也要高高兴兴地，这样，我们的身体会更健康。

（6）"小朋友们都喜欢高兴的脸，那我们把好朋友高兴的脸画下来。"让小朋友们找好朋友面对面坐，互相观察好朋友的笑脸，在纸上记录，结束活动。

【活动延伸】

观察爸爸妈妈的笑脸并记录，来到幼儿园后与小朋友们进行交流，分享快乐。

活动方案评析

活动方案的评析需要从活动名称、活动目标、活动准备、活动过程、活动延伸等几方面进行评价。

优点：

（1）评价活动名称：活动名称有新意，高兴和生气是一对反义词，不同的心情，可以从名称中看出主题。

（2）评价活动目标：活动目标表述清楚、具体，从幼儿角度进行表述，表述角度统一。活动目标从三维目标进行表述。

（3）评价活动准备：活动准备相对比较充分，物质准备能够满足活动需要，为活动达到目标做好铺垫。

（4）评价活动过程：

① 活动的开始部分：活动的开始部分使用直观导入方式，用声音导入，激发幼儿的学习兴趣。

② 活动的基本部分：本次活动坚持正面引导的原则，没有过多地让幼儿去回忆和体验"哭脸"所带来的不快，而是以"引发幼儿快乐"为主线，以"让小朋友们尝试表现高兴与生气的不同表情"为重点。在引导幼儿回忆生气和高兴的事情上引导得还不够。活动效果从整体来说已达到了本次活动的目的，让幼儿初步体验当把快乐带给别人的同时自己也能得到快乐。

③ 活动的结束部分：活动结束自然、流畅，更进一步升华了活动目标。

（5）评价活动延伸：活动延伸到家里，使学习目标迁移到家里。

建议：

（1）在活动准备方面，教师可以增加经验准备。例如经验准备：大部分幼儿有高兴和生气的经历。

（2）在活动过程方面，活动过程应该进一步进行整合，大标题需要进一步提炼。

（3）本活动延伸的部分，教案中延伸到家庭中，还可以延伸到日常生活中，延伸到区域活动中，延伸到环境创设中。例如：延伸到日常生活中，幼儿可以在日常生活中生气了，找老师倾诉；延伸到区域活动中，教师在区域活动中，创设一个秘密小屋，如果你生气了，可以到秘密小屋里难过一会儿；延伸到墙饰中，教师可以带幼儿一起制作发泄情绪方法的小标志，放在墙上面。

三、大班幼儿心理健康教育活动案例评析

活动方案

我永远爱你

【设计思路】

我们发现幼儿在做错事后往往会出现担心、害怕、忐忑不安的情绪。《我永远爱你》

这本绘本讲述了阿力做错事后从担心、不安到明白妈妈永远爱自己的放松的情绪变化过程。因此，借助这本绘本，帮助幼儿认识、表达做错事后的情绪，明白做错事后害怕是没用的，而要想方设法去弥补，进而促进幼儿情绪的健康发展。

【活动目标】
（1）通过阅读绘本，理解人在犯错后会有"担心、害怕、难过"等情绪。
（2）知道犯错后应诚实沟通、尽力弥补。

【活动准备】
准备PPT、绘本《我永远爱你》。

【活动过程】
1. 导入
教师出示绘本《我永远爱你》封面及前三页，以谈话形式导入。
教师：从这本书的封面上你看到了什么？熊妈妈和熊宝宝的关系如何？
设计意图：通过观察图片，感受熊妈妈和熊宝宝之间的亲昵感情，进入绘本的情境中。
小结：熊妈妈和熊宝宝相亲相爱。
鼓励幼儿联系自身将自己对爱的理解表达出来。

2. 共同阅读，理解绘本
教师：发生什么事情了？当阿力看到满地的碎片，他心里会想些什么？
（1）播放阿力打碎碗的画面。
教师：你觉得阿力会把这件事告诉妈妈吗？说说理由。
设计意图：通过观察画面、模仿阿力表情、讲述自己的相关经历，引导幼儿将自己的生活经验、事情发生时的情绪感受表达、再现出来。
教师：阿力和妈妈说打破碗的事情了吗？你是从哪里看出来的？
（2）播放阿力试探妈妈的画面。
教师：为什么阿力不直接告诉妈妈打碎碗的事情，而要说"如果"？
小结：原来阿力心里很害怕、担心，他在用"如果"试探妈妈。
教师：你从哪里看出来阿力不敢说？为什么他还是不敢说？
小结：看来阿力的心里还是有些担心、害怕、不安的。
（3）播放阿力拉着妈妈的手走进厨房的画面。
教师：现在阿力说了吗？你从哪里看出来的？
设计意图：在交流讨论中，理解、感受阿力的心理变化。
（4）播放妈妈看到碎碗的画面。
教师：当妈妈真的看到自己心爱的碗被打碎的时候，是什么反应？
教师：那阿力还敢说吗？说说理由。
设计意图：再次引发幼儿思维的碰撞，让幼儿了解犯错后产生不开心、害怕等情绪是正常的。
（5）播放妈妈将阿力抱在怀中的画面。
教师：看看妈妈还爱阿力吗？为什么？阿力的心情又是怎样的呢？
小结：原来诚实的沟通，可以获得妈妈的原谅，也可以让我们的心情不那么伤心、难过了。
教师：如果你是阿力，你会用什么办法弥补？
设计意图：鼓励幼儿在感受情绪、体验情绪之后，试着和主人翁一同想办法弥补过错、调节情绪。

【活动延伸】

将书放入图书角，供幼儿自由阅读。

活动方案评析

活动方案的评析需要从活动名称、活动目标、活动准备、活动过程、活动延伸等几方面进行评价。

优点：

（1）评价活动名称：活动名称简单易懂，直奔主题。

（2）评价活动目标：活动目标表述清楚、具体，从幼儿角度进行表述。

（3）评价活动准备：有物质准备，准备相对比较充分。

（4）评价活动过程：

① 活动的开始部分：活动的开始部分使用谈话导入，从这本书的封面上你看到了什么？熊妈妈和熊宝宝的关系如何？故事封面一般比较吸引幼儿，为引出活动内容做准备。

② 活动的基本部分：幼儿难免会犯错，犯错后容易害怕、担心、紧张，如何让幼儿理解这种情绪，并学会调节情绪，有利于幼儿情绪的健康发展。本次活动借助绘本《我永远爱你》，让幼儿体验、表达、理解做错事后的害怕、担心、不安等消极情绪，并认识到诚实地沟通、尽力地弥补才能解决问题，让自己放松下来。同时，通过绘本的阅读，幼儿观察、理解阿力的情绪变化，感知妈妈对幼儿永远的爱，有利于发展幼儿的社会性。教案设计中，教师注重引发幼儿对自己生活经历的回忆，激发他们的相关情绪体验，以帮助幼儿理解故事中主人翁的情绪变化，学习如何调解做错事之后的情绪。

③ 活动的结束部分：结束轻松自然，首尾呼应。

建议：

（1）在活动准备方面，教师可以增加经验准备。例如经验准备：大部分幼儿喜欢听绘本。

（2）本活动延伸方面，可以增加延伸的方向，延伸到日常生活中，延伸到家庭里，延伸到环境创设中。例如：延伸到日常生活中，在日常生活中，鼓励幼儿多把"爱"表达出来；延伸到家庭中，回家跟爸爸妈妈、爷爷奶奶、姥姥姥爷或者亲近的人说"我永远爱你"；延伸到环境创设中，可以在墙饰或者吊饰中加入"爱"的环境创设。

学习总结

本章主要探讨3~6岁幼儿健康领域中心理健康教育活动的目标、内容、实施等，共分为三节。第一节主要学会如何制定心理健康教育活动的目标、选择心理健康教育活动的内容以及设计心理健康教育活动。第二节主要探讨了幼儿心理健康教育活动应该遵循的原则、幼儿心理健康教育活动的方法和活动过程。而且探讨了心理健康教育活动应该注意的问题。第三节主要学会如何对小、中、大班心理健康教育活动进行评价分析。

拓展训练

以"我的情绪"为主题，设计中班健康领域中心理健康活动方案，并上传至学习通……

实践练习

1. 修改心理健康活动目标并重新书写

（1）大班心理健康领域：各种各样的害怕。

目标：

① 知道每个人都会有不一样的害怕，能面对自己的害怕，并大胆地讲述。

② 初步了解一些对付害怕的好办法。

③ 初步理解故事情节，理解故事中语言的重复性特点。

④ 让幼儿尝试叙述故事，发展幼儿的语言能力。

修改为：_____。

_____

_____

（2）中班健康领域：我一个人敢睡。

目标：

① 了解黑夜，乐意尝试一个人自己睡，并能用各种方法克服对黑夜的恐惧心理。

② 通过故事和体验，了解黑夜并不可怕，并逐渐喜欢黑夜。

③ 学习控制自己的情绪，难过或疼痛时不哭。

④ 积极地参与活动，大胆地说出自己的想法。

⑤ 学会保持愉快的心情，培养幼儿热爱生活，快乐生活的良好情感。

修改为：_____。

_____

_____

（3）中班健康领域：保持好心情。

目标：

① 在说说、画画中知道如何让不愉快的心情变好。

② 能用连贯的语言表达自己的想法。

③ 通过活动学会关心他人，萌发互相关爱的情感。

④ 学会保持愉快的心情，培养幼儿热爱生活、快乐生活的良好情感。

⑤ 让幼儿知道愉快有益于身体健康。

修改为：_____。

_____

_____

2. 简答题

（1）幼儿心理健康教育活动的设计思路有哪些？

（2）幼儿心理健康教育活动需要注意哪些问题？

（3）幼儿心理健康教育活动的实施原则有哪些？

第五章
幼儿生活自理能力教育活动的设计与指导

🌱 导学

在本章中你将会学习到幼儿生活自理能力教育活动的设计与指导策略。在幼儿生活自理能力教育活动设计中,你会学会如何制定幼儿生活自理能力教育活动的目标,包括幼儿生活自理能力教育活动的总体目标、年龄阶段目标、具体目标。同时,可以学会如何选择幼儿生活自理能力教育活动的内容,包括总体内容、年龄阶段内容、具体内容。你将会学到如何设计幼儿生活自理能力教育活动,包括如何定位幼儿生活自理能力教育活动的目标,目标如何进行表述,如何选择教学内容,最后撰写活动方案,以及活动后的反思。在探究幼儿生活自理能力教育活动的指导策略时,大家会了解到幼儿生活自理能力教育活动的实施,包括实施的原则、教学活动方法和实施过程。同时,你还会了解到幼儿生活自理能力教育活动应该注意的问题。最后,学会如何评析小、中、大班的活动方案以及教案。

📋 学习目标

通过本章的学习,你应该做到:

(1) 了解幼儿生活自理能力,掌握幼儿生活自理能力教育活动的目标、内容、实施、注意事项等。

(2) 能够根据幼儿的年龄特点,设计幼儿生活自理能力教学活动,并提升教学活动的评价能力。

(3) 提升自身的生活自理能力,形成正确的儿童观、教师观、教育观、价值观、人生观等。

🔗 思维导图

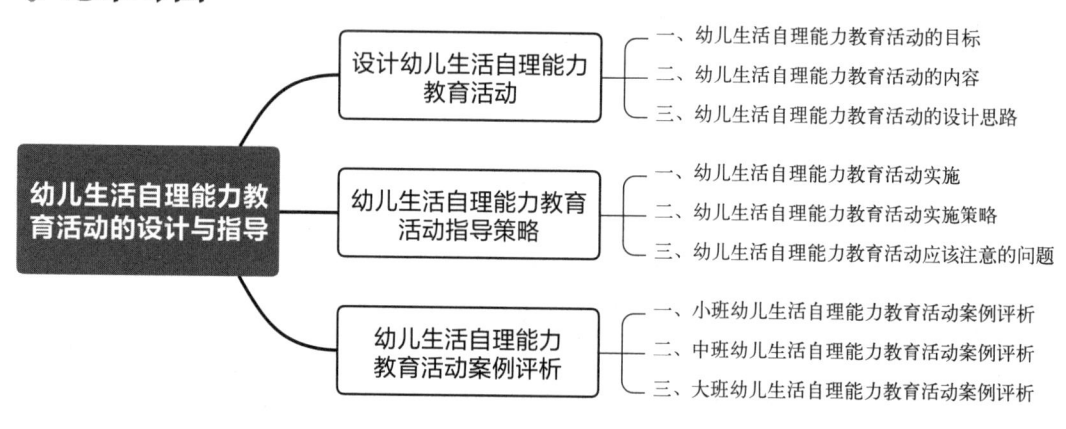

```
                          ┌─ 一、幼儿生活自理能力教育活动的目标
          ┌─ 设计幼儿生活自理能力 ─┼─ 二、幼儿生活自理能力教育活动的内容
          │   教育活动            └─ 三、幼儿生活自理能力教育活动的设计思路
          │
幼儿生活自理能力教 │                          ┌─ 一、幼儿生活自理能力教育活动实施
育活动的设计与指导 ─┼─ 幼儿生活自理能力教育 ──┼─ 二、幼儿生活自理能力教育活动实施策略
          │   活动指导策略          └─ 三、幼儿生活自理能力教育活动应该注意的问题
          │
          │                          ┌─ 一、小班幼儿生活自理能力教育活动案例评析
          └─ 幼儿生活自理能力 ──────┼─ 二、中班幼儿生活自理能力教育活动案例评析
              教育活动案例评析       └─ 三、大班幼儿生活自理能力教育活动案例评析
```

第一节
设计幼儿生活自理能力教育活动

✈ 案例导入

天气渐渐转凉,小朋友穿的衣服也渐渐增多,对于刚刚升入中班两个月的小朋友来

说，每次睡觉前的脱衣服、脱裤子，之后的叠衣服、叠裤子，睡完觉的穿衣服、穿裤子这些事情，他们觉得做不好。李老师每次在小朋友做这些事情的时候都会示范一遍，教一教小朋友，可是因为要睡觉，睡觉醒了还有其他活动，每一次都是草草收场。幼儿不会叠的还是不会，所以李老师决定组织一次关于穿脱衣服和裤子，以及自己整理衣服、裤子的活动。

要求：
（1）小组合作，设计这次活动，并展示。
（2）小组合作，用思维导图的方式总结生活自理能力教育活动的设计过程。

❖ 知识讲解

生活自理能力，简单地说就是保护自我、服务自我、照顾自我，它是一个人应该具备的最基本的生活技能。幼儿生活自理能力的形成，对促进幼儿各方面的发展都有非常重要的意义。在动手操作中，幼儿的手指灵活性、动作协调性、手眼协调一致的能力都能得到有效锻炼，其他各方面知识也能融会贯通，从而促进幼儿智力发展。幼儿生活自理能力的形成，有助于培养幼儿的责任感、自信心及自己处理问题的能力，对幼儿今后的生活将会产生深远的影响。

学前阶段是儿童自理能力和习惯形成的关键时期，这一阶段的幼儿接受能力强、可塑性大，因此也是幼儿行为习惯和自理能力形成的关键时期。由此可见，在幼儿园开展生活自理能力的教育是非常必要的。

一、幼儿生活自理能力教育活动的目标

教育活动目标是教育活动的起点和归宿，在进行教育活动之前，要认真思考教育活动的目标是什么。教育活动的目标呈现金字塔结构，最上面的是教育活动的总体目标，第二层是年龄阶段目标，第三层是具体目标。

（一）幼儿生活自理能力教育活动的总体目标

结合3~6岁幼儿身心发展的年龄特点，参照《纲要》和《指南》，幼儿生活自理能力教育活动的总体目标是：
（1）幼儿能够养成良好的习惯。
（2）幼儿能够形成基本的生活自理能力。
（3）提高幼儿健康的知识水平。

（二）幼儿生活自理能力教育活动的年龄阶段目标

幼儿的生活自理能力是一个循序渐进、不断形成的过程，需要教师和家长持之以恒，坚持下去。因为每个阶段的幼儿在认知、动作、心理等方面存在差异，所以生活自理能力在每一个年龄阶段的目标也是不同的，应该由简单到复杂，循序渐进。根据《指南》，良好的生活与卫生习惯、基本的生活自理能力目标如表5-1和表5-2所示。

良好的生活习惯有助于帮助幼儿养成健康的身体，对幼儿来说非常重要。同时《指南》中还建议：让幼儿保持有规律的生活，养成良好的作息习惯，如早睡早起、每天午睡、按时进餐、吃好早餐等。

表5-1　良好的生活与卫生习惯

年龄	良好的生活与卫生习惯
3～4岁	（1）在提醒下，按时睡觉和起床，并能坚持午睡。 （2）喜欢参加体育活动。 （3）在引导下，不偏食、挑食。喜欢吃瓜果、蔬菜等新鲜食品。 （4）愿意饮用白开水，不贪喝饮料。 （5）不用脏手揉眼睛，连续看电视等不超过15分钟。 （6）在提醒下，每天早晚刷牙、饭前便后洗手
4～5岁	（1）每天按时睡觉和起床，并能坚持午睡。 （2）喜欢参加体育活动。 （3）不偏食、挑食，不暴饮暴食。喜欢吃瓜果、蔬菜等新鲜食品。 （4）常喝白开水，不贪喝饮料。 （5）知道保护眼睛，不在光线过强或过暗的地方看书，连续看电视等不超过20分钟。 （6）每天早晚刷牙、饭前便后洗手，方法基本正确
5～6岁	（1）养成每天按时睡觉和起床的习惯。 （2）能主动参加体育活动。 （3）吃东西时细嚼慢咽。 （4）主动饮用白开水，不贪喝饮料。 （5）主动保护眼睛。不在光线过强或过暗的地方看书，连续看电视等不超过30分钟。 （6）每天早晚主动刷牙，饭前便后主动洗手，方法正确

表5-2　基本的生活自理能力

年龄	基本的生活自理能力
3～4岁	（1）在提醒下，饭前便后能洗手。 （2）在帮助下能穿脱衣服或鞋袜。 （3）能将玩具和图书放回原处
4～5岁	（1）饭前便后能主动洗手，方法正确。 （2）能自己穿脱衣服、鞋袜，扣纽扣。 （3）能整理自己的物品
5～6岁	（1）能知道根据冷热增减衣服。 （2）会自己系鞋带。 （3）能按类别整理好自己的物品

帮助幼儿养成良好的饮食习惯。如：合理安排餐点，帮助幼儿养成定点、定时、定量进餐的习惯。

帮助幼儿了解食物的营养价值，引导他们不偏食、不挑食，少吃或不吃不利于健康的食品，多喝白开水，少喝饮料。

吃饭时不过分催促，提醒幼儿细嚼慢咽，不要边吃边玩。

帮助幼儿养成良好的个人卫生习惯，如：早晚刷牙、饭后漱口。

勤为幼儿洗澡、换衣服、剪指甲。

提醒幼儿保护五官，如不乱挖耳朵、鼻孔，看电视时保持3米左右的距离等。

激发幼儿参加体育活动的兴趣，养成锻炼的习惯，如：为幼儿准备多种体育活动材料，鼓励他选择自己喜欢的材料开展活动。经常和幼儿一起做户外运动和游戏，鼓励幼儿和同伴一起开展体育活动。和幼儿一起观看体育比赛或有关体育赛事的电视节目，培养他对体育活动的兴趣。

生活自理能力不仅能帮助幼儿养成良好的习惯，而且有助于幼儿个性的形成。《指南》中给出了教育的建议：

（1）鼓励幼儿做力所能及的事情，对幼儿的尝试与努力给予肯定，不因做不好或做得慢而包办代替。

（2）指导幼儿学习和掌握生活自理的基本方法，如：穿脱衣服和鞋袜、洗手洗脸、擦鼻涕、擦屁股的正确方法。

（3）提供有利于幼儿生活自理的条件。如：提供一些纸箱、盒子，供幼儿收拾和存放自己的玩具、图书或生活用品等。

（4）幼儿的衣服、鞋子等要简单实用，便于自己穿脱。

（三）幼儿生活自理能力教育活动的具体目标

具体目标是目标的最小单位，是每一次具体心理健康教育活动的目标。根据布鲁姆的三维目标体系，教育活动的目标可以按照认知、能力、情感三个方面进行设计。例如在年龄阶段目标中，小班3~4岁的年龄阶段目标之一是"在帮助下能穿脱衣服或鞋袜"。为了帮助幼儿达到此目标，除了一日生活中的睡眠环节和外出活动环节外，设计专门的教育活动也是必不可少的内容。例如教师需要将这一目标进行细化。例如"在帮助下能穿脱衣服或鞋袜"分解成"在帮助下能穿脱衣服"和"在帮助下能穿脱鞋袜"两部分，每一部分还可以继续分解成更为具体的目标。例如"在帮助下能够穿脱衣服"分解成"在帮助下能够穿脱上衣"和"在帮助下能够穿脱裤子"这两部分目标。教师可以设计"穿衣小能手"等活动来完成"在帮助下能够穿脱上衣"的目标。目标"在帮助下能够穿脱鞋袜"可以分解为"在帮助下能够穿脱鞋"和"在帮助下能够穿脱袜子"两部分目标。教师可以设计"鞋子大挑战"等教学活动来完成"在帮助下能够穿脱鞋子"的目标。针对中班4~5岁的年龄阶段目标"能整理自己的物品"，除了在一日生活中进行外，也可以组织专门的教学活动。自己的物品在幼儿园中主要包括幼儿的衣物、书包、餐具等，所以"能整理自己的物品"可以分解为"能够整理自己的书包""能够整理自己的衣物"和"能够整理自己的餐具"等。教师可以设计"叠衣服大比拼""我的书包我做主""我干净的餐具"等教育活动实现目标。对于大班年龄阶段目标"能按类别整理好自己的物品"，在中班"能够整理自己的物品"的基础上，加大难度，按照分类来进行整理。例如在整理餐具时，可以按照勺子、餐盘、碗等分类来整理。

具体目标在设计时需要注意认知、能力、情感这三个方面。例如，小班健康领域活动"穿衣活动小能手"的活动目标为：

（1）认知目标：学会正确地穿脱套头衣服和开衫衣服。

（2）能力目标：能够在教师的指导下穿脱套头衣服和开衫衣服。

（3）情感目标：养成自己穿脱衣服的好习惯。

中班健康领域教育活动"我的书包我做主"的活动目标为：

（1）认知目标：学会整理自己的书包。

（2）能力目标：能够在教师的引导下整理自己的书包。

（3）情感目标：养成自己独立整理书包的好习惯。

大班健康领域教育活动"餐具分分看"的活动目标为：

（1）认知目标：学会按勺子、餐盘、碗进行分类。

（2）能力目标：能够分类放回餐具。

（3）情感目标：养成分类放回餐具的好习惯。

二、幼儿生活自理能力教育活动的内容

《指南》中关于生活自理能力部分主要有良好的生活与卫生习惯和基本的生活自理能

力两部分。

（一）幼儿生活自理教育活动的总体内容

（1）良好的生活与卫生习惯：睡眠习惯、体育活动、进餐习惯、饮水习惯、盥洗习惯、玩具整理习惯等。

（2）基本的生活自理能力：独自盥洗、穿脱衣服、穿脱袜子、系鞋带、独自整理自己的物品。

（二）各年龄班的主要学习内容

1. 小班

（1）良好的睡眠习惯：能够在教师的指导或者提醒下，有顺序地穿脱衣裤、鞋袜，有将脱下的衣裤、鞋袜放在固定位置的习惯。自然、安静地入睡，用正确的睡眠姿势午睡。

（2）良好的体育运动习惯：愿意参加体育活动，在教师的引导下完成一些动作。

（3）良好的进餐习惯：掌握用小勺子吃饭的方法，不包饭、不含饭、不挑食、不撒饭，进餐时不东张西望，进餐后能够将餐具放回，并用纸巾擦干嘴巴。

（4）良好的饮水习惯：愿意饮用白开水，在日常生活中主动饮水，养成经常喝水的好习惯。不贪喝饮料。

（5）良好的盥洗习惯：知道饭前、便后及户外活动后应该洗手，掌握正确的洗手方法，会用肥皂将手心、手背、指间洗干净，并注意随手关紧水龙头，会用毛巾将手、脸擦干净；知道正确刷牙的方法，并初步学会刷牙。

（6）如厕习惯：主动告诉教师要如厕，自己如厕，并学习穿脱衣裤的方法。

（7）玩具整理习惯：在成人的提醒下能够将玩具归回原位。

2. 中班

（1）良好的睡眠习惯：能够独立地穿脱衣服、裤子、鞋袜，会扣纽扣，养成入睡前将衣裤放在固定位置的习惯，入睡、起床时不吵闹，分清左右脚鞋子，入睡前将鞋子摆放整齐。坚持午睡。

（2）良好的体育运动习惯：喜欢参加体育活动。

（3）良好的进餐习惯：正确使用筷子进餐，进餐时细嚼慢咽，具备较好的进餐姿势，餐后能记住擦净嘴巴，养成收拾餐具的习惯。

（4）良好的饮水习惯：能够坚持在日常生活中喝白开水的习惯，经常喝白开水。

（5）良好的盥洗习惯：掌握正确的刷牙方式，并能够做到每日早晚刷牙。能够做到用肥皂正确地洗手，并用正确的方式擦手、嘴，会自己洗手。

（6）如厕习惯：根据自己的需要如厕，如厕后能自己擦屁股，能够自己整理衣裤。

（7）玩具整理习惯：能够在玩完玩具时主动将玩具放回原处，养成整理玩具的习惯。

3. 大班

（1）良好的睡眠习惯：入睡、起床时不吵闹，迅速、有序地穿脱衣服，能够单独或与同伴合作，较熟练地整理床铺。

（2）良好的体育运动习惯：喜欢参加体育活动。

（3）良好的进餐习惯：正确使用筷子进餐，进餐时细嚼慢咽，具备较好的进餐姿势，餐后能记住擦净嘴巴，养成分类收拾餐具的习惯。

（4）良好的饮水习惯：能够根据自身的需要坚持在日常生活中喝白开水的习惯，经常喝白开水。

（5）良好的盥洗习惯：掌握正确的刷牙方式，并能够做到每日早晚刷牙。能够做到用肥皂正确地洗手，并用正确的方式擦手、嘴，会自己洗手。

（6）如厕习惯：根据自己的需要如厕，如厕后能自己擦屁股，能够自己整理衣裤。

（7）玩具整理习惯：能够在玩完玩具时主动将玩具放回原处，养成整理玩具的习惯，并有清洁环境的意识。

（三）幼儿生活自理能力教育活动的具体内容

幼儿生活自理能力方面的教学活动在幼儿园中并不经常组织，更多的是渗入一日生活的各个环节中。在本项目中，搜集和整理了一些资料，以供同学们进行选择。

（1）小班生活自理能力具体教学活动包括以下几个方面：

① 良好的睡眠习惯："睡觉身体好"等。

② 良好的体育运动习惯："我爱运动""小毽子"等。

③ 良好的进餐习惯："自己吃饭"等。

④ 良好的饮水习惯："口渴了，怎么办""喝水""多喝白开水"等。

⑤ 良好的盥洗习惯："小手真干净"等。

⑥ 如厕习惯："我要便便"等。

⑦ 玩具整理习惯："小手真能干""送玩具宝宝回家"等。

⑧ 良好的自我服务习惯："穿鞋子""穿袜子""多种多样的鞋子""我是能干的小宝贝""自己穿衣服""左鞋右鞋碰一碰""我会叠毛巾""我会自己穿鞋子""袜子对对碰"等。

（2）中班生活自理能力具体教学活动包括以下几个方面：

① 良好的睡眠习惯："起床""为什么要睡觉"等。

② 良好的体育运动习惯："运动身体好"等。

③ 良好的进餐习惯："小花熊和小黑熊""我能自己吃饭""我会用筷子吃饭"等。

④ 良好的饮水习惯："好玩的水""水世界"等。

⑤ 良好的盥洗习惯："养成卫生好习惯""我爱洗脸"等。

⑥ 如厕习惯："谁的便便""如何擦屁股"等。

⑦ 玩具整理习惯："送玩具宝宝回家"等。

⑧ 自我服务习惯："自己的事情自己做""我会系纽扣""我是生活小主人""一件纽扣衣服""我爱擦桌子""我会叠衣服""我会叠裤子"等。

（3）大班生活自理能力具体教学活动包括以下几个方面：

① 良好的睡眠习惯："整理床铺""我会叠被子"等。

② 良好的体育运动习惯："擦掉小汗珠""运动我快乐"等。

③ 良好的进餐习惯："我会夹豆子""我会收拾餐具"等。

④ 良好的饮水习惯："我爱喝水""什么水能喝"等。

⑤ 良好的盥洗习惯："我爱洗头发""我爱洗澡""我会剪指甲"等。

⑥ 如厕习惯："我会自己上厕所"等。
⑦ 玩具整理习惯："自理能力我最棒""玩具各回各家""我自己会整理"等。
⑧ 自我服务习惯："及时穿脱衣服""自己的事情自己做""我自己来""收拾书包我最棒"等。

三、幼儿生活自理能力教育活动的设计思路

(一) 确定活动目标

幼儿教育活动的目标，不管是显性目标，还是隐性目标，都是教育活动的导向，决定着教育活动的性质。幼儿教育活动目标是幼儿教育活动预期结果的标准和期盼。幼儿教育活动目标的实现，为的是包含该教育活动在内的幼儿园课程的目标实现，换而言之，幼儿教育活动目标是幼儿园课程目标的下位目标，与幼儿园课程目标存在着内部的关联，是实现上位目标必不可少的承载体。

1. 生活自理能力教育活动的目标设计依据

生活自理能力教育活动目标的制定要依据幼儿健康教育活动的总体目标、年龄阶段目标的要求，又要结合本班幼儿的身心发展年龄特点及规律。以幼儿健康教育活动的总体目标为导向，结合本班幼儿的年龄发展及实际水平，以及实际需要解决的问题，依据"最近发展区"原则，为幼儿设计超越其现有发展水平的目标，经过教师的指导，使幼儿超越其现有"最近发展区"而进入下一个"最近发展区"。

生活自理能力教育活动目标要依据幼儿的身心发展水平，对本班幼儿身心发展水平的判断是建立在长期对班级身心发展水平的观察、调查基础上的客观分析，避免自己的主观臆断。如果是新入职的教师，可以在《指南》的基础上参考班级幼儿在教学活动中的表现，以及以往的评价表。同时，教师要全面把握幼儿身心发展的年龄阶段的一般特征和规律，又要清楚知道本班幼儿在心理健康方面的整体水平和兴趣需要。

教师在一日生活中应注意观察，因为生活自理能力主要体现在对自我的服务上，幼儿在哪些方面没有达到一般水平，教师应该进行记录。例如班级大部分幼儿不会自己穿衣服，不会自己系鞋带，不会自己叠被子，不会把玩具从哪里拿来送回哪里去，教师应该组织专门的教育活动，使全班幼儿得到整体提高。那么教师就很容易找到本班幼儿组织教学活动应该达到的目标。所以教师要做到心中有总体年龄阶段目标，眼中有幼儿现有阶段发展水平，才能制定出符合本班年龄特点的教育活动目标。

教学活动目标的制定不可过高或者过低。如果过高，例如让小班幼儿独立完成系鞋带的任务，幼儿由于自身手部精细动作的发展，是没有办法完成如此高难度的目标的，就会有挫败感。如果目标制定过低，低于幼儿身心发展水平，例如在大班制定让幼儿独立穿袜子的目标，幼儿大部分已经会了，再制定此目标幼儿很容易达成，但是也会觉得没有挑战性，失去活动的积极性，本身生活自理水平也没有得到提高。

2. 幼儿生活自理能力教育活动目标的表述

（1）幼儿生活自理能力教育活动目标的表述形式　在编写教学目标时，我们仍然用布鲁姆的三维目标体系，即认知、情感、能力。编写认知目标一般用的动词有：知道、学会、说出、复述、描述、归纳、叙述、分类、比较、总结等。编写情感目标一般用的动词

有：愿意、喜欢、乐意等。编写能力目标一般用的动词有：系、穿、整理、扣上等。例如，某中班组织"我会扣纽扣"活动中，认知目标表述为"知道扣纽扣的方法"，情感目标表述为"喜欢自己独立扣纽扣，愿意参与活动"，能力目标表述为"能够在教师的指导下完成独立扣纽扣的任务"。

（2）幼儿生活自理能力教育活动目标的表述要求

① 目标表述涵盖面要广　　教育活动目标应包括知识的学习、能力的培养和情感态度方面的要求。当然，一次教学活动的目标虽然有所侧重，但是尽量要考虑包含三方面目标，将幼儿各个方面的成长都考虑进去。例如在"我会叠被子"的教学活动中，目标表述如下。a. 认知目标：理解叠被子的重要性。b. 能力目标：能够初步掌握叠被子的方法，独立叠被子。c. 情感目标：愿意参与叠被子活动，感受自我服务活动的快乐。如果这个教学活动只设计两个教学活动目标，即认知和能力目标，那么教师在教学活动中就可能忽略幼儿的情感体验，而幼儿的情感体验对幼儿来说是非常重要的，有助于幼儿心理的健康。涵盖面广并不是目标设计得多，多不等于广。例如小班自理能力教学活动"我会拉拉链"的教学目标为：a. 初步学习拉拉链，发展手指小肌肉动作；b. 乐意参加活动，感受自理的乐趣。虽然是两个目标，但是第一个目标涵盖了认知和能力，也是可以的。大班生活自理能力教育活动"及时穿脱衣服"的教学目标为：a. 初步懂得身体的冷热与穿脱衣的关系，并知道及时穿脱衣服能预防感冒生病这一基本卫生常识；b. 活动中，能根据身体的冷热及时地穿脱衣服，提高生活能力；c. 了解主要症状，懂得预防和治疗的自我保护意识；d. 初步了解健康的小常识；e. 学会保持愉快的心情，培养幼儿热爱生活、快乐生活的良好情感。一共五条目标，目标设计过多，涵盖面也包含认知、能力、情感，应该进行整合，找出主要目标。设计过多的目标在一次教学活动中不易完成。

② 目标表述的角度要统一　　教育活动包含了教师的"教"和幼儿的"学"两方面的互动，那么，在表述活动目标时，我们既可以从教师的教这一角度出发确定活动目标，表述教师期望通过教育活动帮助幼儿获得的学习结果；也可以从幼儿的学这一角度出发，指出幼儿在学习以后应该知道的和能够做的表现。因为目前对幼儿主体性的关注，所以在表述上一般采用从幼儿发展目标出发，指出幼儿在学习以后应该知道的和能够做到的表现。通常用"学会……""知道……""喜欢……""愿意……""感受……""能够……"等表述幼儿的发展目标，这种表述方式可使教师把关注点更多地放在幼儿的学习和发展上，从幼儿行为的变化中观察他们的发展状况。

例如：小班生活自理能力教育活动"我自己来"中的目标表述为：

a. 培养幼儿生活自理能力。

b. 让幼儿学习简单的穿、脱衣服的方法。

c. 感受到活动的趣味性。

第一个目标中的"培养"是从教师角度培养了孩子什么。第二个目标是"让……"，也是从教师的角度让幼儿怎么样。第三个目标是"感受……"，是幼儿感受到了什么，是从幼儿的角度进行表述的。所以三个目标角度不统一，最好都以幼儿为主体，从幼儿的角度进行表述。

修改为：

a. 萌发生活自理能力的意识。

b. 能够用简单的方法穿脱衣服。

c. 愿意参与活动，感受自己穿衣服的快乐。

③ 目标表述的内容要具有可操作性，避免过于笼统、概括或抽象 从幼儿园目标体系来看，从低到高，各个层次目标越来越抽象、概括、笼统，作为最具体、最底层的幼儿教育活动目标，其特点就是具体、明确，具有可操作性，否则就丧失了其作用。

清晰明确的目标表述可使人一目了然，每一条目标均是单独的内容，目标之间没有交叉和重复，因此要求在目标表述时要注意认知、能力、情感三方面的内容尽量分别阐述，避免交叉混杂。

例如，大班生活自理能力教育活动"我会自己穿鞋子"的教育目标为：

a. 掌握正确地穿上自己鞋子的方法，分清左和右。

b. 能够自己独立穿上鞋子。

c. 养成独立自理的好习惯，自己的事情自己做。

在此次活动的教育目标中，目标三就过于笼统，独立的习惯有很多，应该针对本次活动中的穿鞋子。

修改为：

a. 掌握正确地穿上自己鞋子的方法，分清左和右。

b. 能够自己独立穿上鞋子。

c. 养成独立穿鞋子的好习惯，自己的事情自己做。

（二）选择活动内容

教育活动内容是实现教学活动目标的载体和对象，与教育活动目标紧密相连。对幼儿园教学活动内容的分析应以教育活动目标为基础，旨在规定幼儿学习的范围，深度并揭示学习内容各组成部分的关系，以保证达到教学最优化的效果。关于生活自理能力的教育活动内容在前面我们已经介绍过了。这里主要探讨生活自理能力教育活动具体内容的来源以及如何进行选择的问题。

1. 来源于生活

幼儿园教育活动的内容主要来源于幼儿周围的生活，生活自理能力教育活动的内容大部分是来源于幼儿的生活，幼儿在生活中，需要掌握服务自己的能力。例如生活中的进餐，教师发现有的幼儿没有良好的进餐习惯，如边吃边玩、挑食严重等；在生活中的睡眠环节，教师发现有的小朋友睡眠姿势不正确，或者不愿意睡觉等问题；在生活中的饮水环节中，发现有的小朋友不爱喝白开水等问题；在生活中的自我服务中，不会穿衣服、穿裤子，不会系鞋带、扣纽扣等；在如厕环节中，不会自己擦屁股等。这些都是教师从生活中发现的问题，教师可以选择这些内容作为教学活动。当然，这些是出现的问题，教师也可以根据幼儿在相应的年龄段应该学会的自我服务的能力，组织相应的内容。例如幼儿在中班开始需要学会用筷子吃饭，教师可以在刚入中班就以"我认识的筷子"作为教学活动内容。

总之，生活自理能力基本都需要来源于生活，在生活中促进提高。

2. 来源于目标

生活自理能力的教学活动内容除了来源于生活外，还需要教师掌握此年龄阶段幼儿自理能力的水平，需要知道教学活动目标，利用教学活动目标来选择教学活动内容。教学目标确定后，教师要围绕目标设计相应的教学活动内容，要知道内容是为了完成目标，是目标的载体。

例如中班生活自理能力的年龄阶段目标中有"能自己穿脱衣服、鞋袜，扣纽扣"这一年龄阶段目标，如果选择了"能自己扣纽扣"这一目标，就要围绕这一目标安排活动内容。例如可以安排关于扣纽扣的故事，也可以安排扣纽扣的儿歌、教师示范扣纽扣的方法、幼儿练习扣纽扣、和幼儿一起玩扣纽扣的游戏等内容。

3. 来源于幼儿的需要

生活自理能力教学活动的目的在于提高幼儿自我服务的能力，这是幼儿必须学会的内容，"自己的事情自己做"是我们追求的目标。所以幼儿需要这些教学内容，达到自我服务的水平。这些内容可能不是幼儿感兴趣的内容，但是教师需要激发幼儿的学习兴趣。

4. 来源于已有的材料

已有的材料包括已有的教材、活动方案、资源等。目前有各种版本的教育活动设计提供关于健康领域生活自理能力方面的内容给教师，包括优秀教材、教师自己多年的教育积累中也不乏一些成功的活动案例，特别是新入职的教师，需要从成功的活动方案中学习，这是一种好方法。但是不要出现全部照搬的情况，因为成功的教育活动方案所针对的幼儿并不是我们本班级的幼儿，在生活自理能力方面会有差距。教师需要根据本班幼儿的年龄特点、自己所有的教育资源等，合理吸收。如果直接拿来使用的话，是不利于自己的专业成长的，同时对幼儿来说，也没有获得成长。

（三）撰写活动方案

在制定好教学目标、选择好教学内容后，就要撰写活动方案，即教案了。生活自理能力教育活动的教案包括：活动名称、活动目标、活动准备、活动过程、活动延伸五部分。活动名称简明扼要，富有吸引力，同时要包括领域、班级等元素。活动目标包含三维目标，以幼儿角度进行陈述。活动准备包括经验准备和物质准备，是组织好教学活动的有力保障，要把需要用的物品都写上。活动过程各个环节循序渐进，动静结合，实现教学目标。活动延伸是教育活动的延续，可以延伸到区角、家庭、接下来的活动等，也是目标的巩固。

（四）活动后的反思

心理健康教学活动结束后，教师要进行教学反思。反思是非常有益的，它可以帮助教师总结在活动中孩子的表现、教师的行为、教学的方法是否合适、教学的内容是否适合、存在的问题是什么等。活动反思是教师自我成长重要的方式，教师在组织完教学活动时，需要反思自己的教学，好的地方有哪些，可以进一步改进的地方有哪些，做好记录。每次活动后的反思对教师的专业成长是非常有益的，然后教学反思又是大部分教师容易忽略的。人们总是认为我终于把这个活动组织完了，不想再去探讨了，但是如果里面出现的问题没有及时找到解决的办法，会影响以后的教学活动，时间久了之后，就会形成教师固有的思维，对专业成长极为不利。

第二节
幼儿生活自理能力教育活动指导策略

案例导入

小李老师在幼儿午睡时发现了幼儿各种不同的睡姿，有的含手指头，有的用被子蒙着头，有的趴着睡觉等，不良的睡姿不仅不利于幼儿的身体健康，而且存在一定的安全隐患。

要求：

（1）小组合作，设计教学活动来帮助幼儿改掉不良的睡眠姿势，形成良好的睡眠习惯。

（2）小组合作，用思维导图的方式来总结幼儿自理能力的实施。

知识讲解

一、幼儿生活自理能力教育活动实施

（一）幼儿生活自理能力教育活动设计的原则

1. 全面性原则

幼儿全面发展的培养目标要求在实施每个具体的教育时，从内容、形式和方法上都要考虑全面性问题。第一，幼儿全面发展的培养目标明示我们在处理生活自理教育和其他教育活动之间的关系时，不能顾此失彼，切忌只重视知识的灌输，而忽略习惯的养成。第二，全面性原则要求教师在实施生活自理能力教育时，要做到内容、形式、方法的全面。内容全面是指凡是可以使幼儿形成良好生活自理习惯的途径、形式，教师都应该采用；形式全面是指活动采用多种形式，培养幼儿的自理能力；方法全面是指教师要开拓思路，结合幼儿的年龄特点和发展水平，综合利用多种方法不断培养、强化幼儿的生活自理能力。

2. 主体性原则

教师要持有正确的儿童观、教育观、教师观，以幼儿为主体。第一，任何健康内容的教育都必须以幼儿的年龄特点和发展水平为依据，教师要认识和尊重幼儿在健康教育活动中的主体地位，改变把幼儿当作管理对象的观点。第二，《纲要》指出，教师要成为幼儿学习活动的支持者、合作者、引导者。教师要直接和间接地指导活动，引导和组织幼儿积极主动地参加活动的准备、实施、评价等过程，发挥其主体作用。

3. 安全性原则

生活自理能力的提高，与一些特定的环节和物体有关。由于幼儿安全意识薄弱，动手能力较差，在饮食、睡眠、饮水等环节中，教师在组织活动时要注意排除安全隐患，强调注意事项，重视幼儿安全问题。例如在组织幼儿自理能力活动"我会穿裤子"的活动中，要示范正确的穿裤子方法，避免出现跌倒等情况。

4. 示范性原则

示范性是指教师应该进行正确的示范,例如穿衣服、穿鞋、穿袜子、穿裤子、系扣子、系鞋带、叠被子等,都需要教师进行正确的示范,幼儿进行操作练习,才能逐步独立自主完成。教师在进行示范时,注意示范的统一性,也就是每次示范时顺序是一样的,要求也是一样的,避免幼儿在刚开始养成习惯时出现混乱。

5. 思想性原则

思想性原则是指教师在教育活动中,应注意培养幼儿对待周围事物的正确态度,并结合幼儿的思想实际,有意识地、自然地对幼儿进行思想品德教育。生活自理能力需要教师引导幼儿有自己的事情自己做的思想,教师在各项自理能力培养的过程中,应该注意此项原则。

6. 科学性原则

科学性原则是指向幼儿传递的知识观点、技能等应该是正确的,是符合客观规律的,并帮助幼儿正确认识客观事物,形成正确的观点。

运用科学性原则应该注意的问题:

(1)选择适合幼儿年龄特点的自理活动内容,超越年龄特点的内容幼儿是没有办法独立完成的。

(2)活动设计要合理,符合循序渐进、逐步提高的要求。

(3)活动的组织过程要科学合理。

7. 发展性原则

发展性原则是指幼儿园的教学活动内容要能促进幼儿个性的全面发展,即智力、体力、道德、意志、情感等的发展,使幼儿从现有的发展水平向最近发展区发展。

发展性原则应该注意的问题:

(1)生活自理能力内容要选择在幼儿自理的基本能力上,促进其提高的内容。

(2)教学内容安排的系统性。

(3)注意因材施教。

8. 巩固性原则

习惯的养成需要长期坚持一贯性原则,不断在日常生活中重复,这样技能才能得到巩固提高。因此,教学活动应与一日生活整合、互补。生活自理能力的培养要符合大脑皮层的动力定型原则,将内部和外部的各种因素作为条件刺激,重复多次刺激大脑皮层,并不断强化,使大脑皮层上的兴奋和抑制过程在空间和时序上的关系固定下来,因而,条件反射的出现愈来愈恒定和精确,即形成动力定型。穿衣服、叠被子、系鞋带、整理玩具等,都需要在教学活动中形成大脑皮层的动力定型,也是习惯养成非常重要的原则。

(二)幼儿生活自理能力教育活动的方法

幼儿生活自理能力教育方法的选择,既要基于不同教学方法的特点,又要考虑幼儿的年龄特征。常用的方法如下:

1. 示范讲解法

幼儿对于身体保护和生活自理能力等习惯的正确与否没有正确的概念。示范法为幼提供了可模仿的对象，是幼儿模仿学习的主要方法，也是幼儿掌握技能和良好行为的主要方法。讲解则是教师通过规范、准确、生动的语言，使幼儿掌握生活常识。教师在运用示范讲解法时应注意以下几点：考虑幼儿的年龄特点，讲解要与示范相对应；讲解的语言要通俗易懂、生动形象，注意语速、语调和语气，演示时一般要借助辅助手段，示范时要注意位置、方向、速度和准确性等。

2. 表扬奖励法

表扬与奖励是对幼儿正确的言行给予肯定的一种方法。这种方法能调动幼儿的积极性，得到表扬和奖励的幼儿感到愉快和满足，强化、巩固了其良好行为，同时也给其他幼儿树立了正面的榜样，激发他们向榜样学习的愿望。表扬和奖励的方式很多，如教师亲切的目光、微笑、点头、拥抱、称赞的语言，给予幼儿荣誉、权利或物质奖励等。在表扬和奖励幼儿时要注意做到适时适当、公正合理，注意每个孩子在原有基础上的进步，如幼儿自己扣上扣子，但位置却扣错了。我们首先肯定幼儿的独立意识，表扬他："真能干，能自己扣上扣子。"接着纠正："只是一颗小扣子进错了门，重新扣一次好吗？"使幼儿产生良好情绪，提高自信心。

3. 行为练习法

行为练习法是指幼儿反复练习已经学过的技能和行为，以加深对某个技能或行为的理解和掌握，从而形成稳定行为习惯的方法。该方法是幼儿形成良好生活自理能力最主要的方法。盥洗、穿脱、整理衣物等生活技能都需要幼儿在不断练习中加以巩固强化，这样才能形成稳定的行为习惯。练习时要求教师能结合幼儿的实际情况，有目的地逐步提高要求，并且注意形式的多样性、趣味性。对于较为复杂的生活自理能力分解成若干个小步骤，然后按照先后顺序分步骤地让幼儿学习。

4. 比赛教学法

比赛教学法是在比赛的条件下，按统一的比赛规则和以最大强度来完成练习的一种教学方法。其具有鲜明的竞争性，使队员在紧张状态下，精神高度集中，最大限度地表现出自己的能力，从而促进幼儿全面提高。比赛教学法不适用于小班，适用于中班和大班，是幼儿比较喜欢的一种方法。在运用比赛法时，教师要特别注意，不能过度强调胜负的重要性，巧妙处理比赛的输赢。陶行知说过"唤兴味起"。学生有了兴趣，就肯用全副精神去做事情，所以"学"和"乐"是不可分离的。喜欢游戏是孩子的天性，他们喜欢在有趣的活动中接受教育。在他感兴趣的游戏活动中，幼儿能按照一定的要求，约束自己不良的行为，控制自己不扰乱规定的生活习惯，同时很好地学习了自理方法。

组织相关的生活技能比赛，例如，比赛叠被子、系鞋带、给布娃娃穿衣服等等。这样既结合了幼儿的兴趣，增加教育活动的趣味性，又有利于幼儿生活自理能力的培养。在班上可以创设"能干的一双手"专栏，根据幼儿自理能力、技能掌握的情况进行分项评比，如穿衣、扣纽扣、穿鞋袜、取放茶杯、吃点心、洗手、整理玩具、叠被子等。每项内容用具体图画表示，如取放茶杯用一个杯子的图片表示，并逐条向幼儿讲述要求。达到某项要求的幼儿，可在相应的地方得到一个五角星，谁得到的五角星多，就证明谁的小手最能干。通过有表扬的评比，会激励幼儿更乐意参加自我服务活动，更努力地去学习生活技能。

5. 作品感染法

作品感染法是指利用幼儿喜爱的文学艺术作品（主要是故事、儿歌、诗歌、木偶表演等），潜移默化地影响他们的健康知识、态度和行为，使之养成良好的行为习惯，例如，儿歌《穿衣歌》、故事《大公鸡和漏嘴巴》、木偶表演《小羊请客》等都对培养幼儿良好的行为习惯起着很好的教育作用。

6. 环境熏陶法

《纲要》指出："环境是重要的教育资源，应通过环境的创设和利用，有效地促进幼儿的发展。"因此，幼儿园在对幼儿进行生活自理能力教育时，可以通过创设具有教育意义的物质环境，潜移默化地引导幼儿的日常生活行为朝着正确的目标不断改善。例如，在如厕时，在墙面上用男孩、女孩的标记标示出男孩、女孩的如厕区域；地面上用小脚印暗示幼儿人多时排队如厕的"秩序规则"；水龙头上方张贴有洗手步骤图，暗示幼儿正确的洗手方法；蹲坑两侧的地面贴有小脚印，暗示幼儿踩在小脚印上，大小便时便不会弄到外面。

此外，安全、温馨的班级心理环境和幼儿教师文明的言行举止都有助于幼儿形成良好的行为习惯。

7. 情境案例法

创设生活化的操作环境，充分利用区角游戏活动，努力开创"生活角"内容，积极提供幼儿所需要的生活操作材料。如打开小包包：在生活的品尝角内，提供各种不同的包装食品，让幼儿自己尝试打开，激发幼儿自己动手的兴趣。如喂娃娃吃饭：在生活的动手角内，提供动物娃娃、小匙、碗、不同材料的食物等，让幼儿喂动物娃娃吃饭，让幼儿在喂食中觉得自己长大了，从而培养幼儿自己吃饭的习惯。又如"我给娃娃穿新衣"的活动中：在生活的帮助角内，提供了漂亮的娃娃和不同款式的衣服，有纽扣、拉链等供幼儿自由取用，让幼儿在自主操作中锻炼技能。

小班幼儿好动、喜欢摆弄、注意力和兴趣及持久性比较差，任何一种习惯的养成与能力的培养，都要通过反复操作才能起效。案例中教师试图通过创设生活化的操作环境帮助他不断积累经验、提高能力。生活化的操作材料，突出了幼儿的兴趣特点，满足了幼儿的活动需要，使幼儿在愉快地摆弄中，发展了动作、体验了成功、锻炼了能力。

8. 游戏法

如"给小猫洗脸""给布娃娃穿新衣"等，用拟人手法来构思情节，巩固生活技能。例如天气冷时，幼儿睡觉前要自己脱衣裤，对于这些家里的"小皇帝"们来说是有困难的。在日常活动中，我发现幼儿非常喜欢玩小汽车，喜欢学爸爸的样子开汽车，由此，我设计了"小火车钻山洞"的游戏，使幼儿愿意动手尝试。我找来了一些五颜六色的大裤子（方便幼儿穿脱），让幼儿先来看看"山洞"里可以看到些什么，幼儿说可以看到自己的同伴、看到老师、看到玩具。接下来，我就让幼儿"钻山洞"，边钻边说："小火车钻山洞，一下钻进去了，又一辆小火车钻进山洞……火车到站了，大家都起来，要出去走走了。"于是幼儿就站起来，屁股扭一扭，把裤子提一提，在边玩边学中完成了穿裤子的任务，从而提升了他们的自理能力。

总之，幼儿生活自理教育活动的方法是多样的，除以上方法外，还经常采用情境表演法、感知体验法等。在开展具体活动时，应注意综合运用多种方法，并根据幼儿的情况、活动的不同内容和组织形式等条件的不同加以灵活运用。

知识加油站

1. 穿套衫（看清衣服前后，有花纹的前面朝下，平放衣服在腿上）

穿衣方法：两手抓住衣服的边，将头套进衣服内；两手分别从袖筒中伸出；再将衣服的边子往下拉。

儿歌：

① 一件衣服四个洞，宝宝钻进大洞洞，脑袋钻出中洞洞，小手伸出小洞洞。

② 爬爬爬，爬爬爬，抓住衣边往下滑，最先露出脑袋瓜。捏住袖口伸进去，左手右手伸出来，最后把衣边往下拉。

③ 衣服前面贴肚皮，抓住大口头上套，脑袋钻出大山洞，胳膊钻出小山洞。

④ 纽扣、花纹和领洞，一起压到下面去，双手捏住大洞洞，脑袋钻出中洞洞，小手伸出小洞洞。

2. 穿开衫

穿开衫方法：两手抓住衣服的领子，将衣服甩到背后，披在肩上；两只手分别从袖筒中伸出来，再从衣服下面向上扣上纽扣或拉上拉链。

儿歌：

① 抓住领口翻衣往背披，抓住衣袖伸手臂，整好衣领扣好扣，穿着整齐多神气。

② 抓领子，盖房子。小老鼠，钻洞子。左钻钻，右钻钻。吱吱吱上房子。

③ 抓住小领子，商标在外面，向后甩一甩，捏紧袖口钻山洞，衣服穿好啦！

④ 大门向外抓领子，轻轻向后盖肩膀。一左一右伸袖子，咔嚓咔嚓系扣子。

3. 穿裤子

穿裤子方法：双手拿住裤子腰的部位，分别把两只脚伸进裤腿，提上腰部。

儿歌：

① 宝宝自己穿裤子，好像火车钻山洞。呜呜呜，呜呜呜，两列火车出山洞。

② 左边一列火车钻山洞，右边一列火车钻山洞。呜——两列火车顺利过山洞，裤子穿好了！

③ 前面朝上，拉紧裤腰；喊着口号，两脚赛跑；两条跑道，别找错了；伸出裤腿，露出小脚；终点到了，提裤站好；养成习惯，做乖宝宝。

④ 穿裤子，要注意，两腿叉开伸进去。穿上裤腿先别急，穿上鞋子再起来。两手抓住裤子腰，一直拉好盖上小肚皮。

⑤ 找好前面小标记，一左一右穿进去，抓紧裤腰前后提，裤缝对着小肚脐。

⑥ 花花裤子真美丽，前后要分清，好像火车钻山洞。呜呜呜，先穿一条腿，呜呜呜，再穿一条腿，两列火车出山洞，最后往上拉一拉。

4. 叠裤子

① 两脚变一脚，然后弯弯腰，宝宝的裤子叠好了。

② 花花裤子真美丽，我抱抱你，你抱抱我，最后大家弯弯腰。

5. 拉拉链

两条小马路，正在闹别扭，你不理我，我不睬你，呜——开来一列小火车，双方握手变朋友。

6. 扣扣子

小扣子，圆溜溜，好像眼睛找朋友，小洞洞，忙招手，欢迎扣子钻洞洞。

7. 穿袜子

缩起小脖子，（拿住袜筒两侧）钻进小洞子，（穿进袜尖）拉起长鼻子，（拉袜筒）穿好小袜子。

8. 脱袜子

缩起小脖子，（脱袜筒至脚心）拉长小鼻子，（拉出袜头）拉直小身子，（袜子拉直）躺在小房顶。（放在鞋面）

9. 穿鞋子

小鞋子，像小船，小脚丫，像船长。穿好鞋子真神气，开着小船到处玩。

（三）幼儿生活自理能力教育活动的活动过程

幼儿生活自理能力教育活动过程可以分为三部分：开始部分、基本部分、结束部分。

1. 开始部分

开始部分也是导入环节，主要的目的是在比较短的时间内引起幼儿的学习兴趣。为了达到这个目的，教师可以选择适当的导入方法。在生活自理能力教育活动中，导入的方法主要有：

（1）谈话导入　谈话导入在自理能力教育活动中运用得比较多，因为谈话导入方法是一种比较自然的方法，谈话导入从幼儿能理解的事物进行导入，贴近幼儿的生活，能够更好、更快地导出活动主题。谈话导入就像在跟小朋友聊天，但不是无目的地聊天，而是以一个主题为中心，开始谈话。例如在组织教育活动"我会叠被子"时，教师可以这样导入。教师：①我们有小朋友在家里帮助爸爸妈妈叠被子吗？请有叠过被子体验的幼儿向大家介绍叠被子的经过；②你们猜猜叠被子会是很难的事情还是很简单的事情呢？幼儿以自身经验和已有知识开展讨论。

（2）悬念导入　采用悬念的形式导入新课，可激发幼儿的好奇心，激发幼儿追根问底的热情，培养幼儿主动探索的精神，达到活动的效果。例如在组织"小花熊和小黑熊"的教学活动中，教师可以这样导入。教师：小朋友们，今天老师带来了两位客人，你们猜一猜是谁呢？他们也想自己穿裤子、穿鞋、系鞋带，你们想不想认识一下他们？

（3）直观导入　生活自理能力的体现主要是人与物上面，所以在组织生活自理能力教育活动时，教师应该以实物为主，而且这些实物都是可以随时拿出来的，非常方便，容易获得。例如教师在组织"我会叠被子"的活动中，教师把睡眠室里幼儿的被子拿出来，就可以示范如何叠被子。在组织"我会叠衣服"的活动中，教师可以将不同款式的衣服找到，这也是很容易的事情，小朋友们会穿不同类型的衣服。在组织"玩具分分看"的活动时，教师将班级不同的玩具从不同的位置拿出来，一一介绍，再送回去。教师做好示范，可以找小朋友来练习。

（4）手指操导入　手指操导入是指教师通过欢乐有趣的手指操进行导入，带动幼儿的情绪，激发幼儿的兴趣。例如，教师在组织"我会穿衣服"的教育活动时，可以做"穿衣服"手指操："小胳膊，穿袖子，穿上上衣扣扣子，小脚丫，穿裤子，穿上袜子穿鞋子。"

（5）儿歌导入　儿歌导入在有相应动作的时候跟手指操导入基本一样，没有动作或者动作很少，例如只拍手，这时就是儿歌导入。例如教师在组织"穿衣服"的教学活动时，可以用儿歌进行导入："一件衣服四个洞，宝宝钻进大洞洞，脑袋钻出中洞洞，小手伸出小洞洞。"

2. 基本部分

基本部分是教学过程的主要环节，是突破教学难点、完成教学目标最重要的环节，也是体现教学原则、教学方法最重要的环节。基本部分的组织环节没有固定的要求，重点是运用合理的教学方法达到教学目标。基本部分需要遵循大脑皮层的活动规律，符合镶嵌式活动的原则，遵循动静结合。

例如，"我自己来"（健康，大班）的活动基本部分（片段）：

（1）引导幼儿发现衣服的不同样式，学习衣物的不同穿、脱方法。

① 教师：刚才我们在做游戏的时候，是用什么样的动作来穿衣服的呢？

请幼儿回答并小结：哦，原来刚才我们穿的是一件需要扣纽扣的衣服啊。其实在生活中我们有着各式各样的衣服。

② 教师引导幼儿观察其他穿着不同样式的衣服的孩子，并说一说他们的衣服都是怎么样穿的。

③ 教师逐一讲解各种衣服的穿法。

纽扣衣服：先穿两只袖子，然后将衣服穿到身上，从下往上扣扣子。

套头衣服：先穿两只袖子，再套头上。

后面有拉链的衣服：先按套头衣服的方法穿好，再请老师帮忙拉后面的拉链。

裤子：先套两只裤脚，再拎裤腰。

④ 教师讲解脱衣裤的方法。

⑤ 请幼儿用自己身上的衣服进行穿、脱衣服的练习，教师在旁边指导。

（2）教师讲述一些情境问话，让幼儿在判别对错的过程中建立自主意识。

① 教师讲述事例：老师认识两个小朋友，一个是小琴，一个是成成，小琴早上起床，看见妈妈正在做早饭，她就自己将外套、裤子穿好，不要妈妈帮忙；成成的爸爸早上叫了好几次成成起床，可是他就是不起来，最后成成终于起来了，但是他要爸爸帮他穿衣服，弄得爸爸手忙脚乱的。

② 教师：小朋友，你们说说小琴和成成哪个小朋友做得好呢？为什么呢？如果是你，你们又是怎么做的呢？

③ 教师引导幼儿进行回答并小结。

④ 引导幼儿回顾在今天的活动中学习的几种穿、脱衣服的方法，并鼓励幼儿回家后学会自己的事情自己做。

3. 结束部分

结束部分应自然结束，教师可以进行总结，继续升华教学活动目标。也可以首尾呼应，例如在导入环节做的手指操，结束环节可以跟小朋友一起做一遍。同时，应该安排活动延伸，让教学内容自然延伸到区角、户外活动、家庭中。

总结要具体，对今天活动过的内容及要点进行梳理，总结之后可以进行活动延伸。例如生活自理能力教育活动"我会叠裤子"中，教师在结束部分进行活动延伸。

活动可以延伸到一日生活中：在午睡前的准备环节，教师引导幼儿自己来叠裤子。

活动可以延伸到区角。例如：小朋友们，活动结束后，如果你们愿意，可以到手工坊，一起制作可以折叠的小裤子。

活动可以延伸到环境创设中。例如：小朋友们，我们今天了解到自己要叠裤子，我们把叠裤子的步骤做成图片，装饰在墙上。

活动可以延伸到家庭中。例如：小朋友们，今天我们学会了叠裤子，在家里和爸爸妈妈一起整理家中的裤子吧。

二、幼儿生活自理能力教育活动实施策略

（一）建立生活常规

为幼儿制定科学合理的一日生活制度，可以保证幼儿的生活有规律。幼儿可以在大脑中形成动力定型，有利于习惯的养成。当然，教师在制定一日生活制度时需要结合幼儿的年龄特点、生活特点和心理发展特点。

（二）融入一日生活

生活自理能力的培养需要融入一日生活当中，仅仅靠专门的教育活动来培养是不符合实际的。因此，教师只有坚持在日常生活中的每个环节对幼儿进行反复、长期的教育和训练，才能使幼儿形成固定的生活方式和习惯。例如，教师可以抓住每一个生活的环节，例如喝水、进餐、午睡、盥洗、户外活动等，同时有针对性地对幼儿进行生活自理能力的培养，结合日常生活进行巩固。

（三）发挥榜样的作用

幼儿很多生活习惯是在日常生活中习得的，而学习的主要方式就是通过观察模仿，因此要为幼儿树立学习的榜样。榜样可以是教师、幼儿，或者动画片、电影中的角色等。积极为幼儿选择正面的榜样，给幼儿以正面的引导。

（四）循序渐进，持之以恒

在生活自理能力方面，不是一次就能达到高标准的，因此教师要根据幼儿的年龄特点，设置合理的目标，循序渐进，逐步让幼儿养成一些良好的生活自理习惯，提高生活自理能力。例如进餐，小班幼儿只要求幼儿能够用勺子进行即可，中班幼儿开始用筷子进餐。习惯的养成需要长期的坚持，所以教师和家长要坚持培养幼儿的自理能力。

（五）家园教育要统一

幼儿在幼儿园由教师培养的自理能力，应该延伸到家里，而且应该把生活自理能力的培养要求让家长熟知。家庭和幼儿园只有坚持一致性原则，才能使幼儿的生活自理能力得到巩固，不断提高。幼儿能否形成良好的生活习惯是幼儿园和家庭的共同责任。

（六）综合利用多种教育形式

生活自理能力教育的方式是多方面的，教师要善于运用多种教育方法，开展丰富多彩

的生活自理能力教育活动。

三、幼儿生活自理能力教育活动应该注意的问题

（一）长期坚持

幼儿习惯的养成需要遵循大脑皮层的"动力定型原则"，只有长期坚持，才能在大脑皮层中形成"动力定型"，习惯才能养成。幼儿对自己的生活能够自己来做，是非常重要的习惯，对其一生的发展将有重要的影响。因此，幼儿生活自理能力需要长期坚持，不能三天打鱼，两天晒网。长期坚持后，幼儿的生活自理能力才能不断提高。

（二）集体与个别相结合

同伴的影响，对幼儿接受教育是一种强有力的力量。同伴之间的讨论、商量、模仿、争辩往往是幼儿获取信息、调节行为的主要依据。因此，幼儿教师应该充分利用集体的、小组的、个别的形式，通过他人影响个体，对幼儿行为或表扬或批评，让幼儿通过相互沟通来学习和调整自己的行为。如有的幼儿不喜欢自己穿衣服，幼儿接受了集体教育后，自理能力得到提高。但是，每一个幼儿自理能力水平不一，因此在集体教育的同时，也要因材施教，注意个别幼儿的差异。

（三）榜样的作用

幼儿的模仿能力很强，在自理能力培养方面，教师和家长应有的言行举止具有很大的感染力。因此，成人要为幼儿做好榜样，言行举止做出表率。同时可以利用故事中的人物、动画片中的角色，鼓励幼儿向其学习。教师在班级里，也可以将能力强的幼儿和能力较弱的幼儿分成一组，用能力强的幼儿影响能力相对弱的幼儿。

（四）家园一致性

幼儿在家庭中的时间是比较长的，因此，在幼儿园形成的习惯，在家庭中要坚持。教师要做好与家长的沟通与交流，只有家园配合，才能有效提高幼儿的生活自理能力。例如幼儿园开展"我会穿衣服"的活动，教师要把正确的穿衣服的方法通过微信群等方式传递给家长，幼儿在家时，家长要监督幼儿自己穿衣。

📖 知识加油站

家长培养幼儿自理能力的方法

1. 帮助孩子制定每日作息计划

结合幼儿园内的活动、孩子自身的年龄特点，帮助孩子制作一份专属的每日作息表。让孩子每天从起床开始，自己完成穿衣服、洗漱、如厕、吃饭等事项，帮助父母做力所能及的事情（如摆碗筷、洗水果等），增强孩子的自我服务意识。

通过这些日常生活中的"小任务"，持续不断随机引导，及时给予提醒或指导。此外，在制定这些"小任务"时，需根据孩子自身能力情况，循序渐进地提高难度。可以用半帮助半示范的方式，逐步帮幼儿学会独立完成。比如幼儿穿衣服，可以帮助幼儿只穿一边衣

袖，在帮助过程中示范引导，让幼儿独立穿上另一边衣袖。

2. 幼儿园里的相关游戏可延伸至家中

游戏也是培养幼儿自理能力的重要方式。在游戏中，幼儿不仅可以享受游戏的快乐，也能锻炼自主解决生活问题的能力。

比如，小班可以利用"娃娃家"游戏，引导幼儿喂宝宝吃饭、帮宝宝穿衣服等；中班可以利用餐厅游戏引导幼儿擦桌子、整理物品；大班可以利用建筑工地游戏引导幼儿学习快速有序地归类摆放积木。

3. 借助儿歌绘本激发孩子自理意愿

兴趣是孩子最好的老师。在日常生活中，除了游戏活动和生活中的正确引导，还可以借助儿歌、绘本故事，激发幼儿自己动手的意愿，帮助孩子掌握一些生活自理技能。

比如，睡觉时可以教幼儿念睡觉相关的儿歌，早起穿衣时可教幼儿念穿衣服相关的儿歌。幼儿边念儿歌边动手，一周下来，都能自己安安静静地睡觉了。

4. 试着"坚持"，多多"鼓励"

对孩子自理能力的培养不是几天就可以完成的事，这是一个需要长期持续的训练过程。培养孩子的任何能力，都应当顺应孩子的身心发展规律。家长要学会"放手"，在孩子的成长过程中，要给予孩子足够的耐心和鼓励，更不要吝啬自己的"鼓励"。只有这样，孩子才能更有信心和勇气地去完成这些事。

第三节
幼儿生活自理能力教育活动案例评析

一、小班幼儿生活自理能力教育活动案例评析

▶ 活动方案

我会自己穿脱衣服

【设计意图】

小班幼儿在生活自理能力方面，对成人有着很强的依赖性，他们希望得到成人的帮助，甚至希望由成人代替来完成生活中的事情。同时，受传统观念的影响，许多家长只关心幼儿的智力开发，忽视对幼儿生活自理能力的培养，在生活中给予过多的照顾，致使幼儿生活自理能力低下，依赖性强。《纲要》健康领域目标指出："要培养小班幼儿良好的生活、卫生习惯，提高其基本的生活自理能力。"而本活动旨在让幼儿体验自己穿脱衣服的快乐，学习按照合理的顺序穿脱衣服，从而逐步培养幼儿良好的生活自理能力，保障幼儿的身体健康。

【活动目标】

（1）体验自己穿脱衣服的快乐。

（2）学习正确穿脱衣服的顺序。

【活动准备】

（1）经验准备：幼儿已有穿脱衣服的经验。

（2）物质准备：教师自编故事《穿穿脱脱》、自编儿歌《穿穿脱脱小兔》，小兔子的毛绒玩具1个，游戏提示卡2张（一张提示卡的画面是一个准备脱衣服睡觉的小朋友，另一张提示卡的画面是一个准备起床穿衣服的小朋友）。

【活动重点】

学习正确穿脱衣服的顺序。

【活动过程】

1. 讲述故事《穿穿脱脱》的前两段内容，引导幼儿了解脱衣服的顺序

（1）教师操作小兔子毛绒玩具，讲述《穿穿脱脱》的前两段故事内容。

教师：请小朋友们听听故事里的小动物们是按照怎样的顺序脱衣服的。

（2）根据故事内容，教师引导幼儿了解脱衣服的顺序。

教师：大象老师为什么要奖励给小朋友每人一个小贴画？正确的穿脱衣服顺序是怎样的呢？

小结：脱衣服时，要先脱袜子，再脱裤子，最后脱上衣。有顺序地脱衣服可以保护好小朋友的身体，避免着凉。

2. 结合生活经验，引导幼儿猜一猜小动物是怎样有顺序地穿衣服的

教师：小动物知道有顺序地脱衣服可以不生病。小朋友们猜一猜小动物又是怎样有顺序地穿衣服，才能保护好自己的身体？（幼儿自由表达自己的观点）

3. 讲述故事《穿穿脱脱》的后两段内容，引导幼儿了解穿衣服的顺序

（1）教师操作小兔子毛绒玩具，讲述《穿穿脱脱》的后两段故事内容。

教师：请小朋友们听听故事里的小动物们是按照怎样的顺序穿衣服的。

（2）根据故事内容，引导幼儿了解穿衣的顺序。

教师：大象老师奖励给了哪个小动物一个大大的拥抱？正确的穿衣服顺序是怎样的呢？

小结：穿衣服时，先穿上衣，再穿裤子，最后穿袜子。有顺序地穿衣服可以保护好小动物的身体健康，避免着凉。

4. 看图片做动作，引导幼儿体验按顺序穿脱衣服的快乐

（1）教师分别出示两张游戏提示卡，帮助幼儿理解其表示的内容。

（2）教师介绍游戏的玩法：游戏开始前，教师（或一名幼儿）将两张提示卡的画面朝下，宣布游戏开始后，迅速翻开其中一张提示卡，参加游戏的幼儿根据游戏提示卡的内容，用动作表示有顺序地穿衣服（或脱衣服）。

（3）游戏过程中教师和幼儿边朗诵儿歌《穿穿脱脱小兔》边做动作

① 当游戏提示卡的内容是请幼儿有顺序地穿衣服时，教师可引导幼儿边朗诵有顺序穿衣服的儿歌内容边做动作。

② 当游戏提示卡的内容是请幼儿有顺序地脱衣服时，教师可引领幼儿边朗诵有顺序脱衣服的儿歌内容边做动作。

建议：幼儿在做动作时，教师要注意观察幼儿穿脱衣服的动作顺序，及时肯定按顺序做穿脱衣服动作的幼儿。如果幼儿没能按顺序做穿脱衣服的动作，配班教师要及时进行个

别指导。

【活动延伸】

（1）在午睡环节，可鼓励幼儿迁移故事中习得的经验，像小动物们一样能有顺序地穿脱衣服，保护自己的身体健康。

（2）在"娃娃家"，有针对性地提供娃娃或小动物玩偶，引导幼儿在"娃娃家"给娃娃或者小动物有顺序地穿脱衣服。

（3）在睡眠室的墙面上粘贴小朋友穿脱衣服的顺序图，提示小朋友按照正确的顺序穿脱衣服。

（4）在"家长园地"中将《穿穿脱脱小兔》的儿歌内容和家长分享，鼓励家长在家庭中和幼儿边说儿歌边玩游戏《穿穿脱脱》，帮助幼儿掌握正确的穿脱衣服的顺序，提高幼儿按顺序穿脱衣服的速度。

【附：故事】

穿穿脱脱

动物幼儿园里，小动物们吃过午饭准备脱衣服睡午觉。大象老师说："孩子们，你们在幼儿园学到了很多本领，今天来试试自己脱衣服，不用老师帮忙好不好？"小动物们都说好。

小兔子三下两下就把上衣脱完，再脱掉袜子和裤子，举起手大声说："大象老师，我是第一名！"小猫和小兔不一样，小猫先脱掉袜子，然后脱裤子，最后才脱上衣，大象老师先称赞了所有小动物都能自己脱衣服，奖励给他们每人一个小贴画，然后微笑着问小猫："你为什么要先脱袜子、裤子，最后才脱上衣呢？"小猫骄傲地说："因为最后脱上衣就没那么容易着凉了！"大象老师在小猫的脸上亲了亲说："你真会照顾自己！"小兔和小熊也向小猫竖起了大拇指，小猫高兴地笑了。

小动物们从美美的午觉中睡醒啦！大象老师说："我们怎样穿衣服，才能不着凉呢？"小兔说："先穿上衣，就能让身体暖和。"小兔想了想又说："不对，不对，我们先穿裤子，就能让两条腿暖和。"小猫喵喵地叫着，不慌不忙地说："先穿上衣，然后去厕所小便，最后再穿裤子、袜子，这样又暖和又方便。"

大象老师眯眯地笑着，给了一个小动物一个大大的拥抱，请小朋友们说一说这个拥抱给了哪个小动物？为什么？

【附：儿歌】

穿穿脱脱小兔

铃铃铃铃，时间到，宝宝脱衣要睡觉。
先来脱掉小袜子，再来脱掉小裤子。
最后脱掉小上衣，呼呼呼呼睡大觉。
铃铃铃铃，时间到，宝宝起床把衣穿。
先来穿上小上衣，再来穿上小裤子。
最后穿上袜两只，暖暖和和身体棒。

活动方案评析

活动方案的评析需要从活动名称、活动目标、活动准备、活动过程、活动延伸等几方面进行评价。

优点：整个活动设计动静交替，由浅入深，引导幼儿积极主动参与。

（1）评价活动名称：活动名称比较简洁，所要表达的意思一目了然，同时体现出了幼儿的主观能动性。

（2）评价活动目标：活动目标以幼儿角度进行表述，体现出尊重幼儿、以幼儿为主体的理念。活动目标及内容符合小班幼儿现有发展需要。在日常生活中，教师注意观察幼儿在有顺序穿脱衣服中存在的问题，制定了本节教学活动的幼儿发展目标。

（3）评价活动准备：活动准备充分，包括经验准备、物质准备两部分。物质准备包括教师自编的故事与儿歌、毛绒玩具、游戏提示卡等，保证活动的丰富性。

（4）评价活动过程：

① 活动的开始部分：教师采用直接导入的方式，直奔主题。

② 活动的基本部分：在活动过程中，教师采用讲述法、游戏法等方法。讲述法：教师讲述自编故事，引导幼儿猜测小动物们是怎样有顺序地穿脱衣服的。游戏法：教师引导幼儿看图片做动作，帮助幼儿理解穿脱衣服的顺序。

在活动过程中，绝大多数幼儿表现出积极参与的学习状态。首先，当教师讲述故事《穿穿脱脱》的前两段时，幼儿能围绕教师的提问，比较准确地回答出脱衣服的顺序；其次，幼儿又结合生活经验和故事情境，大胆地猜想穿衣服的顺序；再次，通过聆听《穿穿脱脱》的后两段故事内容，主动验证自己的猜想；最后，在游戏体验环节，绝大多数幼儿都能掌握穿脱衣服的顺序。活动过程调动起小班幼儿参与活动的主动性。首先，运用多种形式，激发幼儿对活动的兴趣。有顺序地穿脱衣服对于小班幼儿来说有些抽象，不好理解。本活动利用故事、儿歌、体验内容，激发了小班幼儿参与活动的积极性。其次，通过多个途径引领，鼓励幼儿主动参与活动的过程。在本次活动的设计中，教师并未直接将正确的穿脱衣服顺序教给幼儿，而是在"猜一猜""听一听""试一试"的环节中，鼓励幼儿主动参与活动过程。在"猜一猜"环节中，教师利用故事的形式，引导幼儿感受有顺序穿脱衣服的方法和有顺序穿脱衣服对身体的重要性；在"试一试"环节中，通过提示卡激发幼儿参与游戏的愿望，鼓励幼儿利用动作现场体验穿脱衣服的顺序。

（5）评价活动延伸：教师一共设计了四个延伸的内容，丰富具体，包括日常生活中、区域活动中、家园合作中、环境创设中四个方面，使学习迁移到各个方面，活动目标进一步得到实现。

建议：

（1）在活动目标方面，应该按照认知、能力、情感三维目标进行设计。例如：①知道正确穿衣服的方法；②能够用正确的顺序穿脱衣服；③体验自己穿脱衣服的快乐。

（2）依据小班幼儿的认知特点，教师在创编《穿穿脱脱》的故事内容时，尤其是故事的前半部分时，应让不同的小动物多次重复"正确脱衣服的顺序"，借以加深幼儿对"正确脱衣服顺序"的理解。

（3）教师应该采用谈话导入等导入方式，直接导入太突然，幼儿不易接受。

二、中班幼儿生活自理能力教育活动案例评析

活动方案

起床喽

【设计意图】

3~6岁幼儿在幼儿园生活中,生活技能的教育及其训练仍占一大部分,因为处于这个年龄阶段的孩子大多具有自我的意识,也具备了一些生活自理技能。在幼儿园,幼儿在教师的指导和帮助下,基本上都能自理生活,但在家庭中,有些幼儿由于动作不熟练和依赖心理,往往由成人包办代替了幼儿生活中的一些"小事"。其实"小事"不小,生活能力是人自立的基础,所以加强幼儿生活能力训练,也同样可以培养幼儿的自尊和自信。为此,设计了中班的心理健康课"起床喽",让幼儿在看、听、说、练的实践活动中受到熏陶。

【活动目标】

(1) 让幼儿学会自己穿裤子、穿鞋子、系鞋带,在成人帮助下穿好上衣。

(2) 培养幼儿乐意自己穿衣服、穿裤子、穿鞋子的习惯,知道自己的事情自己做。

(3) 通过看表演、竞赛活动,培养幼儿的自尊和自信。

【活动准备】

(1) 情境表演:《小花熊和小黑熊》。

(2) 实况视频:

① 幼儿在园午睡室起床的情境。

② 一幼儿在家起床的情境。

(3) 音乐《开汽车》、电话机(玩具)。

(4) 幼儿已学会儿歌《小弟弟早早起》和自编儿歌《起床喽》。

【活动过程】

1. 导入活动

(1) 幼儿集体演唱《小弟弟早早起》。提问:这首歌主要讲了一件什么事?

(2) 教师:早上起床时你们的衣服、裤子、鞋子是谁穿的?(教师:真棒,很多小朋友的小手真灵巧,衣裤、鞋子都是自己穿的,可还有的小朋友是爸爸妈妈穿的)

(3) 放电话铃声,教师接电话,并告诉幼儿是熊妈妈打电话来邀请我班幼儿去看她的孩子小花熊和小黑熊是怎样起床的?那么,我们一起去看看,好吗?

(4) 播放《开汽车》的音乐,幼儿自由律动。

2. 观看情境表演《小花熊和小黑熊》后提问

(1) 熊妈妈家有哪两个宝宝?

(2) 你喜欢哪只小熊?为什么喜欢它?

(3) 你们喜欢小黑熊吗?告诉小黑熊,怎么做你们就喜欢它了?

教师小结:小花熊真能干,在家起床时不用妈妈帮它穿衣服、裤子,自己的事情会自己干,我们奖给它一朵笑脸花。

(4) 可是小黑熊怕穿不好衣服、裤子、鞋子等,我们怎样去鼓励他?(幼儿以鼓励的口吻激发小黑熊的自信心)例如,幼儿说:"我以前不会穿衣服,老师、妈妈教我后,我慢慢地会穿了。"

3. 看视频

(1) 小朋友都看到自己了吗？你起床时谁帮你穿衣服、穿裤子、穿鞋子的？

(2) 你还看到了谁？她是怎样起床的？

教师小结：小朋友和小花熊一样能干，大多数小朋友在幼儿园不要老师穿衣，只有个别小朋友老师帮一下忙他也会穿了，有的小朋友甚至还帮助其他小朋友。

过渡语：刚才去了小熊家，现在想不想去小朋友家看看？

4. 看视频

(1) 她是谁呀？

(2) 这位小朋友在家起床时是怎么做的？（用"先……再……最后……"来讲述）

教师小结：这位小朋友真了不起，在幼儿园和在家里一样，都是自己穿衣服、穿裤子、穿鞋子、系鞋带的，老师也要奖给她一朵笑脸花。

(3) 集体念儿歌《起床喽》。

5. 穿衣服、系鞋带比赛

(1) 教师：我们来一个穿衣服、系鞋带比赛，好吗？老师这儿还有许多笑脸花，如果你们有进步，笑脸花就会跟你交朋友，如果这次你拿不到笑脸花，怎么办？

(2) 有目的地挑选依赖性强的幼儿参加比赛。

(3) 品德教育：看到小朋友们的进步，笑脸花很高兴，也希望你们以后在家和在幼儿园一个样，坚持自己的事情自己做。笑脸花继续跟你做朋友，你们有信心吗？

【活动延伸】

(1) 角色游戏：娃娃家。请家长来园参加游戏，了解自己孩子自理能力的情况，使家长知道自己的孩子很能干，在家要放手让孩子锻炼。

(2) 比一比给家长发放记录卡，如果小朋友在家自己穿衣裤，家长奖给幼儿笑脸花。比一比，一星期中在幼儿园和在家里获得笑脸花哪个多？

活动方案评析

活动方案的评析需要从活动名称、活动目标、活动准备、活动过程、活动延伸等几方面进行评价。

优点：整个活动设计动静交替，由浅入深，引导幼儿积极主动参与。

(1) 评价活动名称：活动名称富有童趣，具有吸引力，激发幼儿学习兴趣。

(2) 评价活动目标：活动目标从教师的角度进行表述，表述较统一、具体。

(3) 评价活动准备：活动准备充分，物质准备包括故事、视频、音乐等，能够为后续活动开展提供物质保障。

(4) 评价活动过程：

① 活动的开始部分：教师采用歌曲导入的方式，激发幼儿的学习兴趣，活跃课堂氛围。

② 活动的基本部分：在活动过程中，教师采用多媒体方法、比赛法等方法。多媒体方法：教师播放视频《小花熊和小黑熊》，引导幼儿主动观察。比赛法：教师组织穿衣服、系鞋带等比赛，激发幼儿学习的欲望。

③ 活动的结束部分：教师用总结的方式结束活动，自然流畅。

(5) 评价活动延伸：教师一共设计了两个延伸的内容，丰富具体，包括区域活动中、家园合作中两个方面，使学习迁移到各个方面，活动目标进一步得到实现。

建议:

(1)在活动目标方面,活动目标最好从幼儿的角度进行陈述,应该按照认知、能力、情感三维目标进行设计。例如:

① 知道自己穿裤子、穿鞋子、系鞋带的正确方法。
② 能够在成人帮助下穿好上衣。
③ 培养幼儿乐意自己穿衣服、穿裤子、穿鞋子的习惯,知道自己的事情自己做。

(2)在活动准备方面,活动准备应该有经验准备,教师在导入部分直接和幼儿一起唱《小弟弟早早起》,幼儿应该有会唱这首歌的经验。而且,幼儿应该有穿裤子、穿鞋子、系鞋带的经验。综上所述,活动准备应该这样写:

① 经验准备:幼儿已经会唱《小弟弟早早起》《起床喽》儿歌。幼儿已经具有穿裤子、穿鞋子、系鞋带的经验。
② 物质准备:
a. 实况视频:幼儿在园午睡室起床的情境,一幼儿在家起床的情境。
b. 音乐《开汽车》、电话机(玩具)。

(3)活动过程方面:

基本部分:活动的基本部分,各个环节没有做到环环相扣,环节之间有脱节,并不连贯。第一部分是观看视频《小花熊和小黑熊》,引导幼儿知道自己穿衣服、穿裤子、系鞋带是比较受欢迎的。第二部分播放两个视频,同样是让幼儿知道这些道理,比较重复。第三部分是进行比赛,在没有前面任何练习的基础上,就开始进行比赛,是不合适的。所以我认为总体的环节可以修改为:一、儿歌导入,激发幼儿学习兴趣。导入部分不变。二、播放视频《小花熊和小黑熊》,并提问。这部分的内容也可以保留。三、教师示范,幼儿练习自己穿衣服、穿裤子、系鞋带。这部分安排幼儿自己练习,在实践中学会。四、穿衣大比拼。教师进行穿衣服比赛,进一步巩固幼儿穿衣服、穿裤子、系鞋带的自理能力。

(4)活动延伸方面:教师可以再增加一些延伸的内容,例如可以延伸到日常生活中,在日常的穿脱衣服中,幼儿能够自己练习。同时,教师也可以延伸到环境创设中,在墙面制作一些穿衣服、穿裤子、系鞋带的顺序图,起到隐性教育的功能。

三、大班幼儿生活自理能力教育活动案例评析

活动方案

我会整理书包

【设计意图】

幼儿在进入大班以来,对上小学充满了期待,每天都要背着有学习用品的书包来幼儿园,但书包里的东西往往是杂乱无序的,放在书包里的用品,幼儿要翻上很长时间才能找到,要不就是别人的东西被误装到自己的书包里……为此,幼儿着急,家长无奈。针对这种情况,我特地设计了"我会整理书包"的健康教育活动,旨在提高幼儿有序整理书包的自理能力,为幼儿入小学做好准备。

【活动目标】

(1)学习整理书包的方法,初步养成做事有序的习惯。

（2）通过动手整理书包，提高自理能力。

【活动准备】

（1）经验准备：幼儿能够对物品进行简单分类。

（2）物质准备：幼儿人手1个书包（请家长配合入学准备为幼儿准备一些学习用品，如大小不同的书、本、文具盒、彩笔等，与书包一起带到幼儿园），教师用的装有各种学习用品的书包1个。

【活动重点】

学习整理书包的方法，提高自理能力。

【活动过程】

1. 情境导入

教师：小朋友们，再过几个月你们就上小学了，你们知道做小学生必备的物品是什么吗？（书包）

教师：对，是书包。老师今天也带来了自己的书包，你们猜里面装了一些什么东西呢？（书、本、笔、橡皮等）当幼儿说到笔、橡皮一类小物品的时候，教师可以故作找不到的样子，说："咦？到哪里去了呢？我明明记得放到书包里了。"（教师边说边把书包里的东西倒在桌子上）

小结：书包内的物品乱放，想要的东西找不到。

2. 玩游戏"比比谁最快"，体验整理书包的重要性

（1）幼儿听教师口令，快速取出自己书包内的相应物品。游戏连玩两次。

（2）讨论：为什么有的小朋友速度快，有的小朋友速度慢，还有的小朋友和老师一样找不到自己的东西呢？

小结：将书包内的物品整理有序可以让我们更快地找到想要的东西。

3. 动手整理书包，学习整理书包的方法

（1）请幼儿将书包内的物品拿出。

（2）请幼儿将自己的学习用品用自己喜欢的方式放入书包中，探索整理书包的方法。（幼儿在整理书包的同时，教师也将自己的书包整理好）

小结：整理后的书包看上去很整齐、有序。

4. 交流与分享整理书包的方法，提高自理能力

（1）教师：说一说你是用什么方法整理书包的？

幼儿分享经验，教师用绘画的方式帮助幼儿记录下来，总结整理书包的方法。

（2）讨论：整理前的书包与整理后的书包相比，你觉得有什么不同？重点引导幼儿感知"有序"。

小结：整理书包的方法有很多种，小朋友可以找到适合自己的方法，将自己的书包整理得整齐、有序。比如，将书和作业本分开，按照从小到大的顺序分类摆放（条件允许的话，可以将书和作业本放在书包的不同夹层内）；还可以将纸巾、水杯等小物品放到书包外面的侧兜内等。

【活动延伸】

（1）创设"整理书包大PK"墙饰。第一阶段：每天利用离园前的时间鼓励幼儿自由结组进行PK，每组一名幼儿胜出并做好记录，胜出5次者可以领一份礼物；第二阶段：每两名幼儿进行PK，一名幼儿胜出后做好记录，每周有3次胜出者，可以领一份礼物。

（2）请家长配合让幼儿在家中整理自己的物品。

活动方案评析

优点：

（1）活动名称方面：以幼儿为主体，用简洁明确的名称，直达主题。

（2）活动目标方面：活动目标以幼儿为主体，从幼儿的角度进行表述，具体明确，具有操作性。

（3）活动准备方面：活动准备比较充分，包括经验准备和物质准备。物质准备材料丰富，教师准备了各种与活动有关的物品。活动重点突出，定位准确。

（4）活动过程方面：

① 活动的开始部分：用情境导入的方式，激发幼儿学习的兴趣。

② 活动的基本部分：教师采用层层递进的方式，采用多种教学方法，例如游戏法、实践法、讨论法等教学方法。游戏法：幼儿玩"比比谁最快"的游戏，激发幼儿整理书包的欲望。实践法：幼儿动手整理自己的书包，实现教学目标。讨论法：教师与幼儿一起进行讨论，总结如何整理书包。

③ 活动的结束部分：教师采用小结的方式，总结整理书包的方法，进一步达成活动目标。

总之，"我会整理书包"活动以情境导入，将活动内容融入游戏之中，让幼儿在操作过程中获得经验的提升和自理能力的发展，活动的设计符合大班幼儿的年龄特点和发展规律，使活动趣味盎然。

第一，注重幼儿的自主学习，让幼儿自主探究搜寻整理书包的方法，充分尊重和满足了幼儿的独立需求。第二，环节设计上层次递进，从感知整理书包的重要性到整理书包再到经验分享，有效地实现了活动目标。整理书包不是一次活动就能学会的，幼儿只有在反复操作中，才能找到合理摆放书包内物品的方法。对于个别习惯不太好的幼儿，教师则需要在日常活动中个别指导和不断巩固。特别是关于书包物品的分类，对于大班幼儿来说，是有一定难度的，需要教师在日后的活动中加强。

（5）活动延伸方面：在延伸活动中设计"整理书包大 PK"的活动和家园共育来提高幼儿的自理能力是很有必要的，尤其是在家园共育方面，幼儿的不断发展离不开幼儿园与家庭的一致教育。

建议：

（1）活动目标：教师应进一步完善活动目标，按照认知、能力、情感三方面进行表述。例如：①学习整理书包的方法；②能够通过动手整理书包，提高自理能力；③愿意参与活动，喜欢自己整理书包，养成做事有序的好习惯。

（2）此活动在引导幼儿体验整理书包的重要性方面不够深入，幼儿只体会到整理书包会更快地找到自己想要的东西，还应该帮助他们感觉到"合理""整洁""美观"等。

（3）在整理书包方面，还应该让幼儿了解书包内的各种夹层有什么用以及哪些物品放在哪个夹层更合理等。

学习总结

本章主要探讨3~6岁幼儿健康领域生活自理能力教育活动的目标、内容、实施等，共分为三节。第一节主要讲解如何制定幼儿生活自理能力教育活动的目标，包括总体目标、年龄阶段目标、具体目标；如何选择生活自理能力教育活动的内容，包括总体内容，年龄阶段内容、具体内容；同时，探讨生活自理能力教育活动的设计。第二节主要探讨生活自理能力教育活动的实施以及应该注意的问题等。第三节主要分析小、中、大班幼儿生活自理能力教育活动。

拓展训练

以"我自己来"为主题，设计中班健康领域生活自理能力活动方案，并上传至学习通……

学习加油站

（1）微信公众号：李晓娜。里面有关于心理健康教学活动的案例。
（2）微信公众号：上海学前教育网。

实践练习

1. 修改生活自理能力教育活动目标并重新书写
（1）大班健康领域：擦掉小汗珠。
目标：
① 能够及时擦汗，懂得在天热时要照顾好自己。
② 有初步的生活自理能力和良好的生活习惯。
③ 培养机智、勇敢、灵活及遵守纪律的优良品德和活泼开朗的性格。
④ 乐于参加体育活动，感受帮助有困难的人的快乐体验。
修改为：_____。
_____
_____

（2）大班生活自理能力教育活动：我要上小学啦。
目标：
① 通过活动，让幼儿学会独自分类和摆放整理小书包里的主要学习用品，为入小学做好自理能力准备。
② 初步了解感受小学生的学习和活动，激发幼儿入小学的愿望，向往当个小学生。
③ 乐意与同伴交流分享自己对小学的了解。
④ 鼓励幼儿大胆说话和积极应答。
⑤ 培养幼儿细心、认真的学习态度。
修改为：_____。
_____
_____

（3）大班生活自理能力教育活动：我爱喝水。
目标：
① 初步懂得人体需要水分的原理，知道白开水是最好的饮用水。
② 学习科学的喝水方法，培养良好的喝水习惯，提高生活自理能力。

③ 引导幼儿发现和了解日常生活中的自然现象和浅显的科学常识，培养幼儿科学的生活态度以及热爱科学、热爱生命的情感。

④ 初步了解预防疾病的方法。

⑤ 知道检查身体的重要性。

修改为：_____。
_____。
_____。

2. 简答题

（1）幼儿生活自理能力教育活动的设计思路有哪些？

（2）幼儿生活自理能力教育活动的方法？

（3）幼儿生活自理能力教育活动的指导策略？

第六章
幼儿饮食营养教育活动的设计与指导

🌱 导学

在本章中你将会学习到幼儿饮食营养教育活动的设计与指导策略。在幼儿饮食营养教育活动设计中,你会学会如何制定幼儿饮食营养教育活动的目标,包括幼儿饮食营养的总体目标、年龄阶段目标、具体目标。同时,你会学会如何选择幼儿饮食营养教育活动的内容,包括总体内容、年龄阶段内容、具体内容。你将会学到如何设计幼儿饮食营养教育活动,包括如何定位幼儿饮食营养教育活动的目标,目标如何进行表述等,如何选择教学内容,最后撰写活动方案,以及活动后的反思。在探讨幼儿饮食营养教育活动的指导策略时,大家会了解到幼儿饮食营养教育活动的实施,包括实施的原则、教学活动方法和实施过程。同时,你还会学到幼儿饮食营养教育活动应该注意的问题。最后,你还会学到如何评析小、中、大班的活动方案。

📋 学习目标

通过本章的学习,你应该做到:
(1)掌握幼儿饮食营养教育活动的目标、内容、实施的原则、注意的问题等。
(2)能够根据幼儿的年龄特点设计幼儿饮食营养教育活动,并对教案进行评价与分析。
(3)通过课程的内容自身具有安全意识,同时形成正确的教育观、儿童观、教师观、价值观等。

🔗 思维导图

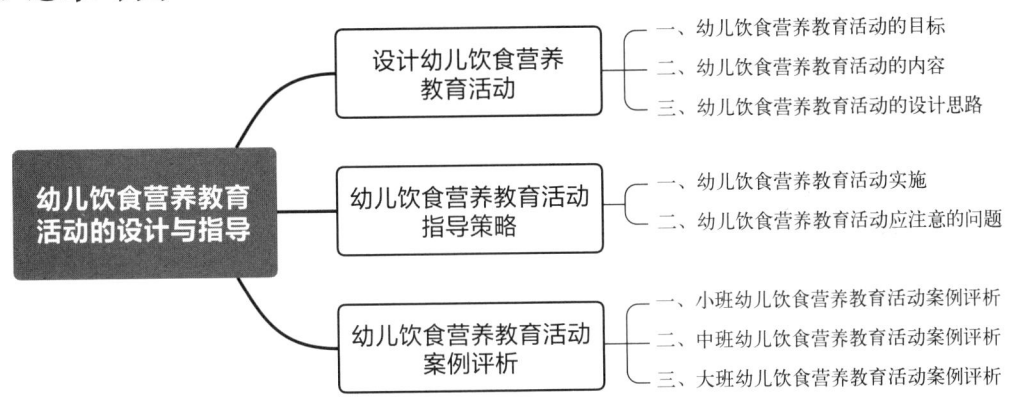

```
                    ┌─ 设计幼儿饮食营养 ─┬─ 一、幼儿饮食营养教育活动的目标
                    │   教育活动         ├─ 二、幼儿饮食营养教育活动的内容
                    │                    └─ 三、幼儿饮食营养教育活动的设计思路
                    │
幼儿饮食营养教育 ───┼─ 幼儿饮食营养教育活动 ─┬─ 一、幼儿饮食营养教育活动实施
活动的设计与指导    │   指导策略             └─ 二、幼儿饮食营养教育活动应注意的问题
                    │
                    └─ 幼儿饮食营养教育活动 ─┬─ 一、小班幼儿饮食营养教育活动案例评析
                        案例评析            ├─ 二、中班幼儿饮食营养教育活动案例评析
                                            └─ 三、大班幼儿饮食营养教育活动案例评析
```

第一节
设计幼儿饮食营养教育活动

✈ 案例导入

日常生活中,大多数幼儿都喜欢吃肉,不喜欢吃蔬菜,而且每个幼儿不喜欢吃的蔬菜也各有不同。进餐中总有幼儿会想出各种理由拒绝吃青菜。帮助幼儿认识和了解各种常见蔬菜的丰富营养,既有利于纠正他们挑食、偏食等不良的饮食习惯,又有利于他们的身体

健康成长。

要求：

（1）小组合作，设计能够让幼儿爱上吃青菜的活动，并展示。

（2）小组合作，用思维导图的方式总结幼儿饮食营养教育活动的设计过程。

知识讲解

营养从字义上来讲，"营"是指经营、谋求，"养"是指养生，营养就是指"谋求养生"。任何生命物体的生存都离不开营养，对于人类来说，营养是指机体从外界吸取养料以维持生命活动的整个过程，即生物是从外界吸收适量有益物质以谋求养生的行为。营养素是指食物中所含有的、能维持生命和健康并促进机体生长发育的化学物质。首先，营养素是食物中所含有的来源于食物的营养物质；其次，营养素的作用是维持机体的生命和健康；再次，营养素是化学物质。

一、幼儿饮食营养教育活动的目标

幼儿生长发育迅速，新陈代谢旺盛，所需要的各种营养素和能量都比成人多。为了满足幼儿对营养素和能量的需要，成人必须通过每日膳食向他们提供一定数量的各种营养素。因此，幼儿园需要制定合理的幼儿营养教育目标，向幼儿提供符合营养卫生要求的膳食，并与幼儿家庭的膳食相互配合，促进幼儿身体健康发展。目标是人们活动中想要达到的境地或标准，由于教育活动的复杂性和长期性，教育目标具有一定的层次性和递进性，在教育活动中要考虑到总体目标，还要考虑到年龄阶段目标，以及一次教育活动中的具体目标。

（一）幼儿饮食营养教育活动的总体目标

结合3~6岁幼儿身心发展的年龄特点，参照《纲要》和《指南》，饮食营养教育活动的总体目标是：

（1）获得健康饮食的基本知识。

（2）掌握饮食的方法和技能。

（3）树立正确的健康饮食观念。

（4）创建合理的饮食习惯。

（5）养成良好的饮食习惯。

（6）保护和增进身体健康。

（二）幼儿饮食营养教育活动的年龄阶段目标

由于幼儿思维、动作、语言的发展水平，不同的年龄阶段有不同的目标要求。根据《指南》，幼儿饮食营养教育活动的年龄阶段目标如表6-1所示。

表6-1 具有良好的生活与卫生习惯

3~4岁	4~5岁	5~6岁
（1）在引导下，不偏食、挑食。喜欢吃瓜果、蔬菜等新鲜食品。 （2）愿意饮用白开水，不贪喝饮料	（1）不偏食、挑食，不暴饮暴食。喜欢吃瓜果、蔬菜等新鲜食品。 （2）常喝白开水，不贪喝饮料	（1）吃东西时细嚼慢咽。 （2）主动饮用白开水，不贪喝饮料

教育建议：

（1）让幼儿保持有规律的生活，养成良好的作息习惯。如：早睡早起、每天午睡、按时进餐、吃好早餐等。

（2）帮助幼儿养成良好的饮食习惯。如：

① 合理安排餐点，帮助幼儿养成定点、定时、定量进餐的习惯。

② 帮助幼儿了解食物的营养价值，引导他们不偏食、不挑食，少吃或不吃不利于健康的食品；多喝白开水，少喝饮料。

③ 吃饭时不过分催促，提醒幼儿细嚼慢咽，不要边吃边玩。

结合《指南》中的目标，制定以下各个年龄阶段的饮食营养目标。

1. 小班年龄阶段目标

（1）认知：认识几种食物名称，知道不干净的食物不能吃，懂得饭前洗手，饭后漱口、擦嘴，知道健康的身体需要营养，有营养的食物多种多样。

（2）情感：爱吃富有营养的常见食物，养成独立愉快进餐的习惯。

（3）能力：初步养成安静并愉快地独立进餐的习惯。在教师的帮助下，将饭菜吃干净，初步形成良好的饮食习惯：不用手抓饭，不乱扔食物，不挑食；学会用勺子吃饭；初步养成饭前洗手，饭后漱口的习惯；主动饮水。

2. 中班年龄阶段目标

（1）认知：认识多种常见食物，结合品尝经验，知道其名称及作用；了解合理饮食、不挑食有利于健康，好吃的东西不宜多吃，少吃冷饮、多喝水有利于健康；认识消化器官"胃"的名称和作用。

（2）情感：能轻松愉快进餐，爱吃多种食物、不挑食；肥胖儿、消瘦儿有控制或增加饭量的意识，对了解营养知识感兴趣。

（3）能力：养成安静进餐、不吃汤泡饭、细嚼慢咽、不偏食、吃饭专心的习惯，不剩饭菜，学会自己收拾餐具；饭前主动洗手，饭后刷牙；在教师的督促下，肥胖儿或消瘦儿能控制或增加饭量，熟练地用勺吃饭，并学习用筷子吃饭。

3. 大班年龄阶段目标

（1）认知：初步了解不同的食物含有不同的营养素，健康需要多种营养素，偏食、暴饮暴食都是不良的饮食习惯，会影响健康；懂得少吃零食、多喝水的好处；能初步分辨食物的好坏，懂得变质的食物不能吃；知道食物不能多吃；懂得进餐时应愉快安静，饭前饭后剧烈运动影响健康；懂得肥胖、消瘦都属于营养不良。

（2）情感：进餐时主动保持愉快和安静；有意识地克服偏食等不良饮食习惯，喜欢吃各种食物；感觉到集体进餐的愉悦。

（3）能力：能主动摆放和收拾餐具，认真做好值日生工作；主动做到饭后刷牙或漱口，饭前饭后不做剧烈运动；掌握正确使用筷子吃饭的技能；肥胖儿或消瘦儿能自觉地控制或增加饭量；运用已知营养知识，主动拒绝非健康饮食。

（三）幼儿饮食营养教育活动的具体目标

具体目标是目标的最小单位，是每一次饮食营养教育活动的目标。根据布鲁姆的三维目标体系，教育活动的目标可以按照认知、能力、情感三个方面进行设计。

例如在上面的年龄阶段目标中，小班3～4岁的年龄阶段目标是：（1）认识几种食物名称，知道不干净的食物不能吃，懂得饭前洗手、饭后漱口、擦嘴，知道健康的身体需要营养，有营养的食物多种多样；（2）爱吃富有营养的常见食物，养成独立愉快进餐的习惯；（3）初步养成安静并愉快地独立进餐的习惯。在教师的帮助下，将饭菜吃干净，初步形成良好的饮食习惯；不用手抓饭，不乱扔食物，不挑食；学会用勺子吃饭；初步养成饭前洗手，饭后漱口的习惯；主动饮水。

在一次具体的教学活动中，选择其中每一项中的一个教学目标即可，有一些目标还需要进行分解，例如饮食多种多样。食物有很多，要选择一类或者几种，例如：选择蔬菜，组织教学活动"我爱吃青菜"；选择零食，组织"我喜欢吃健康零食"；选择米饭，组织教学活动"认识五谷杂粮"等。同样，在中班4～5岁的年龄阶段目标中有：（1）认识多种常见食物，结合品尝经验，知道其名称及作用；了解合理饮食不挑食有利于健康，好吃的东西不宜多吃，少吃冷饮、多喝水有利于健康；认识消化器官"胃"的名称和作用；（2）能轻松愉快进餐，爱吃多种食物、不挑食；肥胖儿、消瘦儿有控制或增加饭量的意识，对了解营养知识感兴趣；（3）养成安静进餐、不吃汤泡饭、细嚼慢咽、不偏食、吃饭专心的习惯，不剩饭菜，学会自己收拾餐具；饭前主动洗手，饭后刷牙；在教师的督促下肥胖儿或消瘦儿能控制或增加饭量，熟练地用勺吃饭，并学习用筷子吃饭。例如"养成安静进餐、不吃汤泡饭、细嚼慢咽、不偏食、吃饭专心的习惯，不剩饭菜，学会自己收拾餐具"这一目标就要分解，不可能在一次教学活动中就能够全部实现。例如根据不偏食的教育目标，组织教学活动"不挑食，好孩子"。

在大班5～6岁的年龄阶段目标中有：（1）初步了解不同的食物含有不同的营养素，健康需要多种营养素，偏食、暴饮暴食都是不良的饮食习惯，会影响健康；懂得少吃零食、多喝水的好处；能初步分辨食物的好坏，懂得变质的食物不能吃；知道食物不能多吃；懂得进餐时应愉快安静，饭前饭后剧烈运动影响健康；懂得肥胖、消瘦都属于营养不良。（2）进餐时主动保持愉快和安静；有意识地克服偏食等不良饮食习惯，喜欢吃各种食物；感受到集体进餐的愉悦。（3）能主动摆放和收拾餐具，认真做好值日生工作；主动做到饭后刷牙或漱口，饭前饭后不做剧烈运动；掌握正确使用筷子吃饭的技能；肥胖儿或消瘦儿能自觉地控制或增加饭量；运用已知营养知识，主动拒绝非健康饮食。教师可以选择一个目标进行教育活动设计，或者可以将目标进行分解。例如"运用已知营养知识，主动拒绝非健康饮食"这一目标，教师可以先组织一些教学活动，让幼儿了解到什么饮食是健康的，再根据健康的饮食组织教学活动。

例如，教育活动"夏日饮食"（中班，健康）的活动目标为：

（1）认知目标：了解环境卫生的重要性，知道夏季的饮食卫生常识。

（2）能力目标：能够根据营养知识选择夏季健康的解暑方法。

（3）情感目标：体验游戏的乐趣。

二、幼儿饮食营养教育活动的内容

幼儿饮食营养教育活动的内容包括认识食物的名称、形状、色彩、性质，知道各种营养素与人体健康的关系，知道简单的处理和烹调食物的方法，掌握饮食的方法和技能，建立良好的饮食习惯，了解民间饮食文化及风俗习惯，养成健康文明的饮食礼仪。

（一）幼儿饮食营养教育活动的总体内容

1. 认识食物的名称、形状、色彩、性质

幼儿在接触各种食物的过程中，需要认识各类常见食物（如奶类、谷物、蛋、鱼、肉、蔬菜、水果、豆类及其制品）的名称，了解其主要功效；了解基本的饮食营养和卫生知识；观察各种食物的形状、质地；了解食物的味道，欣赏食物的天然色彩及食物经过加工调配组合后的色彩；认识常见的调味品，并初步学习如何调味；懂得有些食物不能吃，有些食物能吃但不能多吃。

2. 知道各种营养素与人类身体健康的关系

应该了解人体需要的各类基本的营养素，初步了解这些营养素可以从哪些食物中获得以及各种营养素与人体健康的关系，乐于广泛摄取各种食物，有保持身体健康的饮食营养意识。

3. 知道简单的处理和烹调食物的方法

了解食物的来源及加工制作、保存的方法；通过走访参观，了解食物是从哪里来的；通过动手操作，使幼儿对食品制作有所了解；通过观察讨论，使幼儿等掌握食物的储存方法等，从而丰富幼儿的生活经验。

4. 掌握饮食的方法和技能

在饮食过程中掌握基本的方法和技能，如正确使用勺子、筷子的技能，挑、吐鱼骨头的技能，剥坚果外壳的技能，吃条状食物的技能等，以及知道在不同的场合就餐如自助餐厅、西餐厅、快餐厅等进餐的方法等，从而提高幼儿的饮食自理能力。

5. 建立良好的饮食习惯

学前期是培养幼儿良好饮食行为和习惯的最重要与最关键阶段。向幼儿介绍不良的饮食行为习惯对人体健康的危害，通过反复提醒、练习，帮助其养成良好的饮食习惯，需要特别注意以下几个方面：

（1）合理安排饮食，一日三餐，并加1～2次点心，定时、定点、定量用餐。
（2）饭前不吃糖果、不饮汽水等零食和饮料。
（3）饭前洗手，饭后漱口，吃饭前不做剧烈运动。
（4）养成自己吃饭的习惯，让孩子自己使用筷子、勺子吃饭，既可增加孩子进食的兴趣，又可培养孩子的自信心和独立能力。
（5）吃饭时专心、不边看电视边吃或边玩边吃。
（6）吃饭时应细嚼慢咽，但也不能拖延时间，最好能在30分钟内吃完。
（7）不要一次给孩子盛太多的饭菜。先少盛，吃完后再添，以免养成剩菜、剩饭的习惯。
（8）不要吃一口饭喝一口水或经常吃汤泡饭，这样容易稀释消化液，影响消化与吸收。
（9）不挑食、不偏食，在许可范围内允许孩子选择食物。
（10）不宜用食物作为奖励，避免诱导孩子对某种食物产生偏好。

6. 了解民间饮食文化及风俗习惯

可以结合各种节日，品尝我国以及各国民间流传至今的食品，通过故事了解民间的饮

食文化和风俗习惯，培养幼儿对祖国饮食文化的热爱，使祖国的饮食文化传统不断发扬光大。同时，扩大他们的视野，了解多元饮食文化。例如春节吃饺子，元宵节吃汤圆和元宵，端午节吃粽子，中秋节吃月饼，腊八节喝腊八粥等。

7. 养成健康文明的饮食礼仪

从培养现代人的角度看，幼儿应从小懂得在群体用餐中应有的饮食礼仪，如在进餐过程中讲究餐桌卫生，在自助餐和聚餐中能按需取食，不浪费食物等，同时也可以让幼儿学习和使用一些基本的进餐礼貌用语和礼仪行为。

（二）幼儿饮食营养教育活动的年龄阶段内容

由于幼儿的身心年龄特点，每一个年龄阶段选择的教育内容是有区别的。总体的原则是按照幼儿身心发展的年龄特点，依据教育内容来源于生活，兼顾幼儿的理解能力。饮食营养教育活动的内容应该由易到难、循序渐进，考虑幼儿以往的生活经验来进行选择。

1. 小班（3~4岁）

（1）认识常见食物，知道它们对身体有益处。

（2）情绪愉快，愿意独立进餐。

2. 中班（4~5岁）

（1）认识常见食物种类，喜欢吃富有营养的谷类、奶类、鱼类、肉类、蛋类、蔬菜类和水果类。

（2）了解家乡特色食品。

3. 大班（5~6岁）

（1）认识食物金字塔。

（2）膳食巧搭配。

（3）了解本地区的特色食品和饮食文化。

（4）了解食物营养与健康的关系。

（5）了解营养不良的症状。

（三）幼儿饮食营养教育活动的具体内容

幼儿饮食营养教育活动的具体内容很多，本节搜集和整理了大量的资料，以供同学们进行选择。

（1）小班可以组织的具体饮食营养教学活动可以包括：

① 认识食物的名称、形状、色彩、性质 "好喝的牛奶""认识蔬菜""认识水果""有营养的蛋宝宝""好吃的鱼""海带真好吃""水果生日派对"。

② 知道各种营养素与人类身体健康的关系 "厉害的维生素""水果中的营养素""五颜六色的食物""缺水""哪些东西不能吃""有营养的早餐""食品安全标志"。

③ 知道简单的处理和烹调食物的方法 "我会拌蔬菜沙拉""我会串糖葫芦""我会洗水果""摘豆角"。

④ 掌握饮食的方法和技能 "我会用勺子""我会剥花生""我会喝水"。

⑤ 建立良好的饮食习惯 "我不挑食""我爱吃蔬菜""我自己吃饭""吃午饭的时

候""大河马吃饭""爱吃萝卜的小兔""不偏食身体好""好宝宝不挑食""贪吃的小新"。

⑥养成健康文明的饮食礼仪 "我会安静吃饭""掉到桌子上的饭宝宝"。

（2）中班可以组织的具体饮食营养教学活动可以包括：

①认识食物的名称、形状、色彩、性质 "好吃的蔬菜""黑色食物也好吃"。

②知道各种营养素与人类身体健康的关系 "营养搭配师""水果中的营养素""营养早餐真好吃""健康饮食""多吃水果有营养""有营养的饭菜""营养平衡才健康""食物的营养"。

③知道简单的处理和烹调食物的方法 "我会洗菜""我是厨师"。

④掌握饮食的方法和技能 "我会剥鸡蛋""我会用筷子""餐具回收站""我会挑骨头"。

⑤建立良好的饮食习惯 "贪吃水果的朵朵""夏日饮食""进餐好习惯"。

⑥养成健康文明的饮食礼仪 "我会正确进餐""进餐礼仪我知道"。

（3）大班可以组织的具体饮食营养教学活动可以包括：

①认识食物的名称、形状、色彩、性质 "美味的早餐""枸杞""各种各样的调味品""我爱吃菌菇""豆类朋友来聚会""我爱吃粗粮""哪些食品不能吃"。

②知道各种营养素与人类身体健康的关系 "健康加油站""我是小小营养师""营养大家庭""营养搭配学堂""营养宝塔"。

③知道简单的处理和烹调食物的方法 "我是厨房小帮手""健康郊游餐"。

④掌握饮食的方法和技能 "筷子真好用""我会切水果""我会剥豌豆""我会拔萝卜"。

⑤建立良好的饮食习惯 "饭前饭后不做剧烈运动""只爱吃肉的球球""样样食物都好吃""食物的旅程"。

⑥养成健康文明的饮食礼仪 "吃饭文明小使者""进餐礼仪我知道"。

三、幼儿饮食营养教育活动的设计思路

《纲要》中指出：幼儿园的教育活动是教师以多种形式有目的、有计划地引导幼儿生动、活泼、主动活动的教育过程。幼儿园的教学活动设计包括确定活动目标、选择活动内容、撰写活动方案以及活动后的反思。设计的第一步是确定活动的目标。确定活动目标要考虑健康教育活动的总体目标，结合幼儿年龄阶段的特点，制定出符合本班幼儿的活动目标。

（一）确定活动目标

教育活动目标是最具体的目标，它是目标金字塔最底层的内容。教育活动目标的制定需要有设计的依据、表述的要求等。

1.幼儿饮食营养教育活动的目标设计依据

教学目标的制定要依据幼儿健康教育活动的总体目标、年龄阶段目标的要求，又要体现本班幼儿的身心发展年龄特点及规律。因为幼儿健康教育活动的总体目标是依据幼儿群体发展的一般规律，而每个幼儿身心发展的状况很可能是不一致的，即使同一年龄阶段的幼儿，其身心发展也很有可能存在一定的差异。因此，要求教师要认真研究本班幼儿身心发展的特点，并遵循"最近发展区"原则，制定出适合本班幼儿的饮食营养教育活动目标。

（1）幼儿园健康领域的总体目标是幼儿饮食营养教育活动的主要依据　总体目标简单概括了本领域最重要的目标。《纲要》中关于健康领域目标的内容为：第一，身体健康，在集体生活中情绪安定、愉快；第二，生活、卫生习惯良好，有基本的生活自理能力；第三，知道必要的安全保健常识，学习保护自己；第四，喜欢参加体育活动，动作协调、灵活。幼儿饮食营养教育活动有利于帮助幼儿实现第二方面的目标。

（2）幼儿园各个年龄阶段的目标是幼儿饮食营养教育活动的重要依据　在研究幼儿园健康领域的总体目标后，需要根据幼儿的年龄阶段，制定本年龄阶段的目标。《指南》对小班、中班、大班不同年龄阶段的目标都提出了建议。例如饮食营养方面的目标：3～4岁，在引导下，不偏食、挑食，喜欢吃瓜果、蔬菜等新鲜食品；愿意饮用白开水，不贪喝饮料；4～5岁，不偏食、挑食，不暴饮暴食，喜欢吃瓜果、蔬菜等新鲜食品；常喝白开水，不贪喝饮料；5～6岁，吃东西时细嚼慢咽；主动饮用白开水，不贪喝饮料。

（3）结合本班幼儿的年龄特点是幼儿饮食营养教育活动的基本依据　教师在根据《指南》和《纲要》等教育文件的同时，应该考虑到本班幼儿的年龄特点。因为有的班级能力水平强一些，有的班级能力水平弱一些。而且，还要根据幼儿的兴趣和喜好。每个年龄班幼儿的兴趣和喜好都是不同的。因此，教师应该结合本班幼儿的年龄特点制定适合本班幼儿的教育活动目标。

2. 幼儿饮食营养教育活动目标的表述

（1）饮食营养教育活动目标的表述形式　饮食营养教育活动目标的表述形式有两种，一种是行为目标，一种是表现性目标。行为目标是具体的可操作的教育教学目标，也是可呈现出来的显性目标。例如目标：在中班教育活动"我会用筷子"中，行为目标是能够用筷子夹饺子吃。行为目标使教师更加清楚教学任务，更容易准确判断目标是否达成，具有较强的可操作性。教师可以在活动后看到此活动是否有助于幼儿行为发生变化。所谓表现性目标，是指幼儿在参与活动中所产生的个性化表现，主要体现在情感目标方面。例如在中班教育活动"我会用筷子"中，表现性目标为：愿意使用筷子吃饭。总之，行为目标是教师可以观察到的幼儿行为的变化，表现性目标是幼儿在活动中呈现出来的表现。

（2）幼儿饮食营养教育活动目标的表述要求

① 目标表述的涵盖面要广　按照布鲁姆的三维目标，幼儿饮食营养教育活动目标包括知识的学习、能力的培养、情感方面的要求，当然，具体的活动目标可以有重点，但必须兼顾各个方面。在制定饮食营养教育活动目标时，切记要避免出现偏重知识的情况。例如小班教育活动"好吃的菠菜"中，教师设计的目标为：a. 初步了解菠菜的外形特征；b. 知道多吃菠菜身体好，有爱吃蔬菜的习惯；c. 体验与他人分享的情感。第一个目标和第二个目标都是认知方面。同时，也不要将目标设置得过多，过多的目标在活动中是很难完成的，一般有三个目标。例如大班健康教育活动"营养搭配学堂"中，教师制定的活动目标为：a. 观察营养宝塔，初步了解合理的饮食结构；b. 通过谈话和交流，知道不能偏食，要少吃甜食和油炸食品；c. 乐意向同伴介绍自己的营养餐；d. 初步了解健康的小常识；e. 知道人体需要各种不同的营养。其目标设计得过多，在一次教学活动中很难完成。

② 目标表述的角度要统一　目标表述的角度主要有两种。第一种是以教师的"教"为表述角度，即教师在教学活动中让幼儿学会了什么？培养了幼儿什么等，更多是关注教师的"教"。例如大班健康领域教育活动"哪些食品不能吃"中，活动目标表述为：a. 让幼儿知道酒、咖啡、浓茶等会使大脑过度兴奋，会妨碍幼儿休息；b. 提高幼儿学会选择正

确食物的能力；c.培养幼儿吃健康食品的习惯。这三个目标都是从教师角度进行表述的。第二种是从学生"学"的角度进行表述，即在教学活动中关注学习的习得情况，以学生为主体。例如教学活动"营养设计师"中教学目标的表述为：a.初步了解营养与成人的关系，理解合理科学的搭配；b.尝试为自己设计一份营养中餐；c.对食物的搭配感兴趣。从目前的教育观念、儿童观、教师观来看，越来越倾向于从幼儿角度进行表述。

例如，大班饮食营养教育活动"豆类朋友来聚会"的教育目标表述为：
a. 让幼儿了解几种常见豆子的营养。
b. 积极参与活动，大胆地说出自己的想法。
c. 愿意并喜欢吃各类豆子及豆制品。

此教育活动的目标中，第一个目标是从教师角度进行表述的，第二个目标和第三个目标是从幼儿角度进行表述的，目标表述不统一。

修改为：
a. 了解几种常见豆子的营养。
b. 积极参与活动，大胆地说出自己的想法。
c. 愿意并喜欢吃各类豆子及豆制品。

③ 目标表述的内容要具有可操作性，避免笼统和概括 饮食营养教育活动目标的表述依然要具有可操作性，可操作性的目标可以检验目标在活动中的完成情况。例如中班教育活动"好吃的蔬菜沙拉"的教育活动目标之一为：能够自己制作蔬菜沙拉。目标具体，具有可操作性。如果目标表述为"能够自己制作食物"，则目标表述就过于笼统，因为食物有很多种。教育活动"食物的旅程"中，教育活动目标之一为：能够按时吃饭，不挑食。目标的表述比较具体，具有可操作性。但是如果表述为"养成良好的饮食习惯"，则过于笼统，因为饮食习惯包括很多，有不挑食、不偏食、不暴饮暴食等。

例如，中班健康教育活动"我爱吃菌菇"的教育目标表述为：
a. 正确判别和掌握常见的几种菌菇的特征，并大胆表述出来。
b. 通过加深了解菌菇的营养价值，从而爱吃菌菇。
c. 知道人体需要各种不同的营养素。
d. 教育幼儿养成清洁卫生的好习惯。

第四个目标过于笼统，不具体。

修改为：
a. 正确判别和掌握常见的几种菌菇的特征，并大胆表述出来。
b. 通过加深了解菌菇的营养价值，从而爱吃菌菇。
c. 知道人体需要各种不同的营养素。

④ 目标表述要清晰 目标表述要清晰，避免出现交叉，即情感目标里有认知目标，认知目标里有能力目标等。例如健康教育活动"粗粮小东西"的教育目标之一为：认识各种粗粮，完成对粗粮的统计工作。这一目标前半句是知识目标，后半句是能力目标。

例如，大班安全与自我保护教育活动"我是小小营养师"的目标为：
a. 初步了解合理的饮食结构，培养科学进餐的好习惯。
b. 尝试自己设计一份营养餐，对食物搭配感兴趣。
c. 主动和同伴交流，并能对自己和同伴的设计进行恰当的评价。
d. 喜爱参加体育锻炼，养成爱运动的好习惯。

e. 知道人体需要各种不同的营养。

第一个目标的前半句是认知目标，后半句是情感目标；第二个目标的前半句是能力目标，后半句是情感目标；第三个目标是能力目标；第四个目标是情感目标；第五个目标是认知目标。存在的问题主要是目标交叉，设计目标过多。

修改为：

a. 初步了解合理的饮食结构，知道人体需要各种不同的营养。

b. 尝试自己设计一份营养餐，并能对自己和同伴的设计进行恰当的评价。

c. 对食物搭配感兴趣，培养科学进餐的好习惯。

（二）选择活动内容

关于饮食营养的活动内容在前面我们已经介绍过了。这里主要探讨饮食营养具体内容的来源以及如何进行选择的问题。

1. 来源于生活

幼儿饮食营养的教育活动内容主要从幼儿的生活中发现，特别是饮食习惯的培养方面。例如在组织幼儿吃午餐时，有的幼儿表现出不吃胡萝卜，把胡萝卜挑出来。那么教师就可以针对幼儿的挑食组织教学活动。有的幼儿吃饭时边吃边玩，教师就可以针对边吃边玩的问题组织教学活动。秋天，蔬菜收获了，教师可以根据蔬菜组织教育活动，让幼儿认识各种蔬菜。

总之，饮食营养教育活动内容来源于生活，解决幼儿生活中出现的问题。同时，幼儿生活密切相关的内容，幼儿容易理解，能够更好地实现教学目标。

2. 来源于目标

根据目标模式的特征，教学活动内容来源于具体的目标，饮食营养教育活动内容有一部分来源于我们的目标设计。我们先制定教育活动的目标，然后根据目标来选择内容。例如中班的目标是能够用筷子吃饭，所以我们就选择筷子作为我们的教学内容。例如大班饮食习惯中的不暴饮暴食，我们就选择不暴饮暴食的内容来组织教学活动。至于选择哪些内容，还需要根据本班幼儿的实际水平。

3. 来源于幼儿的兴趣、需要与经验

饮食营养教育活动内容的选择有一部分是来源于幼儿的需要和兴趣。例如幼儿需要饮食均衡，幼儿需要喝白开水，幼儿需要养成良好的进餐礼仪，幼儿需要养成良好的饮食习惯。同时，幼儿的兴趣也是选择教学活动内容非常重要的依据。例如过端午节，大街小巷都在卖粽子，幼儿对粽子非常感兴趣，教师就可以组织教学活动"好吃的粽子"。例如秋天了，大街小巷都在卖各种蔬菜，大白菜、大葱等吆喝的声音遍布市场，幼儿非常感兴趣，教师就可以组织教学活动"大白菜，用处多"。

4. 来源于已有的材料

已有的材料包括优秀的教案、教师的教材、教师以前自己的教案、教学中能够用到的物质材料等。对于饮食营养教育活动的内容，教师可以根据已有的材料来选择。例如选择优秀的教案，可以向他人学习，提高自己的水平。但是不能完全照搬，需要根据自己班级幼儿的年龄特点和实际情况进行修改。教师以前的教案虽然是自己设计的，但是因为幼儿不同，所以也需要进行修改。教师在选择教学活动内容时，要考虑已有的教学资源，例如

想和幼儿一起制作蔬菜火锅，就要考虑如何获得锅和菜的问题。

（三）撰写活动方案

制定好饮食营养教育活动目标，选择相应的内容后，就可以撰写饮食营养教育活动方案了。饮食营养教育活动方案主要包括教育活动的名称、教育活动的目标、教育活动的准备、教育活动的过程、教育活动的延伸。也可以在教育活动目标前加入设计意图，旨在告诉人们为什么会设计这个教育活动。在教育活动准备后面加入活动的重难点。只有方案设计得比较清楚，思路清晰，组织教学活动时才会比较顺利。

（四）活动后的反思

教学活动反思有利于教师的专业成长，一般在教学活动结束后，教师需要对教学活动的组织进行反思。反思教学目标的制定、教学准备是否充分、教学方法是否得当、教学环节是否完整、教学目标是否完成等，哪些环节幼儿比较喜欢、哪些环节幼儿不感兴趣以及原因在哪里等。通过教学反思，可以让教师对幼儿的发展水平、兴趣、需要有更充分的了解，能够提高自己的教学水平，以及教育理论水平。

第二节
幼儿饮食营养教育活动指导策略

案例导入

很多家长向李老师反映孩子在家不好好吃饭，就喜欢出去吃快餐，时间久了，孩子的营养不均衡，从而影响身体的发育。《纲要》提出："教师要与家长配合，根据幼儿的需要建立科学的生活常规，培养幼儿良好的饮食习惯。"小班幼儿年龄小，生活经验少，对膳食营养均衡没有意识，所以需要教师帮助其认识什么是健康的饮食习惯。

要求：
（1）如果你是李老师，该如何设计此次活动。
（2）小组合作，用思维导图的方式总结饮食营养教育活动的实施。

知识讲解

一、幼儿饮食营养教育活动实施

（一）幼儿饮食营养教育活动实施的原则

幼儿饮食营养教育是长期性的教育工作，同时又是关乎幼儿身心健康的工作，因此其重要性不容忽视。在幼儿饮食营养教育活动的实施过程中，我们要遵循如下原则。

1. 需要性原则

需要性原则是指饮食营养教育活动应关注幼儿发展的需要。饮食营养教育活动的内容来源于幼儿的生活，来源于幼儿的需要，是幼儿最熟悉的，也是幼儿身心发展所必需的。由于环境的不同、年龄的差异，幼儿的饮食行为、饮食态度和健康状况等不尽相同。因此，幼儿饮食营养教育活动应从幼儿的实际出发，让幼儿了解食物与人类健康之间的关系，形成主动、持久、稳定、自觉的行为和态度。

2. 可行性原则

可行性原则是指饮食营养教育活动应适合幼儿的身心发展特点。饮食营养教育活动的内容、方法等是否适合于不同年龄阶段的幼儿，是否被不同发展水平的幼儿所认知、所接受，这是教育活动开展前必须认真思考的问题。比如，小班幼儿入园不久，认知水平相对较低，生活经验不丰富，独立生活能力较弱，在进餐中他们往往表现出挑食、偏食的问题，此时，饮食营养教育活动的内容应偏重兴趣的激发和习惯的培养，而教育方法则可以选择故事法、榜样法和练习法等。再如，中、大班的幼儿认知水平有了较大的发展，生活经验越来越丰富，独立生活能力也增强了。因此，对中、大班幼儿进行的饮食营养教育活动可以加强认知性和操作性，通常可以更多地采用实践操作法、情境法等。

3. 安全性原则

安全性原则是指饮食营养教育活动应保证幼儿的安全和健康。饮食营养教育活动的内容有许多，在对内容的选择过程中应将幼儿的安全和健康放在首位。例如，冰淇淋是幼儿喜爱和感兴趣的食品，但由于多食冰淇淋会影响幼儿的食欲和消化吸收，因此不宜作为教育活动的内容。又如，在饮食中我们常常会遇到幼儿因不会剔鱼刺而放弃或拒绝吃鱼，如此一来，教会幼儿掌握正确的剔鱼刺的方法就很有必要了。

4. 一致性原则

一致性原则是指饮食营养教育活动对幼儿的要求应前后一致、家园一致。饮食营养教育非一朝一夕的事，教育者要注意在教育中对幼儿的要求始终如一，不应随意改变，同时家庭中的教育要求也要与幼儿园的教育要求统一起来，这样才能取得好的效果。如要培养幼儿饭前洗手的饮食习惯，家长和教师就应该同时要求，并坚持要求，而不要轻易放弃要求。

5. 直接性原则

直接性原则是指饮食营养教育活动应尽可能是幼儿直接感知的。外部信息刺激大脑，对幼儿来说可以是视觉的、听觉的、触觉的、味觉的和嗅觉的等多种途径。如果在教育活动中，幼儿能同时动用两种甚至多种途径直接参与学习，学习效果会更佳。饮食营养教育活动同样与幼儿的感知觉有着密切的关系。在活动中，要尽可能让他们多探究、多试验、多模仿、多创造，通过看、听、闻、摸、尝多种感官的协同作用来促进学习。如认识豆浆的活动，教师可以请幼儿参与到制作豆浆的过程中，比较黄豆和豆浆的不同形态，观察豆浆的颜色，品尝豆浆的味道等。通过多种感官的直接感知，幼儿会更愿意接受不同的食物。

6. 序列性原则

序列性原则是指饮食营养教育活动应注意循序渐进。一般而言，个别的学习经验应该是先前经验的自然发展，后续的学习能使先前的经验得到加深和扩展。在饮食营养教育活动中，需要先让幼儿对各类食物有一个初步的认识，然后才能培养其合理搭配食物的能力。因此，我们在选择饮食营养教育活动的内容时，应注意其间的逻辑顺序。

7. 整合性原则

整合性原则一是指饮食营养教育活动的内容、方法、场所和途径等选择应尽可能全面而整合。饮食营养教育活动是让幼儿了解各种食物及其对人体生长发育、维护健康的作用和影响的活动，所以在教育活动中应拓宽视野，建立整体的饮食营养教育观念。同时，饮食营养教育除正式的教育活动外，还可以渗透于幼儿园一日活动的其他环节中，甚至是家庭教育中。饮食营养教育活动应整合园内、园外一切可利用的资源，既可以在幼儿园园内进行，也可以走进社会，在农场中、工厂里、超市中进行。另外，在饮食营养教育活动中，教师应根据幼儿的年龄特点、认知特点、兴趣爱好和个体差异等因素，合理地选择多种教育方法，提高幼儿对饮食营养知识的理解，帮助他们养成健康的饮食营养习惯。整合性原则二是指在饮食营养教育活动中可以将各领域的教育内容整合起来。幼儿饮食营养教育不仅属于幼儿健康领域的教育内容，在饮食营养教育活动中，教师更应将幼儿教育中的语言、艺术、科学、社会各个领域有机整合，建立和形成完整的教育模式。例如，在主题为"有趣的蛋"的饮食营养教育活动中，教师可以让幼儿说说蛋的品种、不同蛋制品的味道、蛋的妙用等，可以让他们比较蛋的大小，探索如何区分生蛋和熟蛋，以及让他们利用蛋壳制作工艺品等。

（二）幼儿饮食营养教育活动的方法

与幼儿园其他教育活动相比，幼儿饮食营养教育活动有其一定的特殊性，如营养对幼儿健康的影响需要较长的时间才能表现出来、幼儿的口味需要常常和营养需要相矛盾等。因此，在幼儿园进行饮食营养教育活动，教师应当根据幼儿对食物的选择和对营养的理解特点，以及考虑不同年龄阶段幼儿的认知特点，选择有针对性的教育方法。

1. 讲解演示法

讲解演示法是指教师通过具体而形象地向幼儿讲解粗浅的饮食营养知识，并结合实物或模型加以演示，从而帮助幼儿尽快掌握有关的知识和技能，提高幼儿对饮食营养的认知水平。例如，在"水果宝宝的漂亮衣服"活动中，教师可以向小班幼儿出示各种水果实物或水果模型，进行生动有趣的讲解演示。

2. 行为练习法

行为练习法是指幼儿对已经学习过的基本动作、基本生活技能进行反复练习，从而加深印象，形成稳定的行为习惯。从认知到动作技能或行为习惯的养成，需要通过一定的动作练习才能巩固，因此幼儿的一些饮食技能和饮食习惯的获得需要采用行为练习法。例如，幼儿餐前洗手、餐后漱口的习惯，以及正确使用勺子、筷子的技能，都必须在教师和家长的具体指导下反复练习才能真正掌握。

3. 讨论评议法

讨论评议法是指教师通过安排语言交流活动，让幼儿参与饮食营养教育过程，为他们自己提出问题、发表意见、得出结论提供机会，从而帮助他们掌握饮食营养知识。讨论评议法能有效地帮助幼儿表达自己的真实想法，能鼓励他们对他人的言行加以评价，从而提高其判别是非的能力。讨论评议法通常选择幼儿感兴趣的饮食营养话题展开讨论。例如夏天到了，教师就"为什么不能多吃冷饮"或"能不能用饮料替代白开水"等问题让幼儿进行讨论，最终使幼儿辨清是非，主动选择正确的行为。

4. 实践操作法

实践操作法是指教师设计多项与饮食营养教育有关的活动，让幼儿参与，使他们在亲身实践的过程中自觉接受教育。实践操作法的运用，使幼儿的饮食营养教育活动变得更为直接和生动，有效提高了学习的参与性。例如，组织幼儿参观食品超市，丰富关于食品的经验，师生共同采购食品，共同加工原料，让幼儿参与营养食品的制作过程，在学习操作的同时，巩固其营养知识，养成其饮食习惯。

5. 游戏法

游戏法是指教师利用幼儿喜闻乐见的游戏方式，丰富他们关于营养的感性知识，培养幼儿良好的饮食习惯，寓教育于游戏之中。因为游戏是幼儿最自然的学习方式，借助游戏的形式，可以让他们在快乐的氛围中获得知识、养成习惯。例如，玩游戏"食品魔法袋"，可以发展幼儿用手辨别不同食品的能力，激发他们主动进食的兴趣；玩游戏"酸甜苦辣"，可以丰富幼儿关于营养食品的感性知识，认识多种食物，并能区分蔬菜和水果中甜、酸、苦、辣的不同味道；玩游戏"外出就餐"，可以让幼儿掌握一些简单的就餐礼仪，培养他们良好的饮食卫生习惯。

6. 情境表演法

情境表演法是指教师或幼儿就特定的生活情境、故事情节等加以表演，然后让幼儿思考、分析情境中所涉及的饮食营养教育的问题。因为情境表演的主题来源于幼儿的现实生活，能激发他们的兴趣，所以这种方法能较好地帮助他们认识生活中可能遇到的问题和冲突，了解应该做出的合乎要求的行为。

关于幼儿园开展饮食营养教育活动时常用的方法，教师还可根据本班幼儿的特点以及幼儿园的条件，选择使用诸如"榜样法""媒介法"等方法。幼儿的思维直观形象，做事易受情绪影响，这些特点决定了对幼儿开展饮食营养教育应寓教于乐、寓教于动。教师应针对不同年龄的幼儿、不同内容的活动，选择和运用多种多样的教育方法，使之有机组合，从而提高教育的效果。

（三）幼儿饮食营养教育活动的活动过程

幼儿饮食营养教育活动过程可以分为三部分：开始部分、基本部分、结束部分。

1. 开始部分

开始部分的主要的目的是在比较短的时间内引起幼儿的学习兴趣，为了达到这个目的，教师可以选择适当的导入方法。在幼儿饮食营养教育活动中，导入的方法主要有：

（1）谜语导入　谜语导入主要运用谜语的方式，激发幼儿的好奇心，引出活动的主题。这一部分内容在组织幼儿认识食物中运用得比较多。例如，教学活动"好吃的萝卜"中的导入，如下所述。谜语导入，激发幼儿学习兴趣。提问：小朋友们，今天老师给大家带来一种蔬菜，请小朋友们根据老师说的猜一猜是哪种蔬菜。大胖小子白又壮，身体埋在地下长，露出几撮绿头发，轻轻一拉扔进筐。小朋友们猜一猜是哪种蔬菜？

知识加油站

关于蔬菜的谜语

① 泥里一条龙，头顶一个蓬，身体一节节，满肚小窟窿。【谜底】莲藕

② 不长汁来不生杈，叶子顶上开白花，脑袋睡在地底下，胡子长了一大把。【谜底】葱

③ 一个黄妈妈，一生手段辣，老来愈厉害，小孩最怕她。【谜底】姜

④ 不是葱，不是蒜，一层一层裹紫缎。说葱长得矮，像蒜不分瓣。【谜底】洋葱

⑤ 身材瘦瘦个儿高，叶儿细细披绿袍，别看样子像青蒿，香气扑鼻味儿好。【谜底】芹菜

关于水果的谜语

① 小小红坛子，装满红饺子，吃掉红饺子，吐出白珠子。【谜底】橘子

② 黄皮包着红珍珠，颗颗珍珠有骨头，不能穿来不能戴，甜滋滋来酸溜溜。【谜底】石榴

③ 身穿绿衣裳，肚里水汪汪，生的子儿多，个个黑脸膛。【谜底】西瓜

④ 壳儿硬，壳儿脆，四个姐妹隔墙睡，从小到大背靠背，盖的一床疙瘩被。【谜底】核桃

⑤ 桃园三结义，张飞在腹里，去了关云长，方知是刘备。【谜底】荔枝

（2）谈话导入　谈话导入是比较自然的方式，在幼儿饮食营养教育活动中也经常用到。教师发出问题，与幼儿一起讨论，但是教师要多提问开放性的问题，才有利于谈话的展开。例如教师在组织"我爱吃月饼"的活动时，导入活动如下：谈话导入，激发幼儿学习兴趣。小朋友们知道今天是什么节日吗？（中秋节）你们还记不记得中秋节吃什么？（月饼）。那么今天，老师就和小朋友们一起来讲一讲月饼，我们中国传统的美食。

谈话导入非常自然，但是要围绕中心主题进行谈话。幼儿的思想是比较活跃的，他们的回答多种多样，教师要善于运用启发的方法进行提问，引导幼儿说出正确的答案。

（3）悬念导入　悬念导入在幼儿饮食营养教育活动中采用得也比较多。悬念导入可以激发幼儿的好奇心。例如教师在组织"小苗口渴了"的教学活动中，活动过程导入为：感知讨论，了解水对身体成长的重要作用。

观察洋花萝卜，了解缺水的后果。

教师：这里的两盆洋花萝卜，一盆发芽长叶了，另一盆却枯萎了。请你们仔细看一看，猜一猜为什么？（幼儿自由回答）

教师：看看它们的泥土是怎么样的？（一干一湿）

小结：萝卜没有水喝就会枯死，就发不了芽、长不了叶。人也像萝卜一样离不开水，我们只有每天多喝水才能长高、长大。

教师在组织教学活动"小勺对我哈哈笑"中，导入部分：用餐布盖好水果放在餐车上推出，引起幼儿的兴趣。

教师：猜猜今天老师给小朋友们带来了什么好吃的食物？（幼儿自由猜想回答）

教师：你们想吃水果吗？我们需要什么餐具呢？（勺子）

小结：吃食物的时候我们要使用勺子或筷子，这样既文明又卫生。

（4）直观导入　教师通过出示图片、模型、绘本、视频等方式直观地进行导入，幼儿更容易集中注意力。例如教师组织教学活动"多吃零食坏处多"时，导入部分：出示图片，导入主题。出示图片，提问：小朋友们看看这上面都有什么？（"烧烤肉串""糖果""巧克力""汽车""果冻"等）

小结：小朋友们，上面的这些吃的都叫零食。

（5）手指操导入　手指操导入是指教师通过欢乐有趣的手指操进行导入，激发幼儿的兴趣。例如，教师在组织"爱吃卷白菜"的教育活动时，可以做"卷白菜"手指操：卷心菜呀，卷心菜呀，住着一只青虫。滴～青虫的爸爸。卷心菜呀，卷心菜呀，住着一只青虫。滴～青虫的妈妈。卷心菜呀，卷心菜呀，住着一只青虫。滴～青虫的哥哥。卷心菜呀，卷心菜呀，住着一只青虫。滴～青虫的姐姐。卷心菜呀，卷心菜呀，住着一只青虫。滴～青虫的宝宝。卷心菜呀，卷心菜呀，住着五只青虫。啪～青虫的一家。

（6）设置情境导入　设置情境是教师在组织教学活动开始，就设置了本次活动的情境内容。例如教师在组织教育活动"细嚼慢咽好处多"时，导入部分：观看情境表演，发现狼吞虎咽的危害。组织幼儿观看情景剧《壮壮口中的刺》，帮助幼儿了解细嚼慢咽的危害。情境1：午饭后，壮壮张着嘴巴哭着走到老师面前说："老师，鱼刺扎到我的嗓子里了……"情境2：教师带壮壮去医院，医生将壮壮口中的刺取出，壮壮开心地谢过医生和教师返回幼儿园。设置情境导入，能够激发幼儿的学习兴趣。

2. 基本部分

幼儿饮食营养教育活动的基本部分是教学过程的主要环节，是突破教学难点、完成教学目标最重要的环节，也是体现教学原则、教学方法最重要的环节。基本部分的组织环节没有固定的要求，重点是运用合理的教学方法达到教学目标。整个活动过程需要遵循大脑皮层的活动规律，符合镶嵌式活动的原则，遵循动静结合。基本部分设计的环节应该环环相扣，层层递进，实现教学目标。

3. 结束部分

结束部分应自然结束，教师可以进行总结，继续迁移教学活动目标。同时，应该安排活动延伸，让教学内容自然延伸到区角、户外活动、家庭中。例如健康教育活动"小猪去春游"中，教师进行小结：在日常生活中要多吃蔬菜、瓜果等健康食品，少吃油炸食品。

（1）在进餐前，教师可结合每餐的饭菜向幼儿介绍每种食物的营养价值，鼓励幼儿多吃健康食品。

（2）在"娃娃家"，为幼儿提供丰富的自制水果和蔬菜（仿真品），减少油炸食品（仿真品）的投放量，鼓励幼儿多给"娃娃"吃水果、蔬菜，少吃油炸食品。

（3）在盥洗室的低矮墙面上贴上小猪、小猴子和小兔子的头像和它们拉的大便图片，引导幼儿看看谁拉的是一坨黄色的大便。

（4）家园配合，请家长在家中鼓励幼儿多吃一些水果蔬菜，减少幼儿吃快餐及油炸食品的机会或有意识地减少不健康食品的摄入量。

二、幼儿饮食营养教育活动应注意的问题

（1）要充分认识食物营养教育对幼儿当前和未来发展的重要意义，要建立科学的营养

价值，培养幼儿良好的饮食营养习惯。

（2）要体现幼儿教育机构、家庭的密切配合，确保此项教育的最佳效果。

（3）要充分利用电视、录像、模型、图画等多种形式、方法进行教育。

（4）在指导、教育、评价个别幼儿饮食营养时，要结合其自身的遗传、生长发育、营养等各方面情况进行分析、判断，充分考虑幼儿的个体差异。

（5）注意成人的语言、表情和动作对幼儿的心理暗示作用。积极的暗示有利于幼儿养成良好的饮食营养习惯；相反，消极的暗示会引发幼儿的逆反心理，养成不好的饮食习惯。

第三节 幼儿饮食营养教育活动案例评析

一、小班幼儿饮食营养教育活动案例评析

活动方案

蔬菜大拼盘

【设计意图】

小班幼儿在进餐时常常出现挑食的现象，特别是不愿接受一些有特殊味道的蔬菜，如棕色的香菇、纤维多的芹菜和怪味的胡萝卜。《指南》指出："在引导下不偏食、挑食。喜欢吃瓜果、蔬菜等新鲜食品。"为了让幼儿熟悉这些味道怪的蔬菜对身体有好处，本活动从这些蔬菜的不同特征入手，让幼儿了解这些蔬菜的典型特征，激发幼儿对这些蔬菜的好奇心，鼓励他们喜欢吃更多种不同颜色、味道的蔬菜，养成良好的进餐习惯。

【活动目标】

（1）初步了解有特殊味道蔬菜的营养及对人体的作用。

（2）愿意尝试接受有特殊味道的蔬菜。

【活动准备】

（1）经验准备：幼儿知道部分蔬菜的名称和简单的特征。

（2）物质准备：教师自制"蔬菜超市"背景；特殊味道的蔬菜实物若干，如芹菜、香菇、胡萝卜等；自编手偶情景剧《不一样的蔬菜宝宝》；清洗好的芹菜和胡萝卜，切成片状（易于手撕）；泡好的香菇，沙拉酱；一次性塑料餐盒、一次性手套及幼儿使用的小勺若干。

【活动重点】

简单了解有特殊味道的蔬菜对人体的营养价值。

【活动过程】

（1）自由参观"蔬菜超市"，用动作表达想买的蔬菜。

① 教师带领幼儿扮演"顾客"来到"蔬菜超市"，引导幼儿观察蔬菜的基本特征。

教师：你要买什么蔬菜？请用动作表示你要买的蔬菜，好吗？
② 出示蔬菜图片，鼓励幼儿说说蔬菜的名称、颜色等基本特点。
教师：谁知道这个蔬菜叫什么？它是什么颜色的？它像什么呢？
小结：蔬菜会有不同的颜色，每种蔬菜都有自己不一样的外形特征。
（2）观看手偶情景剧《不一样的蔬菜宝宝》，了解特殊味道蔬菜的营养价值。
① 幼儿观看情景剧，了解蔬菜（胡萝卜、香菇、芹菜）的营养价值。
教师：我们买了这么多的蔬菜，蔬菜宝宝想跟我们说话呢，我们一起来听听。
② 教师与幼儿分享看情景剧的感受。
教师：吃了胡萝卜宝宝，我们的眼睛会怎样？香菇宝宝身上有什么？吃了香菇宝宝我们的身体会怎样？吃了芹菜宝宝，我们的大便会怎样？
小结：这些蔬菜虽然有特殊的味道，但吃了它们对人的身体会有好处。
（3）动手制作蔬菜大拼盘，产生喜欢吃不同蔬菜的兴趣。
① 教师将各种蔬菜半成品放在桌上，帮助幼儿戴上一次性手套，引导幼儿将每种半成品的蔬菜手撕成条状、片状等。
② 鼓励幼儿自己戴上一次性手套将蔬菜装盘，拌上沙拉酱进行搅拌。
③ 鼓励幼儿向同伴介绍自己的蔬菜拼盘，并一同品尝蔬菜沙拉。
小结：多吃蔬菜对人的身体有好处，小朋友们不要拒绝吃这些有特殊味道的蔬菜。

【活动延伸】
（1）在日常生活环节。引导幼儿玩语言游戏"猜一猜我是谁"，鼓励幼儿用肢体动作表现不同蔬菜的特征，请其他幼儿说出蔬菜的名称。
（2）在"娃娃家"投放用不同蔬菜拼成的鱼、比萨等幼儿喜欢吃的食物形状，供幼儿操作，激发幼儿产生喜欢吃这些蔬菜的兴趣。
（3）创设"蔬菜宝宝总动员"的功能性墙饰，以照片的形式展示各种蔬菜的基本特征及它们的营养价值。
（4）利用"家园亲子园地"，有针对性地向家长宣传"有特殊味道蔬菜"的营养价值，鼓励家长配合幼儿园，帮助幼儿逐步养成不挑食、喜欢吃各种各样蔬菜的好习惯。

【附：情景剧】

小班健康领域：不一样的蔬菜宝宝

胡萝卜宝宝说："我是胡萝卜宝宝，小朋友们要和我做朋友，吃了我以后你们的眼睛会变得更加明亮。"

胡萝卜宝宝刚说完，香菇宝宝跑上去说："我是香菇宝宝，我身上有许多营养，吃了我，你们的身体会更加健康。"

芹菜宝宝也抢着说："我是芹菜宝宝，小朋友们吃了我以后，大便就更通畅了。"

活动方案评析

活动方案的评析需要从活动名称、活动目标、活动准备、活动过程、活动延伸等几方面进行评价。

教案评价：教师在充分了解幼儿饮食特点的基础上，有针对性地设计了这次教学活动。整个活动内容与教学方法的使用符合幼儿的年龄特征，简单易懂，能够调动幼儿的参与兴趣。

（1）评价活动名称：活动名称简洁明了，通过题目便知道活动的内容是围绕着各种各样的蔬菜来进行的。

（2）评价活动目标：该活动制定的目标符合小班幼儿实际发展水平。教师在日常生活中发现幼儿挑食、对有特殊味道的蔬菜存在抗拒的心理，故而结合《纲要》在健康领域对小班幼儿发展目标的相关论述制定此次活动的目标。本次活动的教育目标具体、有较强的操作性和指向性。

（3）评价活动准备：活动准备充分，包括经验准备、物质准备两部分。经验准备包括幼儿知道部分蔬菜的名称和简单的特征。物质准备包括教师自制"蔬菜超市"背景；特殊味道的蔬菜实物若干，如芹菜、香菇、胡萝卜等；自编手偶情景剧《不一样的蔬菜宝宝》；清洗好的芹菜和胡萝卜，切成片状（易于手撕）；泡好的香菇，沙拉酱；一次性塑料餐盒、一次性手套及幼儿使用的小勺若干。准备充足，为多样性活动的实施奠定基础。

（4）评价活动过程：

① 活动的开始部分：教师带领幼儿运用角色扮演的形式，扮演准备购买蔬菜的顾客，引入此次活动的主题。

② 活动的基本部分：在活动过程中，教师采用扮演法、拟人法、实践法等形式展开活动。扮演法：教师带领小朋友们扮演顾客，去购买喜欢的蔬菜。拟人法：通过手偶情景剧的形式，让蔬菜"开口说话"，介绍自己的价值所在。实践法：带领幼儿亲手制作沙拉。

总之，"蔬菜大拼盘"活动以角色扮演进行导入，将活动内容融入各种形式的活动之中，让幼儿在学习与操作过程中了解并喜欢上蔬菜，活动的设计符合小班幼儿的年龄特点和发展规律，使活动趣味盎然。

在活动过程中，幼儿能够积极地参与并配合教师的活动。首先，教师带领幼儿在"蔬菜超市"时，让幼儿扮演顾客，并引导幼儿观察蔬菜特征并表现出来，既帮助其进一步了解了蔬菜的基本特征，又让幼儿在轻松自然的环境下发挥了自身的创造性。其次，运用手偶情景剧的形式自然地渗透蔬菜的简单营养价值知识。活动将不同的蔬菜拟人化，符合小班幼儿的学习特点。最后，让幼儿在体验操作中接触蔬菜。在活动的过程中，教师鼓励幼儿动手制作蔬菜拼盘，既发展了幼儿手部肌肉的灵活性，又激发了幼儿吃蔬菜的兴趣。

③ 活动的结束部分：教师用总结的方式结束活动。

（5）评价活动延伸：教师一共设计了四个延伸的内容，丰富具体，包括日常生活中、区域活动中、环境创设中与家园合作中四个方面，使学习迁移到各个方面，活动目标进一步得到实现。

建议：

（1）在活动目标方面，应该按照认知、能力、情感三维目标进行设计。例如：①知道特殊味道蔬菜的营养及对人体的作用；②能够动手制作蔬菜沙拉；③愿意尝试接受有特殊味道的蔬菜。

（2）教师带领幼儿进行的角色扮演应"有始有终"，在购买蔬菜与观看手偶两个环节之间毫无过渡，活动与活动之间的连接生硬。

（3）当教师在提问时，幼儿可能会存在回答不上来的情况，可以耐心引导幼儿，或是让他听一听其他幼儿的回答后再进行回答。

二、中班幼儿饮食营养教育活动案例评析

活动方案

好吃的粗粮

【设计意图】

现在的孩子挑食的比较多，这不爱吃，那不喜欢吃，特别是对于一些粗粮。由于粗粮的口感没有那么细腻，孩子看见了就皱眉。我们班有的孩子不喝豆浆，有的不吃炒饭里的玉米粒，还有的不吃豆腐等等，这些挑食的习惯直接影响幼儿身体的发育和健康。为了让孩子们知道吃粗粮有益于身体健康，进而喜欢吃粗粮，养成良好的饮食习惯，我设计了这次活动。

【活动目标】

（1）认识常见的粗粮及用其制作的相关食物。

（2）知道吃粗粮有益于身体健康。

【活动准备】

（1）物质准备：玉米、小米、黄豆的图片及实物，3个铁皮罐子（如饮料罐），用玉米、小米、黄豆制作的相关食物的图片。

（2）人员准备：邀请大班的3个小朋友扮演粗粮宝宝。

【活动重点】

认识常见的粗粮及用其制作的相关食物。

【活动过程】

（1）听一听、看一看，认识三种粗粮。

① 出示罐子，吸引幼儿的注意力。

教师：这里有三个罐子，小朋友们听一听三个罐子（分别装有玉米、小米、黄豆）摇晃的声音。

② 倒出罐子里的粗粮，让幼儿看一看、摸一摸、闻一闻。

教师：你们说这是什么？（教师分别来问，让幼儿分别来说）

③ 分别出示与实物相对应的图片（玉米、小米、黄豆），请个别幼儿拿图片与实物一一对应，分别认识这几种粗粮。

教师：你们说这是什么？（教师分别来问，让幼儿分别来说）

小结：玉米、小米、黄豆都是粗粮。粗粮还包括红豆、绿豆、高粱、红薯（白薯）等。

（2）观察图片，认识用粗粮制作的相关食物。

① 组织幼儿讨论：用这些粗粮可以制作哪些食物？

教师：你们知道用玉米、小米、黄豆可以做成什么食物吗？

② 出示图片（窝头、爆米花），告诉幼儿用玉米制作的食物。

教师：用玉米做的食物有窝头、煎饼、玉米碴子粥、爆米花、玉米面条、松仁玉米等，人们还可以把玉米煮熟了吃。

③ 出示图片（小米粥、小米面馒头），告诉幼儿用小米制作的食物。

教师：人们可以用小米做小米粥、小米饭、小米面馒头、小米面发糕吃。

④ 出示图片（豆腐、豆芽），告诉幼儿用黄豆制作的食物。

教师：人们可以把黄豆做成豆浆、豆奶、豆腐、豆皮、黄豆芽等吃。

小结：原来我们身边有这么多用玉米、小米、黄豆做成的美味的食物啊！

（3）了解粗粮食物的营养价值，知道吃粗粮的好处。

① 教师：你们知道为什么要多吃粗粮吗？（幼儿自由回答）

② 请幼儿观看大班小朋友的表演。（3名扮演粗粮的幼儿依次做简单的动作进行自我介绍）

玉米宝宝：我是玉米宝宝，小朋友们要和我做朋友。吃了我，可以让你们的皮肤白白的，让你们长得更高、变得更聪明。（玉米中含谷氨酸较高，具有健脑的作用，能加速幼儿机体的生长发育，延缓衰老，并有保护皮肤的作用）

小米宝宝：我是小米宝宝，我身体里有很多营养，吃了我可以让女孩变得更漂亮，男孩变得更帅气，对身体也好。（小米中含有维生素 B_1 和 B_2，其蛋白质中含有较多的色氨酸和蛋氨酸，对防止衰老有很好的作用。平时常吃点小米粥、小米饭，也有益于脑的保健）

黄豆宝宝：我是黄豆宝宝，小朋友们知道吗？我可是"豆中之王"，我身体里面也有很多营养。小朋友们猜一猜黄豆对你们的身体有什么好处呢？对了，我可以让你们的身体更健康，少生病。（黄豆含有高质量的蛋白质，可以提高人体的免疫力）

玉米宝宝、小米宝宝、黄豆宝宝：我们的营养高，我们爱宝宝。

小结：粗粮里面的许多营养是大米和白面中没有的，而且粗粮中有大量的纤维素和丰富的维生素，能锻炼我们的牙齿，使大便通畅，对身体有好处，所以我们应该多吃一些粗粮。

（4）玩游戏"对对碰"，进一步巩固对粗粮的认识。

玩法：幼儿分成两组，一组拿粗粮图片，另一组拿用粗粮制作的相关食物的图片。当教师说出一种粗粮时，用这种粗粮制作出来的食物去找相应的粗粮。

【活动延伸】

（1）在日常生活中，引导幼儿认识玉米、小米、黄豆及用其制作的食物。

（2）将玉米、小米、黄豆及用其制作的相关食物的图片制作成小册子，投放在图书区。

（3）将游戏"对对碰"中的图片投放在益智区，鼓励幼儿在区角活动时继续学习。

（4）请家长多收集一些关于粗粮的知识，并用粗粮制作一些美食，以实现家园共育。

活动方案评析

活动方案的评析需要从活动名称、活动目标、活动准备、活动过程、活动延伸等几方面进行评价。

教案评价：整个活动内容丰富多样，教学方法的使用符合幼儿的年龄特征，能够调动幼儿的参与兴趣。

（1）评价活动名称：活动名称简洁明确，所要表达的意思一目了然。

（2）评价活动目标：该活动制定的目标符合中班幼儿实际发展水平。粗粮是幼儿生活中常见的食物，含有丰富的营养。幼儿园为了均衡幼儿的饮食，也会做些粗粮食物，但是因为粗粮的口感没有那么细腻，很多幼儿都不喜欢吃。教师通过观察，特别设计了此次活动，制定活动的目标。本次活动的教育目标在制定时注重以幼儿为主体，重视对幼儿进行知识的讲解与能力的培养。目标具体、有较强的指向性。

（3）评价活动准备：在活动准备方面，包括物质准备与人员准备。在物质准备方面有玉米、小米、黄豆的图片及实物，3个铁皮罐子（如饮料罐），用玉米、小米、黄豆制作的相关食物的图片，为多样性活动的实施奠定基础。

（4）评价活动过程：

①活动的开始部分：教师带领幼儿以听一听、看一看的形式，引入此次活动的主题。

②活动的基本部分：在活动过程中，教师通过提问法、讨论法、游戏法等形式展开活动。提问法：教师提出问题，并调动幼儿的各个感官参与思考并回答粗粮有哪些。讨论法：教师组织幼儿讨论思考粗粮可以制作的食物都有什么。游戏法：玩"对对碰"的游戏，巩固幼儿对粗粮的认识。

总之，"好吃的粗粮"活动以猜一猜的形式导入，在活动中设置多样化的活动环节，将内容融入各种形式的活动之中，让幼儿在学习与观看中了解并喜欢粗粮。

在活动过程中，大多数幼儿能够积极地参与到教师的活动中来。首先，教师调动幼儿的多种感官，引导幼儿运用看一看、摸一摸、闻一闻的方式说出各种粗粮的名称。其次，观看大班小朋友的表演，幼儿通过观看了解不同粗粮的营养价值。最后，让幼儿通过讨论思考粗粮可以制作的食物有哪些，并进行"对对碰"的游戏。既巩固了幼儿对粗粮相关知识的认识，又发展了幼儿对于粗粮的兴趣。

③活动的结束部分：教师用"对对碰"的游戏结束活动。

（5）评价活动延伸：教师一共设计了四个延伸的内容，丰富具体，包括日常生活中、区域活动中、环境创设中与家园合作中四个方面，使学习迁移到各个方面，活动目标进一步得到实现。

建议：

（1）在活动目标方面，应该按照认知、能力、情感三维目标进行设计。例如：①认识各种粗粮，知道粗粮含有丰富的营养；②能够主动吃粗粮制作的食物；③积极体验粗粮对人身体发展的益处。

（2）在活动准备中，缺少经验准备。幼儿在此活动前已经认识教师所出示的图片中的食物是什么。

（3）在结束环节缺少总结，教师通过总结能够及时对幼儿的认识进行总结和提升，帮助幼儿巩固学到的新认识，因此教师在"对对碰"的游戏结束后应及时对此次活动的内容进行总结。

三、大班幼儿饮食营养教育活动案例评析

活动方案

快乐自助餐

【设计意图】

自助餐这种食物多样、各取所需的新颖进餐方式，越来越被幼儿和家长所认可。但是在进行自助餐时幼儿往往抱着好玩、有趣的态度，比较随意地选取喜欢的食物大快朵颐，结果导致暴饮暴食、取食单一、不讲究进餐礼仪的现象出现。如何利用自助餐食物丰富、

进餐形式灵活的特点，潜移默化地向幼儿介绍食物的营养知识，同时帮助幼儿建立良好的进餐习惯与礼仪呢？我们根据《〈幼儿园教育指导纲要（试行）〉实施细则》中提出的"培养幼儿健康的饮食习惯，引导幼儿进餐时举止文明"的教学内容与要求，开展了健康教学活动"快乐自助餐"，通过创设情境、营造与模拟自助餐的方式，帮助幼儿建立自助餐的礼仪认知，了解合理的进食顺序与各种食物进食量的常识，为幼儿今后的健康成长奠定坚实的基础。

【活动目标】

（1）学习吃自助餐的方法。

（2）了解吃自助餐的基本进餐礼仪，做到进餐时举止文明，有序谦让地进餐。

【活动准备】

（1）经验准备：幼儿有自取食物的经验，能够熟练地使用各种餐具。

（2）物质准备：碗、勺、筷子等餐具，轻音乐磁带，彩色笔、绘画纸人手1份。

（3）环境准备：创设"自助餐厅"环境（两组玩具柜，分别摆放主食类、水果蔬菜类、豆制品、鱼肉蛋类、汤类食物图片和仿真食物或是自制玩具；一张小桌子摆放可乐、橙汁等饮料），同时在餐厅里划分出取餐区域、进餐区域、准备区域。

【活动过程】

1. 参观自助餐厅，激发参与兴趣

教师带领幼儿参观"自助餐厅"的游戏场地，引导幼儿观看餐厅的新环境。

教师：欢迎大家来到"自助餐厅"，看看这里的摆设与环境和你去过的餐厅有什么不一样？今天老师要请你们免费品尝一次美味佳肴。

2. 观察食物图片并分类

教师：请你认一认我们的餐厅里都有哪些食物？请给它们分类。（幼儿辨认食物图片，并分小组进行操作将食物分类）

小结：

① 主食：面包、米饭、大饼、包子、饺子等。

② 饮料：可乐、雪碧、橙汁、白开水、豆浆。

③ 水果、蔬菜：苹果、梨、蘑菇、西红柿、油菜、土豆、芹菜。

④ 豆制品：豆腐干、豆腐乳、腐竹。

⑤ 鱼肉蛋类：鸡腿、羊肉串、排骨、鱼、鸡蛋。

⑥ 汤类：黄瓜汤、西红柿汤、冬瓜汤。

3. 玩模拟游戏，了解自助餐进餐方式

（1）教师提出问题，引发幼儿讨论，初步了解自助餐。

① 教师：什么是自助餐？

小结：从名字上来看，就是自己为自己服务，想吃什么就可以自己拿什么。

② 教师：有谁吃过自助餐，知道吃自助餐要注意些什么呢？

小结：吃自助餐时，我们要做到有序取餐、相互谦让；餐具有序摆放不乱扔；按量取餐，不浪费饭菜；进餐时，保持桌面整洁；不用餐具玩食物，不打闹，不大声说笑。

（2）引导幼儿使用正确的进餐礼仪模仿"吃自助餐"。

教师：大家是不是都想亲自去取一些自己喜欢的食物呢？现在就请你们按照刚才说的礼仪，自己取餐吧！

4. 玩"晾食物"游戏，理解合理膳食的重要性

（1）说一说，填一填。

教师：小朋友们都取了一些自己喜欢的食物，谁来告诉大家你都取了哪些食物？［教师分别请幼儿把食物图片放到对应的食物类别表（表6-2）中］

表6-2 食物类别表

主食	蔬菜	水果	鱼、肉、蛋	豆制品	汤	饮料

（2）分析讨论，帮助幼儿掌握合理的营养搭配方法。

① 教师：我们一起看一看、数一数，每个小朋友每类食物都取了多少？什么取得多，什么取得少？（教师和幼儿一起对每个幼儿的食物搭配情况进行分析）

② 总结幼儿搭配食物的类型：主食多的；油炸类食物多的；肉类多的；果蔬类少的；饮料多的。请幼儿针对不同的搭配用图片进行调整、添加或者减少。

小结：吃自助餐给了大家更多选择食物的机会，但是小朋友们一定要注意吃得有营养，主食、蔬菜水果、肉类都可以吃一些，这样营养才能做到均衡。

5. 了解自助进餐的顺序

教师：大家知道怎样吃才能使我们的身体更好地吸收营养吗？正确吃东西的顺序是怎样的？（组织幼儿分组讨论：吃自助餐时应该先吃什么，后吃什么？）

小结：先吃容易消化的汤、菜、饭；然后是高蛋白的鱼虾禽肉，最好选择白灼、清蒸的做法；最后可选些味酸的水果，既可帮助消化，还可清除口腔异味。

6. 美味自助餐开始啦

播放轻松的音乐，幼儿随机取餐，教师关注幼儿的行为和食物搭配情况，活动自然结束。

活动方案评析

活动方案的评析需要从活动名称、活动目标、活动准备、活动过程、活动延伸等几方面进行评价。

教案评价：整个活动开展形式丰富多样，无论是讨论还是操作活动，都能够发挥出幼儿的个性，引导幼儿积极主动参与。

（1）评价活动名称：活动名称具有吸引力，与幼儿生活相联系，能够吸引幼儿参与到活动中来。

（2）评价活动目标：以幼儿为主体，注重幼儿行为能力与餐桌礼仪的培养。

（3）评价活动准备：活动准备充分，包括经验准备、物质准备与环境准备，为幼儿准备了碗、勺、筷子等餐具，轻音乐磁带，彩色笔、绘画纸人手1份等材料，并创设了与真实的自助餐厅相近的环境，为后续活动开展提供物质保障。

（4）评价活动过程：

① 活动的开始部分：教师采用情境导入，带领幼儿参观提前布置好的"自助餐厅"，引入此次活动的主题。

② 活动的基本部分：在活动过程中，教师采用分类法、游戏模拟法、交流讨论等多种方法。分类法：教师引导幼儿主动观察食物并进行分类。游戏模拟法：幼儿使用正确的进餐礼仪模仿"吃自助餐"。交流讨论法：通过分析讨论幼儿的食物单，帮幼儿掌握合理

的营养搭配方法。

总之，在"快乐自助餐"活动中，教师通过情境创设进行导入，将活动内容融入各种形式的活动之中，让幼儿在学习与操作过程中了解吃自助餐的方法、礼仪以及食物的营养搭配。活动内容丰富多样，符合大班幼儿的年龄特点和发展规律。

在活动过程中，幼儿能够积极地参与并配合教师的活动。第一，创设游戏情境，使幼儿能够直接进入活动的主题。第二，以吃自助餐为线索，使幼儿在观看食物、自取食物、进餐的自然流程中自然习得自助餐的相关礼仪、取餐技巧，掌握科学合理的进食顺序和各种食物的进食量。活动各环节衔接流畅、巧妙。第三，活动充分体现了"以幼儿为本"的教育理念，让幼儿通过操作游戏、话题讨论等方式，体验共同学习的快乐。

③ 活动的结束部分：幼儿随机取餐，在情境中自然地结束活动。

建议：

（1）在活动目标方面，活动目标最好按照认知、能力、情感三维目标进行设计。例如：① 了解吃自助餐的基本进餐礼仪与合理进餐的方法；② 能够积极主动参与自助和合作配餐，改正不良的进餐习惯；③ 感受合理饮食对健康的重要性。

（2）在活动延伸方面，教师可以增加延伸的内容，例如可以延伸到日常生活中，对日常生活中的食物进行搭配。同时，教师也可以延伸到环境创设中，如在墙面上放置一些食物的图片以及食物分类，起到隐性教育的功能。

（3）建议家长配合自助餐的教学活动，带领幼儿在家中或者去自助餐厅吃饭，通过实际体验，使幼儿能够把在教学活动中了解到的相关知识与常识灵活地运用到实践中。家长同时可以在旁提醒与现场指导。

（4）在了解自助餐的环节，教师可利用自助餐的录像宣传，让幼儿观看以便获得最直接的感性认识，分辨文明与不文明的进餐行为，分辨科学合理的进餐顺序和食物搭配。

学习总结

本章主要探讨3~6岁幼儿健康领域中饮食营养教育活动的目标、内容、实施等，共分为三节。第一节主要讲解如何制定饮食营养教育活动的目标，包括总体目标、年龄阶段目标、具体目标；如何选择饮食营养教育活动的内容，包括总体内容、年龄阶段内容、具体内容；如何设计幼儿饮食营养教育活动。第二节主要探讨饮食营养教育活动的实施，包括幼儿饮食营养教育活动的原则、方法、过程等，并且阐述了幼儿饮食营养教育活动应该注意的问题。第三节对小、中、大班幼儿饮食营养教育活动进行评析。

拓展训练

以"我的饮食"为主题，设计中班健康领域饮食营养教育活动方案，并上传至学习通……

实践练习

1. 修改饮食营养活动目标并重新书写

（1）中班健康领域：好吃又营养的蔬菜。

目标：

① 通过认识蔬菜的外形特征，了解蔬菜的不同食用部分。

② 按不同的食用部分给蔬菜分类（根类、茎叶类、果实类），发展幼儿的分类能力。
③ 蔬菜好吃有营养，教育幼儿不要挑食。
④ 知道人体需要各种不同的营养。
⑤ 初步了解健康的小常识。
修改为：_____。
_____。
_____。

（2）中班健康领域：多吃水果有营养。
① 初步了解水果的特征，知道对身体有益。
② 知道水果有丰富的营养，鼓励幼儿多吃水果。
③ 知道人体需要各种不同的营养。
④ 了解吃饭对身体健康的影响，能按时吃饭，不挑食。
⑤ 帮助幼儿树立保护身体健康的意识。
修改为：_____。
_____。
_____。

（3）中班健康领域：营养平衡才健康。
目标：
① 知识与技能：帮助幼儿了解各种食物的营养价值。
② 过程与方法：通过情境创设、故事让孩子了解健康饮食的重要性。
③ 情感态度价值观：帮助幼儿形成健康饮食的习惯。
④ 了解吃饭对身体健康的影响，能按时吃饭，不挑食。
⑤ 让幼儿知道愉快有益于身体健康。
修改为：_____。
_____。
_____。

2. 简答题
（1）幼儿饮食营养教育活动的设计思路有哪些？
（2）幼儿饮食营养教育活动需要注意哪些问题？
（3）幼儿饮食营养教育活动的教学方法有哪些？

第七章
幼儿体育教育活动的设计与指导

导学

在本章中你会学习到幼儿体育教育活动的设计与指导策略。在第一节中你会学习到如何设计幼儿体育教育活动。在第二节中你会学会如何探讨幼儿园体育教育活动的指导策略。在第三节中你会学到如何评析小、中、大班幼儿体育教育活动。

学习目标

通过本章的学习，你应该做到：

（1）掌握幼儿体育教育的活动目标、活动内容与活动实施。

（2）能够运用学前教育理论进行幼儿体育教育活动的设计、组织与实施。

（3）体验幼儿体育教育活动对幼儿发展的重大意义。

思维导图

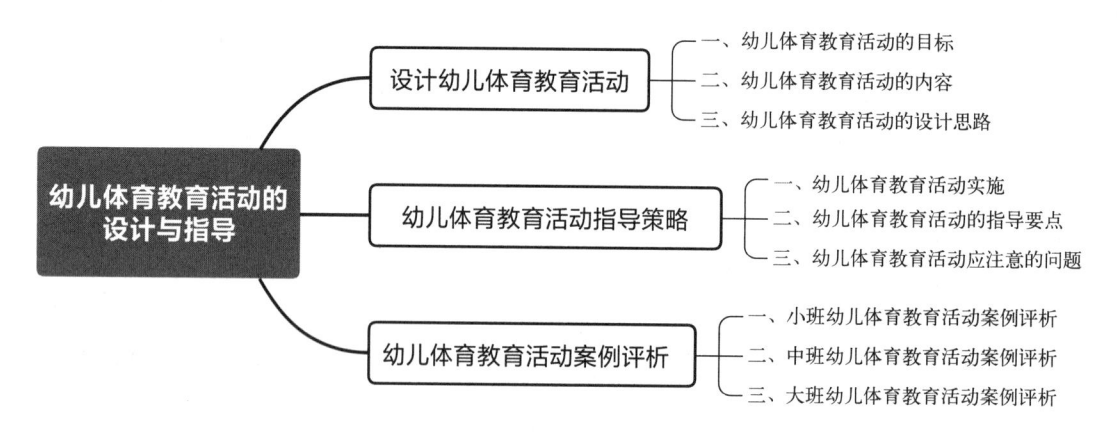

幼儿体育教育活动的设计与指导
- 设计幼儿体育教育活动
  - 一、幼儿体育教育活动的目标
  - 二、幼儿体育教育活动的内容
  - 三、幼儿体育教育活动的设计思路
- 幼儿体育教育活动指导策略
  - 一、幼儿体育教育活动实施
  - 二、幼儿体育教育活动的指导要点
  - 三、幼儿体育教育活动应注意的问题
- 幼儿体育教育活动案例评析
  - 一、小班幼儿体育教育活动案例评析
  - 二、中班幼儿体育教育活动案例评析
  - 三、大班幼儿体育教育活动案例评析

第一节 设计幼儿体育教育活动

案例导入

可可是一个平时比较安静的小男孩儿，并且胆子也非常小，在一节体育课上，体育教师教小朋友们如何攀爬，想要提高小朋友们的胆量。在练习环节中，体育教师将器械摆放好之后组织孩子们排成一纵队依次练习，主班教师与保育员教师一同协助体育教师在旁边保护小朋友们的安全，但每次轮到可可时他却总是不上去，让后面的小朋友去爬，而自己则在一旁观看。主班教师看到这一情况便走到可可的面前问他："可可，你为什么不和小朋友们一起爬呀？"可可怯生生地说："老师，我害怕，我怕爬上去会摔下来。"

要求：

（1）同学们，如果你是可可的老师，你会如何引导可可战胜恐惧，勇敢攀爬呢？

（2）小组合作，用思维导图的方式总结幼儿体育教学活动的设计过程。

🧩 知识讲解

幼儿体育即学前儿童体育，是指遵循学前儿童身体生长发育发展的特点和规律，以身体练习为基本手段，以促进学前儿童的体质、发展学前儿童的身体素质和初步运动能力、提高儿童健康水平和健康意识为主要目的而进行的一系列锻炼身体的教育活动。

一、幼儿体育教育活动的目标

幼儿体育教育活动的目标就是幼儿园体育工作所要达到的预期目的，它揭示了体育活动影响幼儿发展的预知变化，是幼儿发展的努力方向，也是幼儿园实施体育活动应当完成的任务。

（一）幼儿体育教育活动的总体目标

根据《规程》和《纲要》中健康领域目标的精神，幼儿体育教育活动的总体目标为喜欢参加体育活动，动作协调灵活。具体可以表述为：开展丰富多彩的户外游戏和体育活动，培养幼儿参加体育活动的兴趣和习惯，增强体质，提高对环境的适应能力。用幼儿感兴趣的方式，发展基本动作，提高动作的协调性、灵活性。在体育活动中，培养幼儿坚强勇敢、不怕困难的意志品质和乐观合作的态度，培养幼儿对体育活动的兴趣。

（二）幼儿体育教育活动的年龄阶段目标

1. 小班目标

（1）能上体正直、自然地走和跑；能向指定方向走和跑；能在指定范围内四散跑、追逐跑；能步行1千米，连续跑约半分钟；能一个跟着一个走，走成一个圆；能较轻松地双脚交替跳着走。

（2）能较轻松自然地双脚同时向前跳、向上跳，能从25厘米高处自然地跳下。

（3）能双手用力将球向前、上、后方抛，能单手自然地将沙包等轻物投向前方。

（4）能在平行线（或窄道）中间走，能在宽25厘米、高（或斜高）20厘米的平衡木（或斜坡）上走。

（5）能在65~70厘米高的障碍物（如绳子、皮筋、拱形门等）下钻来钻去；能手膝着地自然协调地向前爬；能倒退爬；能钻爬过低矮的障碍物；能在攀登架上爬上爬下，或从网的一侧爬越至另一侧（必要时教师可以帮助）。

（6）初步学会听各种口令和信号并做出相应动作，能边念儿歌或边听音乐做模仿操或简单的徒手操。

（7）会玩滑梯、攀登架、转椅等大型体育活动器械并注意安全，会骑小三轮自行车，会推拉独轮车，会滚球、传球、抛接球和原地拍皮球，会利用球、绳、棒、圈等小型多样的体育器材进行身体锻炼。

（8）喜欢并愿意参加体育活动；初步掌握体育活动的有关知识和规则，团结合作，爱护公物；能合作收拾某些小型体育器材。

2. 中班目标

（1）能听信号按节奏上下肢协调地走和跑；能听信号变速走、变速跑；能听信号变化方向走；能前脚掌着地走、倒退走；能跨过低障碍物走；能绕过障碍物跑；能快跑 20 米，走跑交替（或慢跑）200 米左右；能在一定范围内四散追逐；能步行 1.5 千米，连续跑约 1 分钟；能听信号切断分队走、一路纵队走。

（2）能自然摆臂连续纵跳触物（物体离幼儿举手指尖 20 厘米左右）；能双脚熟练地向前跳或双脚在直线两侧行进跳；能立定跳远，跳距不少于 30 厘米；能双脚站立由 30 厘米高处往下跳，落地轻；能助跑跨跳平行线，跳距不少于 40 厘米；能单、双脚轮换跳，单足连续向前跳。

（3）能肩上挥臂投掷轻物，能自抛自接低（高）球，能两人近距离互抛互接大球，能滚球击物，能左右手拍球。

（4）能在宽 20 厘米、高 30 厘米的平衡木（或斜坡）上走，能原地自转至少 3 圈不跌倒，能闭目向前走至少 10 米。

（5）能熟练协调地在 60 厘米高的障碍物（如圈、拱形门等）下较灵活地侧钻，能手脚着地协调地向前爬，能手脚熟练协调地在攀登架、攀登网或肋木上爬上爬下，能团身滚。

（6）能较熟练地听信号集合、分散、排成 4 路纵队（包括切断分队），能随音乐节奏较准确地做徒手操和轻器械操。

（7）会玩跷跷板、秋千等各类大型体育活动器械，会骑小三轮车、带辅轮的小自行车，会用球、绳、棒、圈及其他废旧材料（如易拉罐、可乐瓶、报纸等）开展小型多样的体育活动。

（8）具有一定的抵御寒、暑、饥、渴的能力和抵抗疾病的能力。

（9）喜欢并能较积极地参加体育活动，初步养成参加体育活动的习惯；能较自觉地遵守体育活动的规则；互助合作、爱护公物，能及时收拾小型体育器材。

3. 大班目标

（1）能轻松自如地绕过障碍进行曲线走和跑；能快跑 30 米或接力跑；能走跑交替（或慢跑）300 米左右；能步行 2 千米，连续跑约 1.5 分钟；能听信号左右分队走。

（2）能原地蹬地跳起连续纵跳触物（物体离幼儿举手指尖 25 厘米左右）；能双脚熟练地改变方向（前、后、左、右、转身）跳；能从 35~40 厘米高处自然地跳下，落地轻稳；能立定跳远，跳距不少于 40 厘米；能助跑跨跳平行线，跳距不少于 50 厘米；能助跑跳远，跳距不少于 40 厘米；能助跑屈膝跑过高度约 40 厘米的垂直障碍，能连续向前跳越多个高 40 厘米、宽 15 厘米的障碍。

（3）能半侧面单手投掷小沙包等轻物约 4 米远；会肩上挥臂投掷轻物并投准目标（如直径不少于 60 厘米的标靶，投掷距离约 3 米）；能抛接高球，或两人相距 2~4 米互抛互接大球。

（4）能在宽 15 厘米、高 40 厘米的平衡木上交换手臂动作（叉腰、平举、上举等）或持物走；能两臂侧平举闭目起踵自转至少 5 圈，不跌倒；能两臂侧平举单足站立不少于 5 秒钟。

（5）能熟练协调地侧身、缩身钻过 50 厘米高的障碍物（如拱形门等），能手脚交替协调熟练地在攀登架或肋木上爬上爬下，能在单杠或其他器械上做短暂的悬垂动作，能熟练地在垫子上前滚翻、侧滚翻。

（6）能熟练地听各种口令和信号并做出相应的动作；能听信号迅速地集合、分散、整齐列队、变化队形；能随音乐节奏有精神地做徒手操和轻器械操，动作有力、到位。

（7）会玩低单杠、秋千、脚蹬车等其他大型体育活动器械，会踩高跷、跳皮筋、跳绳50次以上，会运球、传接球、用脚踢（带）球，会用球、绳、棒、圈、积木、报纸、轮胎或其他废旧材料开展各种身体锻炼活动。

（8）具有较强的抵御寒、暑、饥、渴的能力和抵抗疾病的能力。

（9）热爱体育活动，有积极参加各种身体锻炼的习惯；能自觉遵守体育活动的规则和要求，合作、负责、宽容、谦让、爱护公物；有较强的集体观念；敢于克服困难，能体验克服困难取得胜利后的愉悦；能独立或合作收拾各种小型体育器材。

二、幼儿体育教育活动的内容

体育活动是幼儿体育的主要内容，通过体育活动可以增强幼儿的体质，发展基本动作，培养勇敢、自信等优良品德和活泼开朗的性格，以及坚强的意志品质等。原则上，在幼儿的一日生活中应保证有两个小时的户外活动时间。其中，每天的体育活动时间不能少于1小时。

幼儿的体育活动内容主要包括基本动作、幼儿体操、运动器械、体育游戏四个方面。

（一）幼儿基本动作的练习

基本动作的练习是人体走、跑、跳、投掷、钻、爬、攀登和发展平衡能力的练习，是幼儿园体育的主要内容之一。基本动作的发展能使幼儿的肌肉得到锻炼，提高机体的活力，促进幼儿身体发育和身体健康。基本动作的练习有助于培养幼儿对空间和时间的定位能力，使幼儿动作准确、协调和具有表现力，形成优美、正确的姿势。基本动作的发展还与发展幼儿各种心理过程有密切联系。

1. 走

（1）动作要领　上体正直，自然挺胸收腹，目视前方，肩和手臂放松，两臂自然前后摆动，走路时脚先着地，然后自然过渡到前脚掌并蹬离地面，两脚尖正对前方，避免八字脚。

（2）重点　腿的动作和躯干姿势。

（3）目标要求　各年龄阶段幼儿走步练习要求如表7-1所示。

表7-1　各年龄阶段幼儿走步练习要求

项目	小班	中班	大班
自然走	（1）听信号向指定方向走； （2）在指定范围内散开走； （3）一个跟着一个走； （4）跨过小障碍； （5）拉或推着小物体走； （6）沿圆圈走	（1）听信号有节奏地走； （2）听信号变换速度、方向走； （3）高举手臂走； （4）在物与物之间或平衡板上走； （5）短途"远足"	（1）一对一对整齐地走； （2）高人走、矮人走； （3）迈大步走、上下坡走、倒退走； （4）由脚跟过渡到脚尖的"滚动"式走； （5）拉或推重物走

2. 跑

已有研究表明，适当的跑步锻炼能够提升幼儿髋骨、臂骨和脊椎的骨密度正常值；提升儿童心脏功能、协调能力和姿势灵活性；令幼儿更聪慧，情绪更愉快；提升孩子的耐心、自信心以及承受艰难的能力。

（1）动作要领　上体稍前倾，眼向前看，两手轻握拳，两臂屈肘于腰侧前后自然摆动。脚用力蹬地，向前摆腿方向正，幅度大，膝放松。用前脚掌先着地，脚尖朝前，落地要轻，呼吸自然而有节奏。

（2）重点　腿的动作。

（3）目标要求　各年龄阶段幼儿跑步练习要求如表 7-2 所示。

表7-2　各年龄阶段幼儿跑步练习要求

项目	小班	中班	大班
变化方向跑	沿场地周围跑	一路纵队跑	无要求
听信号跑	听信号向指定方向跑	跑动中听信号做规定动作	听信号变速跑或改变方向跑，跑中听信号做规定动作
快速跑	无要求	距离为10～20米	距离为20～30米
圆圈跑或曲线跑	圆圈跑	曲线跑	无要求
慢跑或走跑交替	距离为100米	距离为100～200米	距离为200～300米
四散跑	在指定范围内四散跑	在一定范围内四散跑	四散追逐跑，躲闪跑
绕障碍跑、窄道跑、接力跑	绕障碍跑	窄道跑	无要求

3. 跳

在幼儿体育活动中，跳的练习内容有很多种，如原地双脚向上跳（纵跳摸高）、原地双脚向前跳（立定跳远）、高跳下（从高处往下跳）、助跑跨跳、跳绳、兔跳、蛙跳、双脚在直线两侧行进跳。

（1）动作要领

① 原地双脚向上跳（纵跳摸高）：两腿弯曲，上体稍向前倾，重心落在两膝上，两臂自然垂于体侧或稍向后摆，起跳时，两臂向上摆动提腰，两腿用力快速蹬伸向上跳起，落地时，双脚用前脚掌先着地，两腿弯曲缓冲。

② 原地双脚向前跳（立定跳远）：两脚自然开立屈膝半蹲，上体前倾，两臂后摆，当两臂由后向前上方做摆动时，两前脚掌用力蹬地，两膝充分蹬直向前跳起，身体尽量前送。落地时，脚跟着地，屈膝半蹲，上体前倾，两臂自然放下，保持平衡。

③ 高跳下（从高处往下跳）：两脚屈膝半蹲，上体前倾，两臂后摆，当两臂由后向前摆动时，两前脚掌用力蹬地，两腿蹬直向前下跳下，落地时屈膝缓冲，两臂前平举维持平衡。

④ 助跑跨跳：助跑时要求自然放松、短距、中速，起跳时起跳腿用力蹬直，摆动腿屈膝快速向前摆起，幅度大，上体正直可稍前倾，两臂自然摆动，摆动腿着地后继续向前跑几步，然后停下来。

⑤ 跳绳：上体正直，微挺胸，头要正，向前看，跳时两膝和踝关节充分蹬伸，肩放松，主要用小臂和手腕摇绳，落地时前脚掌先着地。

⑥ 兔跳：两脚自然站立，两膝弯曲，上体稍前倾，两臂屈肘，两手背靠头上两侧，五指并拢或两手食指和中指竖起当耳朵，掌心朝前，前脚掌蹬地向前跳起，落地时前脚掌先着地，落地后腿稍屈，同时准备下一跳。

⑦ 蛙跳：两脚稍分开成半蹲状，上体稍前倾，两臂屈肘于肩侧，五指分开，掌心朝

前，做好预备姿势。接着两腿用力蹬伸，充分伸直髋、膝、踝三个关节，同时两臂迅速上举，身体向前上方跳起，用全脚掌着地，屈膝缓冲，两臂收回成预备姿势，准备下一次跳。如此连续进行。

⑧ 双脚在直线两侧行进跳：预备时，两脚并拢或稍分开站在直线的一侧，两腿微屈，上体稍前倾，两臂后摆。起跳时，两脚用力蹬起，两臂自然向前摆动，身体稍转向线的另一侧，落地时在直线的另一侧，屈膝缓冲，再进行下一次的跳动。如此反复进行。

（2）重点
① 原地双脚向上跳（纵跳摸高）：起跳和落地动作。
② 原地双脚向前跳（立定跳远）：起跳和落地动作。
③ 高跳下（从高处往下跳）：落地动作。
④ 助跑跨跳：起跳腿蹬地和摆动腿摆动作。
⑤ 跳绳：手脚配合。
⑥ 兔跳：起跳和落地动作。
⑦ 蛙跳：起跳和落地动作。
⑧ 双脚在直线两侧行进跳：起跳动作和落地动作。

（3）目标要求 各年龄阶段幼儿跳的练习要求如表 7-3 所示。

表7-3 各年龄阶段幼儿跳的练习要求

项目	小班	中班	大班
原地双脚向上跳（纵跳摸高）	双脚原地向上跳	原地纵跳触物（物体距幼儿高举手指尖15~20厘米）	原地纵跳触物（物体距幼儿高举手指尖20~25厘米）
原地双脚向前跳（立定跳远）	无要求	不少于30厘米	不少于40厘米
高跳下（从高处往下跳）	无要求	离地25~30厘米	离地30~35厘米
助跑跨跳	无要求	无要求	跳小跳箱或小木马
跳绳	无要求	无要求	跳绳
兔跳	无要求	双脚向前行进跳	双脚向前行进跳

4. 投掷

在幼儿体育活动中，投掷的练习内容有很多种，如滚球、传球、接球、拍球、原地单手肩上投沙包（投远、投准）和双手胸前投篮。

（1）动作要领
① 滚球：两手持球侧后方，五指向下，两臂向前摆，小臂和手稍外旋将球向前滚出。
② 传球：双手手心向上托球于腹前，用摆臂抖腕的力量将球向前或向上抛出。
③ 接球：两手伸出，手指自然分开，手心向上，接球后迅速收回胸腹前。此动作适合初学者，传球者要轻传，两手伸出，手指自然分开，拇指靠内成八字，手心对来球，接球后收回胸腹前。
④ 拍球：拍球分为原地拍球和行进间拍球两种。原地拍球动作为：两脚自然分开，上体稍前倾，拍球手的肘自然微屈，五指自然分开，手心向下，用小臂、手腕和手指力量向下拍球；当球反弹回手里时，手要随球上升缓冲，接着再向下拍球。行进间拍球动作为：预备时两脚前后分开，上体稍前倾，拍球手的肘自然微屈，五指自然分开，手心向下，用

小臂、手腕和手指力量拍球的后上方，使球前进；当球反弹回手里时，手要随球上升缓冲，接着再向后面上方拍球。

⑤原地单手肩上投沙包（投远、投准）：原地单手肩上投沙包分正面投掷沙包和半侧面投掷沙包两种。正面投掷沙包的动作为（右手投掷）两脚开立约与肩同宽，手持沙包屈肘于头右侧后方，肘关节朝前，投时挥臂甩腕，快速将沙包向前上方投出。半侧面投掷沙包的动作为（右手投掷）两脚前后开立，重心在右脚上，上体右转约45°，手持沙包臂高举过头，肘关节微屈，眼往前看，用蹬地、转体、挥臂甩腕的力量将沙包投出。

⑥双手胸前投篮：两脚自然站立，两臂弯曲，肘关节自然下垂，两手微屈自然张开，手腕后仰，持球的侧后方，置放于胸前，用伸臂、翻腕、伸指力量将球投向篮圈。

（2）重点

①滚球：两臂前摆。

②传球：摆臂、抖腕动作。

③接球：接球动作。

④拍球：小臂、手腕和手指力量的使用，拍球瞬间时机的掌握。

⑤原地单手肩上投沙包（投远、投准）：挥臂和全身用力。

⑥双手胸前投篮：伸臂、翻腕、伸指动作。

（3）目标要求 各年龄阶段幼儿投掷的练习要求如表7-4所示。

表7-4 各年龄阶段幼儿投掷的练习要求

项目		小班	中班	大班
滚球		互相滚接大皮球	互相滚接大皮球	互相滚接大皮球
传球		无要求	传递	传递
接球		无要求	自抛自接低球、高球（头以下为低球，头以上为高球），两人近距离双手相互抛接大球	两人相距2~4米抛接大皮球
拍球	原地	学拍皮球	左右手拍球	原地变换形式拍球（如转一圈儿再拍）
	行进间			边走边拍球，边跑边拍球
肩投	投远	无要求	练习肩上挥臂投物（投飞镖、小皮球）	肩上挥臂投远
	投准			肩上挥臂投远（距离3米左右，标靶直径60厘米左右）

5. 钻

（1）动作要领 钻又分为正面钻和侧面钻两种。正面钻的动作为屈膝、弯腰、低头，一脚支撑，另一腿和头先钻过，然后躯干和支撑腿过障碍物。侧面钻的动作为侧对障碍物，下蹲，一腿向障碍物下伸出，低头弯腰，然后前移重心、转体过障碍物。

（2）重点 低头、重心前移。

（3）目标要求 各年龄阶段幼儿钻的练习要求如表7-5所示。

表7-5 各年龄阶段幼儿钻的练习要求

项目	小班	中班	大班
钻	钻过70厘米高障碍物（橡皮筋儿或绳子）	钻过直径为60厘米的圈儿或拱门	较迅速地连续钻过各种障碍物中的狭小空间

6. 爬

幼儿的爬又分为手膝着地爬、手脚着地爬、匍匐爬和侧身爬四种。

（1）动作要领

① 手膝着地爬：手膝着地，头稍抬起，眼向前看，左（右）手和右（左）膝协调配合用力向前爬行。

② 手脚着地爬：双手撑地，两腿稍屈膝，头稍抬起，眼向前看，左（右）手和右（左）脚协调配合用力向前爬行。

③ 匍匐爬：预备时俯卧，右手臂弯曲约90°放在胸前的垫子上，同时左腿外张并屈膝贴在垫上，右腿伸直，然后右手和左腿同时用力向前爬行，身体贴在垫上前进，接着左手屈肘，右腿屈膝，动作同上。

④ 侧身爬：以右侧为例，身体的右面着垫，右手臂屈肘，小臂支撑在垫上，左手放在左腿上，两腿屈膝，前进时以右手臂和左腿、脚蹬地同时用力。

（2）重点　手脚配合。

（3）目标要求　各年龄阶段幼儿爬的练习要求如表7-6所示。

表7-6　各年龄阶段幼儿爬的练习要求

项目	小班	中班	大班
手膝着地爬	手膝着地爬	无要求	探索用左右腿与双手配合向前爬行
手脚着地爬	无要求	手脚着地爬	探索用不同侧的手脚协调配合向前爬

7. 攀登

（1）动作要领　用两手握上一格横木，然后两脚依次登上一格横木，或是两手两脚（同侧或异）交替向上攀登。攀登时先移手，后移脚。下时先移动脚，后移动手。

（2）重点　手脚交替配合动作。

（3）目标要求　各年龄阶段幼儿攀登的练习要求如表7-7所示。

表7-7　各年龄阶段幼儿攀登的练习要求

项目	小班	中班	大班
攀登	在小型攀登器械上爬下	在大中型攀登架上爬下	探索不同的爬上爬下的动作

8. 平衡

在幼儿体育活动中，平衡的练习内容有很多种，如在两条平行线之间或平衡木上走或跑、闭目行走、单脚站立、原地旋转、在间隔物上行走、直体滚动和前滚翻。

（1）动作要领

① 在两条平行线之间或平衡木上走或跑：头正，眼往前下方看，两臂自然摆动或侧平举。两脚脚尖朝前，交替向前迈步，动作自然放松，跑时身体要稍前倾，步幅要比平时小些。

② 闭目行走：对正目标，上体正直，头正，闭目，步小，脚正向目标走去（五米以内）。

③ 单脚站立：上体正直，眼向前看，两臂侧平举，左（右）脚全脚掌着地，膝部用力绷直。右（左）脚离地面，腿自然弯曲，站立10秒钟。

④ 原地旋转：双脚交替为轴，上体要直，头正，两臂侧平举或叉腰，两脚交替为轴向左（右）提踵（或不提踵）转1~3圈。

⑤ 在间隔物上行走：两脚轮流踏上有一定距离的间隔物体（石头、砖、木块）向前进。

⑥ 直体滚动：身体伸直平卧在垫上，头微抬起，两臂交叉放于胸前或两臂伸直放于体侧，向左或右直体滚动1~3圈。

⑦ 前滚翻：全蹲，两手分开约与肩同宽，手扶垫，低头，屈臂。提臀，手推垫，同时用前脚掌蹬地，团身向前滚动，前滚时头、肩、背依次着垫，然后抱小腿团身成全蹲状。

（2）重点

① 在两条平行线之间或平衡木上走或跑：两脚交替动作和身体姿势。

② 闭目行走：上体姿势和上下肢动作。

③ 单脚站立：腿部动作。

④ 原地旋转：上体姿势和下肢动作。

⑤ 在间隔物上行走：脚踏上物体时上体的协调配合。

⑥ 直体滚动：上体和下肢的滚动速度。

⑦ 前滚翻：团身动作。

（3）目标要求　各年龄阶段幼儿平衡的练习要求如表7-8所示。

表7-8　各年龄阶段幼儿平衡的练习要求

项目	小班	中班	大班
在两条平行线之间或平衡木上走或跑	无要求	无要求	上体正直，步子均匀，上下肢协调，动作自然
闭目行走	无要求	无要求	两臂侧平举，单脚站立5~10秒
原地旋转	无要求	无要求	两臂侧平举，闭目、足起踵转5圈左右
其他	无要求	无要求	高跷、对推等

（二）幼儿基本体操的练习

幼儿体操是通过幼儿身体各部位基本动作的协调配合，根据人体各部位运动的特点，按照一定的顺序和节奏组编成单个或多个组合动作的身体练习。

1. 幼儿基本体操练习的意义

幼儿每天通过身体上下肢、躯干、头部等部位的操作活动，可在以下几个方面得到发展：

（1）幼儿体操能够促进幼儿正常的生长发育和身体机能水平的提高，培养良好的身体姿势；

（2）幼儿体操能够发展幼儿的方位感、幅度、力度和节奏，培养幼儿对动作的观察力、模仿力和表现力；

（3）幼儿体操能够提高幼儿动作的协调性、灵活性和准确性，增强幼儿的审美能力；

（4）幼儿体操能够培养幼儿做操的兴趣以及遵守纪律和集体配合的意识。

2. 幼儿基本体操练习的内容

（1）模仿操　模仿操包括动物模仿操、游戏模仿操、运动模仿操、生活模仿操、劳动模仿操、军事模仿操等。其特点在于动作形象，既逼真又夸张、生动、活泼、有趣，便于模仿。

（2）徒手操　徒手操包括一般徒手操、拍手操、健美操、韵律操、武术操等。其特点在于动作简单、规范、易于整齐、节奏明快、身体姿势端正，易于幼儿学习掌握。

（3）轻器械操　轻器械操包括手持轻器械操和辅助轻器械操。手持轻器械操包括手铃操、积木操、哑铃操、响板操、铃鼓操、饮料罐操、筷子操、小球操、球操、花环操、花条操、花穗操、花操、藤圈操、彩带操、纸棒操、纸板操、泡沫板操、棍棒操、大刀操、橡皮筋操、绳操、毛巾操、拉力器操等等。辅助轻器械操包括竹竿操、椅子操、凳子操、垫上操、肋木操等。其特点在于器械特色突出、色彩鲜明多变、声响及动作多变、轻快、活泼、有趣。

3. 队列、队形的练习

（1）幼儿的队列动作及训练方法如下：

① 集合。

口令："面向我成一（二、三）列横队——集合！"或"面向我（按教师指定的队形）——集合"。

要领：教师在下达口令后，面向站队的方向成立正姿势，幼儿听到口令后，按口令所指示的队形，迅速地依次排列于教师的左方，全部脚尖站在一条线上，如多列集合，各列分别站在一条线上。此外，如果教师下达："面向我成一（二、三）列横队——集合"或"面向我（按教师所指定的队形）——集合"的口令，右翼的排头幼儿在教师前4~6步处成立正姿势，其余幼儿迅速跟在排头的左方站在指定的横队，一队或各队脚尖站在一条线上。站队之前，教师应迅速站到横队中央的前面，面向队列，监督站队，如需要站成纵队，教师应指示清楚。

② 解散。

口令："解散！"

要领：听到"解散"口令后，迅速离开原位。

③ 立正。

口令："立正！"

要领：两脚跟靠拢并立，两脚尖向外分开约一脚之长；两腿站直；小腹微收，自然挺胸；上体正直，微向前倾；两肩要平，稍向后张；两臂自然下垂，手指并拢自然微屈，中指贴于裤缝；头要正，颈要直，口要闭，下颚微收，两眼向前平视。

④ 稍息。

口令："稍息！"

要领：左脚顺脚尖方向伸出大半脚，两腿自然伸直，上体保持立正姿势。稍息过久，可自行换脚，但应先恢复立正姿势，再换脚。稍息时，精神仍不能涣散，也不能随意相互说话。

⑤ 整齐。

口令："向右（左）看齐！"

要领：基准幼儿不动，其余学生向右（左）转头，眼睛看右（左）邻同学腮部，并通视全线，后列人员对正，看齐。看齐时，身体姿势仍应保持正直。如发现自己的位置与基准同学不在一条线上，要立即以碎步调整。如是二列横队向右看齐时，第二列的基准幼儿，应取一臂之长的距离，向第一列基准幼儿对正，第二列其余幼儿动作同第一列。

口令："以×为准向中看——齐！"

要领：基准幼儿不动，其余学生按照向右（左）看齐规定实施。基准幼儿听到"以×为准"时，左手握拳高举，听到"向中看——齐"后，将手放下。

口令："向前——看！"

要领：基准幼儿不动，其余幼儿立即收头转正，恢复原来姿势。

⑥ 报数。

口令："报数！"

要领：从右至左依次以短促洪亮的声音转头报数（最后一名不转），后列最后一名报"满伍"或"缺×名"。在体育课中，为上课的需要，用指定的数字报数，或几列同时报数。方法同上，但教师应事先说明，如"一至三——报数！""各列——报数！"等。

⑦ 步法和立定。

口令："齐步——走！"

要领：左脚迈出约75厘米时着地，体重前移，右脚照此法行进；上体正直，微向前倾；手指轻轻握拢；两臂前后自然摆动，向前摆时，小臂稍向里合。行进速度为每分钟约120步。

口令："正步——走！"

要领：左踢脚出（掌离地面约20厘米并与地面平行，腿要绷直）75厘米时适当用力着地，体重前移，右脚照此法行进；上体正直，微向前倾；手指轻轻握拢；向前摆臂时肘部弯曲，小臂略平，手心向内稍向下，向后摆臂时摆到不能自然摆动为止。行走速度为每分钟约116步。

口令："踏步！"

要领：两脚在原地上下起落，抬起时，脚尖自然下垂，离地面约15厘米，上体保持立正姿势。听到"前进"口令，继续踏两步，再前进。

口令："立——定！"

要领：齐步和正步都是左脚向前大半步，右脚靠左脚，成立正姿势，跑步时，继续跑两步，然后左脚向前大半步，右脚靠拢左脚，同时将手放下，成立正姿势，踏步后原地立定。

⑧ 步法变换。

步法变换从左脚开始。齐步变换跑步，听到预令，两手迅速握拳提到腰际，两臂自然摆动。听到动令，即换跑步行进。

跑步换齐步，听到口令，继续跑两步，再换齐步行进。

教学要求：步法互换时，应做到准确，节奏分明。

⑨ 转法。

a. 停止间转法。

口令："向右（左）——转！"

要领：以右（左）脚跟为轴，右（左）脚跟和左（右）脚掌前部同时用力向右（左）

转90°，体重落在右（左）脚，左（右）脚靠拢右（左）脚。转时，两腿绷直，上体保持立正姿势。

口令："向后——转！"

要领：按向右转的要领向后转180°。

b. 行进间转法。

口令："向右（左）转——走！"（齐步）

要领：左（右）脚向前半步，脚尖向右（左），身体向右（左）转90°，同时出右（左）脚，向新方向行进。

口令："向后转——走！"（齐步、跑步）

要领：左脚向前半步（跑步时继续跑两步），脚尖稍向右，以两脚掌为轴，从右向后转180°，出左脚向新方向行进。转时，两臂自然摆，不得外张。

⑩ 队形变换。

（横队和纵队的互换）停止间按照向右（左）转、行进间按照向右（左）转走的规定进行。

⑪ 方向变换。

a. 横队方向变换。

停止间的口令："左（右）转弯齐步——走！"

行进间的口令："左（右）转弯——走！"

要领：以左（右）翼第一名为准，内翼用小步，外翼用大步标齐，成"关门式"转到90°后踏步，后列各学生对正，取齐，然后按口令立定或前进。

b. 纵队方向变换。

停止间的口令："左（右）转弯齐步——走！""左（右）后转弯变齐步——走！"

行进间的口令："左（右）转弯——走！""左（右）后转弯——走！"

要领：基准幼儿（列）用小步边行进边变方向，转到90°后，照直前进，其他幼儿（列）逐次进到基准（列）的转弯处，转向新的方向跟进。转弯，各列应对齐。

（2）幼儿的队形动作及训练方法如下：

① 原地一（二）列横队变为二（一）列横队。

口令："成二列横队——走！"

要领：听到口令后，双数幼儿左脚向后退一步，右脚不靠拢左脚而是向右跨一步，站在单数幼儿的后面，左脚向右脚靠拢。

口令："成一列横队——走！"

原地要使二列横队变为一列横队时，各幼儿要先离开一步的间隔，然后再下达口令。

要领：双数（第二列）幼儿左脚先向左跨一步，右脚不靠拢左脚而是向前跨一步，站在单数幼儿的左方，左脚向右脚靠拢。

② 行进间一（二）列横队变二（一）列横队。

口令："成二列横队——走！"（口令落在左脚）

要领：听到口令后，单数幼儿继续前进，双数幼儿原地踏脚两步，第三步则进到单数幼儿的后面，并随之继续前进。

口令："成一列横队——走！"（口令落于右脚）

行进间要使二列横队变为一列横队时，先使各幼儿离开一步的间隔，然后下口令。

要领：听到口令后，单数幼儿原地踏步两步，双数幼儿向左跨一步，右脚不靠拢左脚而是向前跨一步，进到单数幼儿的左边，并随之继续行进。

③ 原地一路纵队变为二路纵队。

口令："成二路纵队齐步——走！"

要领：听到口令后，双数幼儿右脚向右跨一步，左脚不经右脚至单数幼儿右方，右脚向左脚靠。或双数右脚向前方跨一步，左脚向右脚靠拢。

④ 原地二路纵队变为一路纵队。

口令："成一路纵队齐步——走！"

要领：做动作前每个幼儿前后要有一步距离，听到口令后，右路幼儿右脚后退步，左脚不经右脚至左路幼儿后面，右脚向左脚靠。或右路幼儿左脚向左后方跨一步，右脚向左脚靠拢。

⑤ 行进间一路纵队变为二路纵队。

口令："成二路纵队——走！"

要领：听到口令后，基准（排头）幼儿以小步行进；双数幼儿即进到单数幼儿的右方，各幼儿并取规定间隔和距离，仍以小步行进；直到听"照直前进"或"立——定"的口令为止。

⑥ 行进间二路纵队变为一路纵队。

口令："成一路纵队——走！"

要领：听到口令后，左边一路的基准（排头）幼儿照直前进，其余幼儿则以小步行进，待留出双数幼儿的空隙后，双数幼儿向左插入单数幼儿的后面，并取规定的距离，然后继续以原步幅行进。

⑦ 原地一（二）列横队变为一（二）路纵队。

口令："成一（二）路纵队齐步——走！"

要领：听到口令后，右翼基准幼儿照直前进（如是二列横队，当第二列的基准幼儿到第一列基准幼儿的右边后才照直前进），其余幼儿向右转，逐渐进到基准幼儿原来的位置后，转向新方向，跟随前进。

如果要一（二）列横队向右翼方向变为一（二）路纵队时，就使纵队向右转来完成。

⑧ 行进间一（二）列横队变为一（二）路纵队。

口令："成一（二）路纵队——走！"

要领：在行进间听到口令后，动作同原地一（二）列横队变为一（二）路纵队。

⑨ 原地一（二）路纵队变为一（二）列横队。

口令："成一（二）列横队齐（跑）步——走！"

要领：听到口令后，基准幼儿即行踏步，其余幼儿半面向左转，用齐（跑）步各取捷径，逐次到达新线后踏步，并向基准翼取齐，直至听到"照直前进"或"立——定"口号为止。

如是二路纵队，右边一路的基准幼儿，右脚向后退一步，左脚不靠拢右脚而是向左跨一步，进到左边一路基准幼儿的后面，右脚靠拢左脚再原地踏步。

（三）幼儿运动器械的练习

运动器械是体育活动当中十分重要的物质支持。恰当的运动器械安排不仅仅能够促使幼儿积极地参与到体育活动当中，更能够保证幼儿参与体育活动锻炼的效果。

1. 运动器械练习的意义

幼儿运动器械的练习具有重大意义，具体如下。

首先，运动器械在幼儿园教育活动中有利于提高幼儿的参与度，进而提升幼儿身体素质。通过恰当的运动器械安排，体育游戏当中能够良好地融合各种动作，使体育活动变得十分活泼与丰富，能够有效解决传统体育游戏当中动作单一、幼儿参与兴致不高等问题。

其次，运动器械在幼儿园教育活动当中的应用能够提升幼儿的意志品质，可以表现为幼儿自制运动器械发挥自身的聪明才智，也可以表现为教师对运动器械科学配置并引导幼儿团结合作，以锻炼其合作交际能力。

再次，对幼儿进行良好的体育锻炼，对幼儿发展创造性思维具有积极影响。科学的、适当的体育活动能够有效地改善幼儿大脑的供氧情况。提高幼儿大脑皮层细胞活动的灵活性、均衡性以及强度，继而幼儿的大脑综合分析能力将能够得到显著提升，有利于幼儿智力的发展。

最后，运动器械在幼儿园教育活动中有利于幼儿的个体差异发展。在体育活动当中幼儿的个体差异一般表现在个人兴趣、能力、经验与水平等多个方面。例如跳绳活动，对于幼儿园大班的幼儿而言，部分幼儿能够十分顺利地连续跳过十个，但是部分幼儿只能够断断续续地完成十个。幼儿园教学活动当中为了促使每一名幼儿在相同的体育活动当中均得到良好的锻炼，获得个性化的发展，必须选择恰当的方法。在此方面，体育器械十分有利于幼儿的个体差异发展。

2. 运动器械练习活动或游戏

（1）小班

① 练习活动或游戏：滑梯、攀登架、转椅、小三轮自行车、独轮车、球、绳、棒、圈等各类小型器械。

② 指导要点

a. 滑梯：玩滑梯的人较多时要先排好队，一个跟着一个，不拥挤推拉。从楼梯侧上去双手扶好，一层一层地向上爬。双眼看好楼梯，爬到顶，坐稳后，双手扶着滑梯两边，两条腿合拢，再滑下来。

b. 攀登架：教师讲解游戏规则。攀爬时候的衣服不要太薄也不能太厚，衣服上不要带有绳子或者硬物、胸针等，禁止在攀爬架上打闹，爱护攀爬器材。

c. 独轮车：推独轮车时，手握住手柄，保持身体平衡，上下坡要控制好力量、速度。

（2）中班

① 练习活动或游戏：跷跷板、秋千、小三轮车、带辅轮的小自行车、球、绳、棒、圈及其利用废旧材料制作的小型器材。

② 指导要点

a. 跷跷板：坐在跷跷板两端的幼儿的体重尽量接近，双方面对面地坐在跷跷板的尾端，双手紧握把手，双脚要放在踏板上，或是自然地垂在跷跷板两侧。两个幼儿一人两脚撑地，身体用力下压，另一人放松身体，让身体自然地升起，如此往复。还可以探索多种玩法，如站在跷跷板上摇晃、跪在跷跷板上摇晃、盘腿坐在跷跷板上摇晃、俯卧在跷跷板上摇晃、仰卧在跷跷板上摇晃、将跷跷板竖放跳跃、将跷跷板倒放站在上面等等。

b. 秋千：幼儿两手握绳，坐或站在两绳之间的横板上。当幼儿站着荡秋千时，要两腿并拢，并屈膝前荡；坐着荡时可有人在后边将秋千上的人向前推。教师组织班级幼儿荡秋千时应要求幼儿排成一路纵队站在一旁，每人荡2~3分钟，荡过的小朋友站至队尾。教师边指导边表扬表现勇敢的小朋友，鼓励胆小的幼儿。

c. 废旧材料制作的小型器材：如将酸奶瓶用松紧带儿连成拉力器，增强幼儿的臂力；将易拉罐做成梅花桩，锻炼幼儿的平衡能力；将硬纸壳和毛线做成飞碟，让幼儿进行投掷活动；将废旧的拖布杆做成跨栏，锻炼幼儿的跨、跳能力；用鞋盒做成大脚，锻炼幼儿走的能力。

（3）大班

① 练习活动或游戏：单杠、秋千、脚蹬车、轮胎、高跷、跳绳、皮筋、球、积木等。

② 指导要点

a. 单杠：单杠的玩法有很多种，如下所述。

吊单杠：幼儿正视前方，直立在垫子上，双手举起用力握住单杠，双手间距与肩同宽，双腿微微屈膝，连续悬吊10秒左右。教师要注意提醒幼儿双手握紧单杠，身体自然放松。

吊杆侧移：基本动作与吊单杠一致，幼儿双手握紧单杠后，根据单杠上的指示箭头方向轮流移动双手。教师要注意指导幼儿身体放松，握紧单杠再移动。

倒立支撑：幼儿双手紧握单杠，双腿膝盖后部紧扣单杠呈悬空状，双手轮流支撑在垫上。教师要注意提醒幼儿以虎口抓杠，双腿膝盖后部依次夹紧单杠。在用单手支撑垫子稳定身体后，另一只手再向下撑垫，完成双手支撑。

屈膝前翻：幼儿双手握紧单杠，直臂支撑，抬头挺胸，屈膝前倾，再低头前翻，双腿向后上方顺势前翻，屈膝落垫。教师要注意引导幼儿以虎口握杠，腹部紧贴单杠，向前翻时低头蜷缩身体，完成前翻双脚落垫后，方可松手。可以一手扶幼儿背部，另一手扶幼儿膝盖，帮助幼儿完成翻越动作。

b. 轮胎：轮胎的玩法有很多种，如下所述。

轮胎滚动：两队孩子有一个轮胎，甲队的孩子们滚动轮胎，乙队的孩子们是轮胎接受者，当甲队的孩子们推出轮胎时，乙队接住轮胎，并改变角色。

打轮胎：把孩子分成两组，玩打轮胎游戏，两个孩子拿着轮胎，两组孩子一个接一个地玩游戏。

跳轮胎：青蛙跳，把轮胎排成两排，从第一个胎圈跳到地上，然后跳到第二个胎圈。幼儿半蹲，两腿弯曲，两臂前后摆动，起身向前跳跃，跳过所有轮胎。

走轮胎：将轮胎摆成大圆形，幼儿站成圆形队伍，并成一定间隔后面向圆心站好，教师随意指定幼儿从圆形轮胎的间缝中走一圈，回到原来位置，以速度快的幼儿为胜。

c. 高跷：两只脚踩在高跷上，两手分别抓住固定在高跷上的绳子，双脚交替往前走。请个别走得稳的幼儿示范，引导其他幼儿发现并掌握动作要领：用脚底中心踩在高跷上，双手要拉直绳子，眼睛向前看。

知识加油站

游戏：踩高跷。

玩法：

（1）教师将运动员（幼儿）分成两组进行比赛。

（2）幼儿踩高跷以接力的形式进行，先绕过"树林"，再跨过栅栏，最后走过"独木桥"回到起点，再由第二位幼儿出发，并依次进行。

（3）如果幼儿从高跷上掉下来或是从"独木桥"上掉下来，则要扣去相应的分数，扣分少的为胜利队。

（4）每一组请一位客人老师为自己队帮忙——监督另一队。

（5）第一次比赛——热身赛（分析各组幼儿输的原因）。

（6）第二次比赛——决赛。

（四）幼儿体育游戏的练习

体育游戏与其他游戏一样，在幼儿成长中起着重要作用，对幼儿生理和心理健康具有重要影响。

体育游戏是一种具有鲜明娱乐性的活动，但其也有自己的特点，它是一种以发展幼儿的身体素质和基本活动能力为主要目的的活动，并且能够与其他练习方式相互交叉整合，如利用器械进行的器械游戏、利用故事情节开展的创造性身体表演游戏、利用基本动作要素编制的走跑跳游戏等。

1. 幼儿体育游戏练习的意义

体育游戏兼具运动功能和游戏功能，是幼儿教育的一个重要方面。通过体育游戏教育，不仅可以为幼儿感知世界积累经验，促进心理健康打下良好基础，而且可以最大限度地刺激幼儿大脑，促进大脑机能完善，形成良好的心理品质。为了培养幼儿的竞争意识、独立表现意识和群体意识，促进幼儿心身全面发展，许多幼儿园将体育游戏作为幼儿教育的一个重要内容。

2. 幼儿体育游戏练习的原则

（1）锻炼性原则

锻炼性是体育游戏最本质的特征。教师在组织幼儿进行体育活动时对于运动量、动作难度的高低以及活动方式的选择应综合考虑幼儿的性别、年龄以及身体等情况。除此之外，教师还应根据参加体育活动的幼儿人数、游戏场地的大小、游戏时长与游戏材料的投入等多方面的条件来制定游戏计划，具体包括个人活动时长、活动总时长以及活动规则等。如当参与游戏的幼儿较多时，教师切忌组织耗时较长且难度过大的游戏，尽量在游戏中保证每个幼儿的参与时间，游戏的动作应生动且富有趣味性，教师可在游戏中适当地增添竞争类的环节，或是组织一些与幼儿原有经验相关的、活动方法简单易行的、幼儿在活动中能够迅速掌握的游戏。这样既保证了游戏的趣味性与有效性，又在短时间内以游戏的方式对幼儿的身体起到最佳的锻炼效果。

（2）教育性原则

体育游戏是教师对幼儿进行教育的一种方式或途径。体育游戏的目标不仅仅是增强幼儿的体质，更在于对幼儿的思想进行提高。教师在制定活动规划的过程中要有意识地发掘每个活动中所蕴含的教育价值。体育游戏的教育作用不是独立呈现的，而是与游戏的内容、方法、组织形式等有机结合，寓教育于游戏活动之中。如：为培养幼儿坚持、不轻言放弃的品质，教师在组织活动时可选择有一定动作难度的"攀爬""跨越障碍"等游戏；为培养幼儿能够与他人通力合作、在集体中发展自己的能力，教师可设计分组竞赛的游戏和个人得分与集体相结合的记分方法等；为培养幼儿的创造性思维和探索能力，教师在宣读游戏的玩法时，可适当地"留白"，即给幼儿一些独立发挥的空间，教师在组织幼儿游戏的过程中启发幼儿独立思考、通过不断探索完成游戏。除此之外，教师对于游戏名称的设计也应积极向上并蕴含一定的教育意义。游戏结束后教师切忌滥用奖励，更不能体罚幼儿，教师的奖罚应适当，力求公平公正、合理可行。

（3）趣味性原则

趣味性是体育游戏的又一本质特征。趣味性是幼儿进行游戏的重要前提，也是幼儿能够完成游戏的保障。因此，教师在组织体育活动时应考虑到活动的趣味性。一旦活动缺乏趣味性，那么幼儿将失去对活动的兴趣。教师在组织活动时应综合考虑幼儿现有的能力、智力以及年龄特点，如在组织大班幼儿进行活动时应多设置一些具备竞争性、动作难度相对较大的、具有胜负方以及变式较多的游戏。

增加体育游戏的竞争性，教师可以从以下三方面入手。第一，教师可以从游戏的活动形式和分组两方面入手。综合来看，各种形式的活动，在接力游戏进行的过程中幼儿之间所产生的竞争性较大，教师在组织竞争性游戏时要考虑到双方幼儿实力大致对等，这保障了双方幼儿在竞争中是相对公平的。除了活动的进行方式外，教师也可以通过提高动作设计的趣味性来增加游戏的竞争性，新颖、惊险（惊而无险）、象征和有一定难度的动作更能使幼儿感兴趣。如：使生活中常用的动作在较高的要求下完成，用特定的材料限制幼儿的行动速度，在幼儿常做的活动中设置障碍等等。第二，在制定判定胜负方的方法时，为增加趣味性，可采用计时与记数相结合的方法，也可运用个人得分与团体得分相结合的方法以及加倍与限制加倍记分法等等。第三，教师在组织幼儿进行游戏时可以考虑在游戏中带入一定的故事情节，在每个情节中为幼儿设置任务。

（4）安全性原则

幼儿体育游戏的根本目的是促进幼儿身心发展。因此，教师在体育游戏的创编与进行过程中应时刻贯彻安全原则，在游戏进行的各个环节之中做好"安全检查"。检查可以从以下四方面入手：一是检查动作的设计。教师在设计动作时应考虑该动作是否会伤害到幼儿。如当动作的幅度过大时，教师在组织过程中应注意提醒幼儿，避免肌肉拉伤。二是检查教法的使用。教师在组织幼儿使用投掷类或负重类器械时，应提前组织好幼儿、掌握好器械的使用时机，避免因器械使用不当而发生伤害事故。三是检查规则的制定。如"抢椅子"游戏中幼儿之间不准相互推挤或随意挪动椅子，跑动时的线路也要提前规划好，以免在幼儿游戏过程中由于缺少规则而发生伤害事故。四是检查场地的安全。如幼儿左右之间的距离、前后之间的间隔是否安全合理，当活动的场地较为狭窄时，需要提前清理好周围的物体，以免因周围障碍物的影响引发意外事故等。

（5）针对性原则

教师在组织幼儿进行体育游戏时不是随意的，他们会根据幼儿的性别、年龄、生理心理特征以及身体素质训练水平，选择适当的活动内容和任务，有意识、有目的地创编与组织幼儿进行体育游戏，以达到最佳的效果。通常情况下，教师在给小班幼儿创编活动时需编制一些简单的、运动量较小的游戏，并在活动过程中设置一些情节和想象的空间；教师在给中班幼儿创编活动时则可相应地增加动作的难度和运动量，并且带有一定的竞争性，多设置一些需要幼儿判断与反应的体育游戏；而对于大班幼儿来说，他们本身具备一定的身体素质基础，也接受了几年的训练，因此，教师在给大班幼儿创编活动时可以设置一些竞争较为激烈、带有专项技术和专项素质要求的体育游戏，以此争取使不同年龄阶段的幼儿都获得最佳的训练效果。

三、幼儿体育教育活动的设计思路

幼儿园的体育教学活动设计包括确定活动目标、选择教学内容、撰写活动方案以及活动后的反思。设计的第一步是确定活动的目标。体育教育活动的目标确定要考虑健康教育活动的总体目标，结合幼儿生理和心理的特点，制定出符合本班幼儿的体育教育活动目标。

（一）确定活动目标

1. 幼儿体育教育活动的目标设计依据

确定体育教学活动目标首先要考虑我们要依据什么来进行设计，具体可以表现在以下三个方面。

（1）幼儿园健康领域的总体目标是幼儿体育教育活动的主要依据　健康领域的总体目标简单概括了本领域最重要的目标。《纲要》中，对健康领域目标的内容为：第一，身体健康，在集体生活中情绪安定、愉快；第二，生活、卫生习惯良好，有基本的生活自理能力；第三，知道必要的安全保健常识，学习保护自己；第四，喜欢参加体育活动，动作协调、灵活。《纲要》中的第四点目标明确提出体育教育活动的要求，可见体育教育活动的重要性。

（2）幼儿园各个年龄阶段的目标是幼儿体育教育活动的重要依据　在幼儿园健康领域的总体目标指导下，根据《指南》制定出年龄阶段目标。《指南》中关于幼儿体育教育活动的年龄阶段目标中，例如"具有一定的平衡能力，动作协调、灵敏"中，3~4岁的目标为：①能沿地面直线或在较窄的低矮物体上走一段距离；②能双脚灵活交替上下楼梯；③能身体平稳地双脚连续向前跳；④分散跑时能躲避他人的碰撞；⑤能双手向上抛球。4~5岁的目标为：①能在较窄的低矮物体上平稳地走一段距离；②能以匍匐、膝盖悬空等多种方式钻爬；③能助跑跨跳过一定距离，或助跑跨跳过一定高度的物体；④能与他人玩追逐、躲闪跑的游戏；⑤能连续自抛自接球。5~6岁的目标为：①能在斜坡、荡桥和有一定间隔的物体上较平稳地行走；②能以手脚并用的方式安全地爬攀登架、网等；③能连续跳绳；④能躲避他人滚过来的球或扔过来的沙包；⑤能连续拍球。研究幼儿园健康领域的总体目标后，需要根据幼儿的年龄阶段目标，制定本年龄阶段的目标。

（3）结合本班幼儿的年龄特点是幼儿体育教育活动的基本依据　教师在根据《指南》和《纲要》等教育文件的同时，要结合本班幼儿的年龄特点及发展水平。每一个幼儿存在个体差异，每一个班级也存在个体差异，因此，教师要结合本班幼儿，在《指南》和《纲要》的指导下，制定出最终的体育教育活动目标。

2. 幼儿体育教育活动目标的表述

（1）幼儿体育教育活动目标的表述形式

幼儿体育教育活动目标的表述形式有两种，一种是行为目标，一种是表现性目标。认知目标和能力目标一般用行为目标进行表述，情感目标一般用表现性目标进行表述。例如在小班体育教育活动"小松鼠采果子"中，目标为：①练习走不同宽度和高度的平衡木；

②能动作协调地走平衡木；③体验帮助别人的快乐。第一个目标和第二个目标都是行为目标的表述方式，第三个目标是表现性目标的表述方式。

（2）幼儿体育教育活动目标的表述要求

① 目标表述的涵盖面要广 根据布鲁姆的三维目标，幼儿体育教育活动目标包括知识的学习、能力的培养、情感方面的要求。目标在设置上不要过多，最多三个目标，否则在一次活动中很难完成。同样，目标在设置上也不能过少，过少的目标没有充分挖掘体育教育活动的价值。例如教育活动"海底旅游"中的教育目标为：a.自主选择"海底景点"进行奔跑、跳、平衡等动作的练习，探索各种材料的玩法，并尝试合作；b.激发幼儿进一步探索海底秘密的愿望；c.喜欢勇敢协作、遵守规则等良好品质。

② 目标表述的角度要统一 目标表述主要有两种角度：从教师的角度进行表述和从幼儿的角度进行表述。体育教育活动的目标也要统一，不管是从教师角度还是从幼儿角度进行表述，三个目标应该一致。从幼儿角度进行表述能够更好地关注幼儿，以幼儿为主体。

③ 目标表述的内容要具有可操作性，避免笼统和概括 体育教育活动目标的表述要具体，具有操作性、可评价性。例如大班体育教育活动"编花篮"中的教育目标为：a.学习两人用脚编花篮，练习单脚跳，发展平衡、协调能力；b.探索与同伴用身体各部分编花篮的方法，交流、迁移自己的经验；c.努力完成游戏全过程，克服困难，坚持到最后，体验合作成功带来的愉悦。教育活动目标陈述具体，具有可操作性。

④ 目标表述要清晰 体育教育活动目标要表述清晰，知识目标就是知识目标，不要掺杂情感目标或能力目标，相同，其他两个目标也一样。例如大班体育活动"奇妙的数字园"中的教育目标为：a.知道自己身体的不同部位的不同作用，学习运用身体的不同部位移动身体，提高身体的灵活性和身体动作的表现力；b.引导幼儿积极探索新的动作，从不同角度思考，独立或合作设计完成动作要求，发展幼儿的创新技能；c.在活动中让幼儿体验游戏的乐趣，培养合作互助的精神。目标表述要清晰，三个目标没有出现交叉的情况。

（二）选择活动内容

关于体育教育活动的内容我们在前面已经探讨过，这里探讨如何选择体育教育活动内容。

1. 来源于生活

幼儿体育教育活动内容的选择首先来源于生活。例如在日常生活中，我们可以看到幼儿是活泼好动的，喜欢跑、跳、玩体育游戏等，而我们在生活中也需要这些动作来完成一些工作。

2. 来源于目标

体育教育活动内容的选择来源于已经设定的体育活动的目标和年龄阶段的目标，以及具体教育活动的目标，根据目标的要求，选择恰当的体育教育活动内容来实现目标。

3. 来源于幼儿的兴趣、需要与经验

幼儿的兴趣是最重要的，体育教育活动的内容要考虑幼儿的兴趣，例如幼儿喜欢跑的阶段，要设计跟"跑"动作有关的体育教育内容，幼儿喜欢"跳"的阶段，要设计"跳"

的内容。即使目标已经确定，我们仍然可以根据目标，结合幼儿的兴趣需要，来共同选择体育教学活动内容。

4. 来源于已有的材料

体育教育活动内容的选择同样可以参考已有的材料，包括已有的教案、教材、网上的资源。但是要注意不能照搬，要结合本班幼儿的实际进行修改，选择适合本班幼儿的体育教育活动内容。

（三）撰写活动方案

制定好体育教育活动目标、选择好相应的内容后，就可以撰写体育教育活动方案了。体育教学活动的过程不同于其他教学活动，因为要避免幼儿出现拉伤的情况，所以体育教育活动要遵循这样的活动过程：热身活动 - 练习活动 - 放松活动。

1. 开始部分 - 热身活动

热身活动时间不宜过长，约占体育教育活动的 10%～20%。热身活动的目的是对幼儿进行活动前的身体组织进行预热，同时能够集中他们的注意力，调动幼儿参加体育活动的积极性，避免运动中出现肌肉拉伤等情况。热身运动一般可以采用儿童操等形式，也可以用游戏的口吻进行练习。例如体育教育活动"圣诞礼物"中，教师的导入部分如下。幼儿手拿呼啦圈进场，教师："圣诞节快到了，我们去圣诞礼品店去选礼物吧，怎么去呢？"幼儿："坐雪橇去"。听《铃儿响叮当》音乐进场轻度运动：动脖子、头、腰、手、脚等部位。热身环节要轻松、欢快，通常符合热身的动作要求。

2. 基本部分 - 练习活动

练习活动一般占体育教育活动的 70%～80%。练习活动的目的在于学习新的或较难的基本动作和活动内容；巩固提高已学过的各类动作或游戏等，进而增强身体素质，提高机体运动能力和对运动的兴趣，培养良好的意志品质等。

练习活动的主要内容：通过教师对动作的讲解示范或者幼儿自身的探索，了解基本动作要领或者游戏内容；通过徒手或带器械学习，初步掌握基本动作；通过有趣的游戏，在活动中进一步练习巩固基本动作，发展体能。一次活动一般安排 1～2 项内容，结合多种体育教学活动方法，进行体育练习，避免器械练习。

3. 结束部分 - 放松运动

放松运动一般占体育教育活动总时间的 10% 左右。放松运动的目的在于有组织地引导幼儿进行放松整理，结束活动，降低大脑的兴奋性，使幼儿的身体和情绪逐渐平静下来，身体得到放松，逐渐恢复平静状态，避免肌肉出现拉伤或者酸痛。

按照体育教育活动的过程结构来撰写活动方案。

（四）活动后的反思

体育教育活动后，教师要进行及时的活动反思。反思有利于教师的专业成长，教师只有对自己的教学活动不断地进行反思，才能使自己未来的教育活动设计得更合理，发挥自己的优点，克服自己的缺点，成长为一名经验丰富的教师。教师的组织活动水平比较高，幼儿才能得到更好的发展。

第二节
幼儿体育教育活动指导策略

🛩 案例导入

为了丰富幼儿的户外体育活动，新学期，教师在运动器材中投放了几种新玩具：飞环、保龄球、竹蜻蜓。孩子们对新玩具非常好奇，不久，飞环、保龄球就成了孩子们的新宠，可是竹蜻蜓却依旧躺在盒子里，默默无闻，孩子们不知怎样玩，教师纳闷，怎么没人想到让它转起来？于是教师拿起竹蜻蜓两手夹住竿子一搓，竹蜻蜓转起来了，顿时引来了孩子们惊喜的欢呼声，纷纷围着想试一试，只听一位小朋友说："真好玩，像直升机上转的一样，我怎么没有想到。"教师随口说："是呀，你们怎么没想到把它转起来呢，你们想想，这么多玩具中还有什么能转起来。"教师的问题一出，许多小朋友纷纷尝试，不久，有的小朋友告诉教师："老师，圈能转。""老师，飞环能转。"

要求：

（1）如果你是教师，请你设计一次"转"的体育教育活动满足幼儿的需要。

（2）小组合作，用思维导图的方式总结体育教育活动的实施。

❋ 知识讲解

一、幼儿体育教育活动实施

（一）幼儿体育教育活动的特点

1. 幼儿体育教育活动的总特点

（1）幼儿体育游戏是一种带有趣味性的体育活动　活动中的情节性与竞赛性使得幼儿体育活动表现出其特有的趣味性，并深受幼儿的喜爱。几乎所有的幼儿体育游戏中都蕴含着丰富的情节与各种各样形象鲜明的角色，幼儿爱模仿的天性在体育游戏中被充分地激发出来，通过游戏表现得淋漓尽致；幼儿体育游戏中的竞赛性能够激发出幼儿的胜负心，让幼儿在游戏中凭借自己的经验与智慧探索出获胜的方法，幼儿通过努力可以不断达到更高的竞技水平，通过胜败的差异，体验成就感与荣誉感，在享受成功与胜利的同时，不断增强和发展自信心，从而形成锐意进取的良好个性品质。

（2）幼儿体育游戏是以发展幼儿基本动作为主的活动　幼儿体育游戏将对幼儿基本运动技能的训练融入幼儿感兴趣的活动之中，幼儿各种基本动作的练习均是在有趣的游戏活动中进行的。无论在幼儿体育活动兴趣的激发上，还是在促进幼儿以体能为主的各方面的发展上，体育游戏均发挥着独特的作用。体育游戏具有丰富的功能，幼儿需要根据教师所发出的运动信号改变自身的运动，这一独特的功能既能锻炼幼儿的神经系统，同时又能改善和平衡幼儿的兴奋和抑制过程。

（3）幼儿体育活动是幼儿园健康教育的重要方式　户外体育活动是强身健体、减少和预防疾病发生的重要措施，适量的户外活动能够增强幼儿体质，促进身体健康发展。作为幼儿园每日生活中重要环节之一的户外活动主要是通过体育活动和体育游戏两条途径来进行的，体育活动相对而言只有锻炼的属性，而体育游戏除了锻炼之外，还具有趣味和竞技的属性。

知识加油站

趣味体育活动

1. 山洞寻宝

寻宝准备：长条凳子3个、篮球3个、大圈3个。

玩法：一名家长与幼儿在起跑线处准备，游戏开始后，幼儿独自走上独木桥，家长在一旁牵着幼儿的手协助幼儿安全过桥。幼儿跑至山洞（大圈）处，与家长前后跨钻山洞。幼儿取过篮球交给家长，家长一边拍球一边往出发方向跑，幼儿紧随其后跑回起点。两人必须同时到达，先到者为胜。

规则：（1）幼儿过桥时须始终在独木桥上，双脚不能着地。

（2）幼儿园家长钻过山洞时身体不能碰到大圈。

（3）返回时两人必须同时到达。

2. 渔夫捕鱼

玩法：教师首先指定一名幼儿为"渔夫"，教师带领幼儿共同念儿歌《鱼儿游呀游》——"一条鱼，水里游，孤孤单单在发愁。两条鱼，水里游，摇摇尾巴点点头。三条鱼，水里游，快快乐乐做朋友"。当教师回答"×人来变鱼儿游"时，幼儿根据回答中的人数迅速合作。即兴选择一名幼儿充当"鱼头"，后面的幼儿用绳子套住前面幼儿的腰，两手拿住绳子的末端跟着"鱼头"一起游。待幼儿随机组合完毕后，此时渔夫便可去"鱼群"中抓任意一条鱼的"鱼头"，当"鱼头"被抓住或"鱼身"在跑时散掉就算"鱼儿"被捕，当"鱼儿"被逼出海面，即跑出固定位置也算被捕住。以最后剩下的一队为优胜队，可由优胜队的幼儿推选出一名幼儿当"渔夫"，游戏重新开始。

2. 各年龄阶段幼儿体育教育活动的特点

（1）小班　小班幼儿大多在3～4岁，这一阶段的幼儿正处于身体生长发育的初期，其体育教育活动的特点具体如下：

① 身体的耐力相对较弱，平衡能力和灵活性不足，运动的准确性不足，并且在活动中所表现出的动作相对简单，难以做到活动自如，精细动作较少。

② 动作内容和情节简单，这可以让他们对活动更有兴趣，且更为轻松、愉快，但不注重活动的结果；乐于模仿，但注意力集中的时间有限。

③ 活动中表现出较为明显的"自我中心性"，理解规则的能力差，尚未形成集体观念，同伴间多为平行游戏，同伴间的相互配合、协调能力较弱。

（2）中班　中班幼儿大多在4～5岁，这一阶段的幼儿体力有所增强，其体育教育活动的特点具体如下：

① 体力有所增强，平衡能力与灵活性有所提高，有信心并且能够独立完成具有一定难度的活动。

② 随着活动能力的提高，中班幼儿对周围生活以及对自然环境的认识领域逐步扩大，更加喜欢有情节、有角色、有追逐性的游戏；活动时注意力易集中，能控制自己，比较自

觉地遵守游戏规则。

③ 集体意识虽有萌芽但却不强，常常分不清自己与集体的关系。随着认知水平的发展以及自我意识的不断增强，同伴之间的交往也越来越多。

（3）大班　大班幼儿大多在5～6岁，大班幼儿的身体比中班幼儿更壮实，其体育教育活动的特点具体如下：

① 体力更加充沛，能较熟练地掌握各动作的基本要领，动作更加协调有力，灵活自如。

② 随着对周围生活的不断了解，大班幼儿的知识范围更加广阔，观察分析和理解能力也都有了明显提高，他们开始具有了控制注意的能力，责任感增强，更加喜欢有胜负结果的游戏。

③ 大班幼儿的集体意识较强，对合作的理解和认识不断加深，合作水平也随着年龄的增长有所提高。

（二）幼儿体育教育活动应遵循的规律

1. 人体生理运动变化规律

人体在运动过程中，其自身的生理机能活动能力会随之改变，这一改变是遵循一定的规律所进行的。通常人体在开始运动后，机能活动的能力会呈现出逐渐升高的趋势，逐步达到较高水平，在最高水平上保持一定的时间后又呈现出逐渐降低的趋势。从而形成逐渐上升 - 在最高点相对稳定 - 逐步下降的规律。

① 上升阶段　幼儿最初参加体育活动时，教师可以借助各种直观性的语言、教具或是生动有趣的导入来吸引幼儿的注意力，激发起幼儿对游戏的好奇心，从而产生参加活动的愿望。这种强烈的参与愿望会使得幼儿的情绪高涨，心跳与呼吸频率加快，在心理和生理方面均做好充足的活动准备，等待教师发起开始的口令后便迅速展开游戏。教师还可以带领幼儿做一些准备活动，通过运动克服身体各器官的惰性，使机体处于运动的状态，提高机体的活动能力，逐步过渡到负荷量相对较大的正式活动中。幼儿的身体新陈代谢快，身体各器官的惰性相对较小，且对各种活动的热情度较高，因此在组织幼儿体育教育活动前的热身时间可以缩短一些，运动负荷量的增长速度可以稍快一些。

② 稳定阶段　在稳定阶段，幼儿身体各器官的活动能力已经逐步上升到了较高的水平并趋于平缓。因此，教师可以在这一阶段进行负荷量较大的活动，如学习复杂的动作，或变换各种玩法等。然而，幼儿神经与运动系统共同的一个特点是易疲劳，在运动时幼儿的能力储备量少，他们在体育活动中所能持续的时间较短，保持最高水平的时间较成人也有所缩短。因此，教师在组织活动时要灵活多变，时时变换活动的内容与方式，以激发并保持幼儿对活动的积极情绪。同时应采用快慢结合、动静交替的方式，调整运动负荷以适应幼儿的承受量。

③ 下降阶段　幼儿在进行过一系列的活动后，体内的能量消耗得较多，身体的机能与活动能力由于体力的供应不足而逐渐呈下降趋势，并表现出疲惫的状态。此时教师所组织的活动也应接近尾声，在此环节教师可以指导幼儿进行一些放松活动，帮助幼儿平缓情绪和心率，慢慢地恢复体力，缓解疲劳。这样既锻炼了幼儿的身心，又为幼儿的其他活动留有余力。

2. 运动技能形成的规律

运动技能是指人体通过学习掌握专门的动作而形成的有法则的操作活动方式。这一技能的形成依靠于相应神经支配下的骨骼肌运动，通过骨骼肌的运动人体可以表现出一系列的外显动作，这些动作在神经系统和运动系统建立条件联系下由单一动作逐渐向整体熟练发展。这个发展过程通常需要经历以下三个阶段。

① 动作技能认知阶段　这一阶段的幼儿初步接触到相应的运动技能，在这一时期幼儿对动作的掌握是粗略的，不能精细地掌握各部分动作的要领。这一阶段幼儿的动作表现为分散、僵硬、不协调、不精准，缺乏控制力，并伴有多余的动作。因此，教师应多做示范动作，让幼儿模仿教师动作。教师示范的速度不宜太快，以帮助幼儿建立清晰、正确、完整的动作表象，还应给幼儿提供较多的练习机会，让幼儿逐渐地形成初步的运动技能。这一阶段对幼儿的要求不能过高、过严，不能过多地强调动作细节，对能力差的幼儿，可适当降低要求。

② 改进提高动作阶段　这是有意识地改进技能，使动作各个组成部分建立固定联系的阶段。在初步形成动作的基础上，幼儿通过经常、不断地练习，使大脑皮层的兴奋与抑制过程处于分化阶段，兴奋相对集中，抑制逐步发展和巩固，初步建立动力定型，并能较精确地完成动作。其表现为幼儿紧张现象和多余动作明显减少，大多数错误动作得到纠正，使动作变得准确协调和轻松起来，但还不够熟练和巩固。在一些复杂、变化的情况下，仍较容易出现动作变形，或有多余动作及错误动作出现。在这一阶段，教师应让幼儿进行更多的练习，加强对错误动作的纠正，帮助幼儿逐步掌握动作的细节，加速抑制与兴奋过程分化，不断提高幼儿完成动作的质量，促进动力定型。

③ 熟练掌握动作阶段　这是运动技能巩固、完善达到自动化的阶段。这一阶段，幼儿大脑皮层兴奋过程高度集中，抑制相当牢固，形成了牢固的动力定型。表现在幼儿能准确、熟练、轻快地完成动作，并能灵活自如地运用，达到了动作自动化的程度。在这一阶段，教师可以设置各种变化的环境和条件，使孩子在各种变化的条件下自如运用运动技能，以提高幼儿动作的适应性。

运动技能形成的三个阶段是有机联系的，各个阶段之间并没有明显的界限，它们是一个逐步过渡、逐步发展的过程，每个阶段持续时间的长短，与幼儿体质的基础、教师指导方法等有很大的关联。教师在指导中，应选用对幼儿动作和应用有积极作用的手段和方法，不断运用新的方法和形式吸引幼儿，尽量避免单调重复练习。

（三）幼儿体育教育活动的组织形式

幼儿体育活动的组织形式多种多样，其中最基本的组织形式有：幼儿早操活动、幼儿体育教学活动和幼儿户外体育活动等。此外，幼儿运动会、远足等组织形式在幼儿体育活动中也越来越受到重视。

1. 幼儿早操活动

幼儿早操活动是幼儿园早晨组织幼儿进行身体锻炼的一种组织形式。通过早操可使幼儿身体和精神处于良好的状态，愉快地开始一天的幼儿园生活。

幼儿早操活动的内容有：做体操，其中包括模仿操、徒手体操和轻器械体操等；队列队形练习；简单的游戏活动、舞蹈韵律活动等。

幼儿园早操活动的时间一般安排在早晨 7：30～8：00 或 9：00～10：00 之间，活动持续时间为 15 分钟左右。一般夏季活动的时间可相对延长，冬季活动的时间要短一些。

早操活动形式主要以集体活动为主。

2. 幼儿体育教学活动

幼儿体育教学活动是一种有目的、有计划、有组织地发展幼儿身体、增强幼儿体质的教育活动，是实现幼儿体育活动目标的主要组织形式。幼儿体育教学活动能够系统全面地发展幼儿的跑、跳、投、爬等基本活动能力，提高幼儿的速度、耐力、柔韧性、灵敏度等身体素质，培养良好的平衡与协调能力，使幼儿得到科学有效的活动与锻炼，增强幼儿体质。

幼儿体育教学活动的内容主要有体育游戏、基本体操、运动器械活动、专项运动等。

幼儿体育课程一般每周安排1～2次。每次活动的时间为：小班15～20分钟，中班20～25分钟，大班30分钟左右。形式以集体活动为主。

3. 幼儿户外体育活动

户外体育活动是在户外开展的一种体育活动的组织形式。户外体育活动的目的是让幼儿能够在户外按照自身的兴趣爱好、能力和水平，有选择地进行体育活动，以便更有效地调动幼儿参加活动的主动性和积极性。

户外体育活动的内容主要有各种大、中、小型幼儿运动器械的活动，通过游戏形式进行的各种基本动作练习，利用阳光、空气、水和砂石等自然因素进行的各种活动，户外区域体育活动。

幼儿的户外体育活动一般安排在上午和下午各一次，每次活动的时间为30分钟左右，活动形式以分散的自由活动为主，集体活动为辅。

知识加油站

如何控制幼儿的运动量：

（1）安排好运动的强度与密度。在体育活动中，应该以相对密度大一些、强度小一些为宜，运动强度大的活动，运动密度则应当相应减小；运动强度较小的活动，运动密度则可以相应增加。

（2）根据幼儿年龄差异确立合理的"量"。在幼儿园体育教学活动中，小班的活动时间一般控制在15～20分钟，中班在20～25分钟，大班在30分钟以内。

（3）注意观察，及时反馈。在体育活动中，一般考虑活动的强度为每分钟平均心率130～160次。如有不达标或超过的现象，教师应灵活调节活动量。

（4）在确定体育活动的量时，还要考虑到气候、季节等客观条件的影响。一般秋冬季节气温较低，活动量可适当增大。夏季气温较高，活动量大会使幼儿产生疲劳，甚至发生中暑，因此，可以适当减少幼儿的活动量。

二、幼儿体育教育活动的指导要点

（一）合理安排、有机结合，让内容"活"起来

内容是活动的载体，内容选择得科学与否会影响活动的效果。因此，教师应对每周班内户外体育活动的内容进行科学的分析与选择。

1. 合理安排，规范内容

当前大多数幼儿园在进行体育活动时会存在活动内容单一、不考虑幼儿年龄特点、所有班级一起玩的情况。针对上述问题，教师们可以在集体教研会上集中研讨各年龄段幼儿户外活动内容表，表中应包括幼儿每天户外活动玩什么、怎么玩等内容。幼儿园管理者可以将教师通过研讨确定下来的活动内容表贴在各个活动区，便于大家查看与互相监督。同时为了确保幼儿每天能够有足够的户外活动时间，幼儿园可以分别在上、下午两个户外活动时段播放30分钟的活动音乐，如热身音乐、运动音乐、自由活动音乐、放松音乐，既为幼儿创设了生动活泼的运动氛围，又有效地辅助教师按计划完成每日的户外活动。

2. 班本园本，持续兴趣

心理学研究表明：幼儿在面对机械重复连续的动作时易产生疲劳，但如若能够突然打破原有的模式，即使是在局部进行一些改变，都能够重新调动起幼儿的兴趣。因此教师在组织户外活动时应尽量避免机械重复的内容，教师不仅可以以班级为单位组织体育活动，还可以尝试以幼儿园为单位每周组织一次打破班级界限的园本户外混龄运动。全园的幼儿在一起活动，教师随机分散在场地各区域，负责所在区域内幼儿的安全和活动指导，这样的变化使孩子们的户外活动内容一下子又"活"了。在这种情境中，幼儿之间互相模仿、学习对方的活动内容，激发起幼儿的活动兴趣。

3. 有机结合，丰富内容

幼儿园的游戏可以与民间游戏相结合。教师可以充分利用民间资源丰富户外体育活动的内容，充分挖掘民间体育游戏素材。组织开展"时光飞船——爸爸妈妈小时候的游戏""爷爷奶奶喜欢的游戏"等活动，带领幼儿学习更多的民间游戏，如：木头人、丢手绢、跳皮筋、跳房子、吹泡泡等。有的幼儿园则为民间游戏配上童谣将其改编成特色早操活动，如"拉大锯""打荞麦""马兰花儿开"等，深受孩子们的喜爱。

教师不仅可以将这些民间游戏教给幼儿，还可以开展教研活动，根据不同年龄阶段幼儿的特点对这些游戏的玩法进行拓展和创新。如对皮筋的玩法进行教研：教师在组织活动前给自己班级内的幼儿分发皮筋，在户外活动时教师引导幼儿尝试探索各种皮筋的玩法和跳法并进行记录，活动后教师们在集中研讨时相互交流幼儿在进行皮筋活动时的新奇玩法，最终整理出不同年龄阶段幼儿进行皮筋活动时的有效玩法、跳法。教师也可以将体育活动与区域活动相结合。如教师可以对户外的活动场地进行合理的区域划分，以体育活动为主题开设各个活动区，带领幼儿进行户外的区域活动。幼儿园可以在操场上设置多个区域，如钻爬区、跑跳区、平衡区、投掷区、绳类区、球类区等，在进行户外活动时，幼儿可以自主选择材料与区域进行挑战。在区域设置的过程中，应考虑到区域间的合理搭配，既有活动量大的，也有活动量较小的，既有发展幼儿基本动作的，也有练习综合身体素质的。在幼儿活动过程中，各区域活动内容既保持相对稳定，又可以适当地进行调整增添，以不断适应幼儿兴趣与发展的需要。

（二）深入挖掘、注重差异，让材料"活"起来

1. 深入挖掘，材料制作求合力

《幼儿园工作规程》第三十六条曾明确指出："幼儿园应因地制宜，就地取材，自制玩教具。"因此，教师可以在班级内设置"变废为宝区"，组织幼儿将家中的各类废旧材料带

到班级内，如饮料瓶、废旧鞋盒、废旧衣物、纸板、报纸等。教师则可以在进行美术活动时带领幼儿利用这些废旧物品制作各种户外活动器械，并放置在操场上供幼儿户外活动使用；同时教师也可以调动家长的力量，引领家长在家协助孩子进行亲子制作。在幼儿园制作这些活动器械，大大地弥补了户外活动材料不足的状况，满足了幼儿对户外活动材料的需要。如彩筐娃娃、水乡童年等系列自制运动性器械，它们节约、实用、灵活，蕴含多种教育功能，不仅适合幼儿游戏、玩耍，还大大地丰富了幼儿园的运动器材资源库。

2. 注重差异，材料选择要适宜

教师在为幼儿提供多样化游戏材料的同时也要考虑到幼儿的年龄特点和个体差异性。因此，教师在投放材料时要考虑到不同幼儿的特点，秉承教学要走在幼儿发展前面的理念，分析幼儿的最近发展区，切实在游戏中通过投放不同的材料，促进每一个幼儿的发展。如在进行"钻爬"活动时，教师对年龄较小的幼儿提供"山洞"、人体山洞、小老鼠钻洞、板凳等材料，而对于年龄相对较大的幼儿来看，则可以放置向高处钻爬的绳梯、木梯、网梯等。除了投放不同的材料外，教师也可以投放相同的材料，但在其他方面稍作改变。有的是轻重差异，如米袋有2千克、5千克、10千克的；有的是大小差异，如轮胎则可以放置大卡车轮胎、小汽车轮胎、手推车轮胎；有的是难度差异，如在帮小动物回家的游戏中，教师可以设置3条难度不一的道路，一条是"平坦的公路"（平衡木），一条是"弯曲的小路"（轮胎），一条是"攀爬的山路"（梯子）。

（三）及时更新，材料管理成制度

为了更好地保证幼儿进行户外体育活动的质量，幼儿园需要对户外活动的材料进行有效的管理，既要保证有充足的活动材料，又要定期检测活动材料的质量是否符合标准。因此，幼儿园应制定一些与材料管理相关的制度，如：每学期组织教师在固定时间内共同制作与选购一次户外活动材料，及时对材料进行更新；每个月安排3~4名教师对材料进行分类与检查，以及时对破旧的材料进行处理；同时，幼儿园应设置一名专用的材料保管员，保管员将所有的户外材料一一记录在册，并将记录好的信息公布在幼儿园网上资源库内，使教师清楚明了地知晓园内有哪些材料，方便教师在组织活动时对材料的选取，更好地满足幼儿户外运动的需求。

（四）材料隐性指导策略

隐性指导策略主要指的是对幼儿进行活动所需要的材料进行标记，通过标记能够让使用该材料的幼儿脱离教师的指导，即不需要教师讲解，幼儿一看到标记就知道这一材料的使用方法。这样在活动的过程中幼儿的自主性得到了充分的发挥，幼儿更乐于参与到游戏中。如小班教师用纸盒制作"隧道"，供幼儿钻爬。一开始在"隧道"内教师没有做任何标记，孩子们在钻的时候往往会偏失方向，甚至有些幼儿爬到一半就停了下来。后来，教师对"隧道"进行了加工，教师在"隧道"内贴上了两条标记线以及许多"小手印"，加上这些标记后，幼儿在爬行时会自觉地将自己的小手摁在标记上，这样既不会偏失方向，又使得幼儿不断地顺着标记向前爬行。这种小小的暗示，在活动中起到了事半功倍的效果。

（五）幼儿自主挑战策略

蒙台梭利曾说："如果孩子们成长在鼓励的发展环境中，他们会突破性地进入学习状态，变成自我激励者，自我学习者。"因而教师要成为幼儿的支持者，以积极的态度、正向的语言引导幼儿独立自主地进行探索活动，激发幼儿潜在的学习动机，帮助幼儿在已有经验的基础上不断地进行突破，激发幼儿面对挑战时的热情。如在大班幼儿进行排球活动时，教师带领幼儿记录每次拍完的数目并将每个幼儿的拍球数目记录在班级的墙面上，教师不断鼓舞幼儿，激发幼儿向强者挑战的热情，鼓励他们一次又一次地超越自己。

三、幼儿体育教育活动应注意的问题

（一）针对个体差异，设计形式多样灵活的体育教学活动

世界上没有两片完全相同的叶子，也不可能存在两个能完全相同的孩子。在组织体育教学活动时，教师在设计上要关注幼儿的个体差异和不同需求，确保每个幼儿都受益。同时在对幼儿体育技能进行评价时，也不能总是横向去评价，要多注意纵向评价，真正做到面向幼儿、关注幼儿的发展。

（二）全面锻炼身体

在体育教育活动中，设计的教学活动内容要能够锻炼到幼儿的全身，同时注意幼儿的灵敏性、协调性、柔韧性、平衡性、力量等身体素质和良好的身体姿势。

（三）体育活动内容要适宜

体育活动的内容不同于其他教育活动的内容，如果选择不适宜的体育教育活动，幼儿有可能会受到伤害。例如让小班幼儿玩编花篮的游戏，幼儿动作协调性不够，就有可能使幼儿受伤。同时，如果内容选择得过少，那么幼儿没有达到锻炼的目标。在活动中，应该时刻注意幼儿的出汗情况，以及幼儿的运动量，避免运动量过大或者过少。过大的运动量会使幼儿发生疲劳，容易出现意外情况。

第三节
幼儿体育教育活动案例评析

一、小班幼儿体育教育活动案例评析

▶ 活动方案

蚂蚁搬豆豆

【设计意图】

小班幼儿运动系统的发育及神经系统对运动系统的调节功能还不完善，通过障碍跑、跨跳、爬等活动能够加强幼儿对基本动作的练习，促进幼儿身体的发育和机能的完善。教

师在活动中带领幼儿化身"小蚂蚁"去"搬豆豆",带领幼儿在游戏中达到锻炼的目的,从而使幼儿获得最基本的独立运动的能力,培养幼儿不怕困难的勇敢品质,增强幼儿的身体素质。

【活动目标】

(1)通过练习障碍跑、跨跳、爬等综合运动,发展幼儿动作的灵活性和协调性。

(2)培养幼儿积极参与活动的兴趣,体验活动带来的快乐和成功的喜悦。

(3)通过活动"蚂蚁搬豆豆",启发幼儿不怕苦、不怕难的勇敢品质,使幼儿懂得"团结力量大"的道理。

【活动准备】

幼儿每人一个蚂蚁头饰,蚂蚁妈妈头饰1个,大纸箱2个,饮料瓶子6个,鞋盒6个,童谣《蚂蚁搬豆豆》,音乐《士兵走士兵跑》《一只小蚂蚁》《健康歌》。

【活动过程】

1. 开始部分

(1)听音乐《士兵走士兵跑》带幼儿走进活动场地。蚂蚁妈妈和宝宝互相问好。

(2)课前导入。教师:"宝贝们,妈妈给大家带来了一首关于我们蚂蚁家族的童谣,你们想听吗?"根据幼儿的回答,引出童谣《蚂蚁搬豆豆》。

① 教师表演童谣,幼儿欣赏。

② 幼儿学习一遍童谣。

教师提问:"童谣里有谁?"

幼儿:"蚂蚁。"

教师:"它们在干什么?一只蚂蚁搬豆豆为什么搬不动?"(引导幼儿说出,一只小蚂蚁的力气太小了,要加强锻炼身体)"六个搬又怎么样?"(引导幼儿说出团结力量大)

教师简单小结:小朋友们要加强体育锻炼,让自己的身体棒棒的;同时,教育幼儿要相互团结,互相帮助。

(3)导入活动"蚂蚁搬豆豆"。

教师:"宝宝们,冬天快要到了,我们要加把劲把粮仓储存得满满的,准备过冬。可是,在寻找粮食的路上,会有许多困难和危险,你们怕不怕?"(幼儿自由回答)

2. 基本部分

(1)听音乐《健康歌》,师生一起做热身运动。

(2)教师讲解活动。绕"小树"钻"山洞",跨"大石头"。

(3)教师向幼儿介绍活动的规则(教师要放慢语速):在寻找食物的路上,我们看见"小树"时要绕着跑,不能碰倒小树苗,我们要做爱护树苗的小卫士;遇到"大石头"时,跨跳过去,小脚不能碰到"大石头",同时,我们也要注意自己的小脚不能扭伤;爬"山洞"时,头不能挨着"山洞"的顶部,最重要的是我们要保护好自己的小脑袋;山上也许会有很多的"豆豆",每一只蚂蚁一次只能拿一个"豆豆",把"豆豆"拿好迅速返回,然后把"豆豆"放在储存箱,依顺序排队、站好。

(4)请配班教师示范动作要领,组织幼儿仔细观看。

(5)在教师的指导下,幼儿开始活动。活动时,教师要控制好幼儿之间的距离,大概要保持3个障碍物的距离。

（6）幼儿活动两遍。在活动的同时，教师要教育幼儿遵守活动规则并注意自己的安全。

（7）将幼儿平均分成两队，进行"运豆豆"比赛。按照教师要求的活动路线走，每个幼儿一次只能运回一个"豆豆"。看看哪一组的幼儿把"豆豆"拿得好并跑得快，最先完成任务的组获胜。

（8）教师简单小结。

3.结束部分

（1）师生一起听音乐《一只小蚂蚁》，做放松运动。

（2）教师进行课后小结：在生活中遇到困难和危险时，小朋友们要学习小蚂蚁勤于锻炼、相互帮助、相互团结、不怕难的精神；要知道"团结力量大"的道理。

（3）蚂蚁妈妈带小蚂蚁一起整理服装，离开活动场地。

（4）活动结束。

【附：童谣】

蚂蚁搬豆豆

小蚂蚁，搬豆豆。
一个搬，搬不动。
两个搬，掀条缝。
三个搬，动一动。
四个，五个，六个，
大家一起搬进洞。

活动方案评析

教案评价：教师在充分了解小班幼儿运动发展特点的基础上，有针对性地设计了此次活动。该活动的内容丰富、简单易行，符合小班幼儿的年龄特征，教师在活动中设计了各种障碍物以锻炼幼儿的基本动作，调动幼儿参与活动的积极性。

（1）评价活动名称：活动名称生动有趣，以"蚂蚁搬豆豆"为题，既能看出此次活动的内容是运送物品，又能激发起幼儿对于活动过程的好奇心。

（2）评价活动目标：活动目标的制定较全面，包括认知、能力与情感三个方面，既注重幼儿通过基本动作的练习提高自身的灵活性与协调性，使幼儿懂得"团结力量大"，又注重培养幼儿参加体育活动的兴趣。

（3）评价活动准备：活动准备以物质准备为主，包括幼儿每人一个蚂蚁头饰，蚂蚁妈妈头饰1个，大纸箱2个，饮料瓶子6个，鞋盒6个，童谣《蚂蚁搬豆豆》，音乐《士兵走士兵跑》《一只小蚂蚁》《健康歌》，为后续活动的开展提供丰富的物质基础。

（4）评价活动过程：

① 活动的开始部分：教师通过播放音乐，带幼儿进入活动场地，随后以童谣导入活动。通过教师与幼儿之间的问答引出此次活动的内容——蚂蚁搬豆豆。随后教师带领幼儿将自己比作蚂蚁，开启活动。

② 活动的基本部分：在活动过程中，教师采用讲解与示范等方法为幼儿介绍规则，并示范动作要领，指导幼儿进行活动。讲解法：教师为幼儿讲解活动规则。如看见"小

树"时要绕着跑，遇到"大石头"时要跨跳过去，爬"山洞"时，头不能挨着"山洞"的顶部等。示范法：教师逐一为幼儿示范动作要领，并在幼儿活动时进行动作指导。

总之，"蚂蚁搬豆豆"的活动中，教师以童谣导入活动，将活动内容融入"蚂蚁搬豆豆"的情境之中，让幼儿将自己想象成小蚂蚁，为了储存粮食而努力，活动的设计符合小班幼儿的年龄特点和发展规律，能够调动幼儿参与活动的积极性，使活动趣味盎然。

在活动过程中，幼儿能够积极地参与并配合教师的活动。首先，教师通过童谣带领幼儿进入故事情境之中，带有目的性地进行体育活动，使幼儿迫不及待地参与到活动中来。其次，教师为幼儿讲解搬运豆豆的过程中会遇到的所有"难关"，讲解并示范渡过"难关"的方式方法。最后，幼儿开始活动，教师进行指导，当幼儿对流程熟悉后以小组竞赛的形式继续进行。

③活动的结束部分：教师运用音乐结束活动。并为幼儿讲解"团结力量大""不怕苦，不怕累"的道理。随后整理物品，结束活动。

建议：

（1）在活动目标方面，应该从幼儿的角度进行目标制定。如：①学会障碍跑、跨跳、爬等基本动作；②能够积极参与活动，并独立完成整个活动；③感受"团结力量大"，体验与同伴一起活动的乐趣。

（2）在活动延伸方面，此活动未设计活动延伸。教师可以从日常生活、区域活动、环境创设与家园合作四个方面入手进行延伸活动的设计。

二、中班幼儿体育教育活动案例评析

活动方案

送信

【设计意图】

中班幼儿虽然具备一些基本运动的能力，但其动作的协调性与灵敏度还需要进一步提升。兴趣是幼儿最好的老师，在体育活动中也是如此。因此，教师关注到幼儿的情绪体验，让幼儿以角色扮演的形式愉快地参加到体育游戏之中。将体育锻炼的内容蕴藏于有角色的体育游戏中，注重发挥游戏材料的趣味性，激发幼儿在活动过程中的积极性。

【活动目标】

（1）听指令，将信件送到指定信箱。

（2）发展走、钻、爬、跳等动作。

（3）提高动作的协调性与灵敏性。

（4）商讨游戏规则，体验合作游戏的快乐。

【活动准备】

三个拱门、三个平衡木或用梅花桩拼成的独木桥、三个积木。

【活动过程】

1.准备活动

（1）组织幼儿站成一路纵队，听口令做立正、稍息、齐步走的动作，分段走成六路纵队。

(2)做小动物模仿操。教师边念儿歌边示范，幼儿学着做。

小鸟醒来了，吱吱喳喳叫（上肢运动）；小猫醒来了，喵喵喵喵叫（体转运动）；大象醒来了，身子摇呀摇（腹背运动）；小兔醒来了，蹦蹦又跳跳（跳跃运动）。

2. 取信

（1）（教师出示许多信件）教师："张老师这里有很多给小动物的信，可是张老师一个人送的话，要送好久才能送到小动物那里，现在张老师想请小朋友们来帮张老师，可以吗？让我们一起来做邮递员去给小动物送信吧！"

（2）（请每个幼儿拿一封信）现在小朋友手上都有一封信，但是你们要看清楚自己手上的信是送到谁家的。如：信封上有小兔的图案，这封信就要送到小兔的家里。

（3）幼儿按信封上的图分成三组：给小兔送信，给小蝴蝶送信，给小蜗牛送信。教师："现在我们要把信送到这三个小动物家里，可是到每个小动物家里去，都要经过不同的路才能到达小动物的家里，所以每个小邮递员都要知道去小动物家的路应该怎么走哦！"

3. 送信

（1）教师交代幼儿送信的路线，小朋友们可要仔细听哦！教师："我们去送信的路上要钻过山洞（拱门），走过独木桥（平衡木或用梅花桩拼成的），跳过小河（积木），信箱在小河的旁边。"

（2）要经过这些路线才能把信送到小动物的信箱里，小邮递员们你们记住了吗？请幼儿带着信件，分别按要求的路线行动吧！

（3）送信过程中，教师观察幼儿的游戏情况，提醒幼儿按要求的路线送信。如发现幼儿没有按要求的路线，可稍作提示，使游戏顺利进行。

（4）教师和幼儿一起检查，看看信件有没有送对。如：小兔的信应送到小兔的信箱里，小蜗牛的信应送到小蜗牛的信箱里。

4. 结束部分

（1）教师小结游戏情况，表扬能力好的幼儿，鼓励能力弱的幼儿。

（2）收拾好操作材料，整理好队伍回教室。

活动方案评析

教案评价：教师在发现幼儿存在基本动作发展不协调等问题后，针对幼儿爱游戏的特点设计了此次体育活动。该活动以角色扮演贯穿整个活动环节，内容丰富，符合中班幼儿的兴趣与能力特点。教师在送信环节设计的路线中含有一些小路障，幼儿为了成功送信，需要通过这些路障，在游戏中发展了幼儿的基本动作与灵活性。

（1）评价活动名称：活动名称简明具体，以送信为题，既能够激发幼儿的好奇心，又能看出此次活动的内容是什么。

（2）评价活动目标：活动目标的制定包括认知、能力、情感方面。注重幼儿通过基本动作的练习发展走、钻、爬、跳等动作，提高自身的灵活性与协调性，又注重在活动中培养幼儿听从指挥与团队合作的能力。

（3）评价活动准备：活动准备以物质准备为主，包括三个拱门、三个平衡木或用梅花桩拼成的独木桥、三个积木，为幼儿的活动提供物质基础。

（4）评价活动过程：

① 活动的开始部分：教师通过发布口令，整理幼儿队伍，锻炼幼儿听信号的能力。

随后教师边念儿歌边带领幼儿做动物模仿操，进行运动前的热身活动。

②活动的基本部分：在活动过程中，教师采用讲解法与观察法。讲解法：教师通过讲解为幼儿设置情境，吸引幼儿的活动兴趣，带有目的性地进行活动，并为幼儿介绍规则。观察法：教师注意观察活动中的幼儿，及时发现并指导幼儿不正确或不符合规则的行为。

总之，"送信"活动中，教师通过语言为幼儿设置情境进行活动导入，将一些基本动作的练习融入"送信"的情境之中，让幼儿将自己想象成送信员，为了准确及时地将信件送到每一个小动物的手中而努力。活动的设计符合中班幼儿的年龄特点和发展规律，能够调动幼儿参与活动的积极性，使幼儿在活动中更加积极，并乐于参与。

③活动的结束部分：教师通过总结与材料的整理来结束活动。

（5）评价活动延伸：此次活动未设置延伸内容。

建议：

（1）在活动目标方面，应该按照认知、能力、情感三维目标进行设计。如：①学会走、钻、爬、跳等动作；②能够积极参与活动，并独立完成整个活动；③体验体育活动的乐趣。

（2）在活动过程方面，教师的示范较少。教师在讲好规则与方法后应及时进行示范，或是选取几名幼儿先来进行示范，其他幼儿做好观察，找出存在的问题并商讨应对的策略。当大多数幼儿能够掌握正确的运动方式后再总体进行活动。

（3）在活动延伸方面，此活动未设计活动延伸。教师可以从日常生活、区域活动、环境创设与家园合作四个方面入手进行延伸活动的设计。

三、大班幼儿体育教育活动案例评析

活动方案

毛毛虫成长记

【设计意图】

以"健康第一"为指导思想，以"寓快乐于体育活动之中"为教学目标。在体育活动过程中以幼儿为主体，发展幼儿个性，创造精神和实践能力。充分发挥幼儿的主体作用。让幼儿在玩的过程中主动学习、主动探索，培养幼儿的自学、自练、自评的能力。

【活动目标】

（1）尝试多人合作协同向前蹲走 10 米左右，发展下肢腿部肌肉力量。

（2）通过讨论、商量、相互学习，解决游戏中的困难。

（3）在竞争性游戏中与本队同伴积极合作，感受到通过竞争获得的成功感。

【活动准备】

（1）蝴蝶胸饰一个、录音机、磁带、口哨一个。

（2）幼儿已知蝴蝶的生长过程。

【活动过程】

1. 开始部分（5~7分钟，强度：弱 - 渐强 - 弱）

（1）幼儿听信号进行走跑练习，变化队形。

大圆走、跑步走、变步走、开花走、小圆走、大圆走，切断分队走。

（2）出示头饰，带领幼儿做操。

教师：我是谁呀？（蝴蝶）春天来啦，春天来啦，蝴蝶妈妈辛苦地产下了许多卵宝宝，蝴蝶妈妈既漂亮又温柔，小朋友们愿不愿意做蝴蝶妈妈的卵宝宝啊？（愿意）卵宝宝们安静地躺在蝴蝶妈妈的怀抱里，时间一天天地过去了，卵宝宝们长大了，卵里又小又黑，它们不想再待在卵里面啦，它们想要从卵里面钻出来变成一条条的毛毛虫，但是变成毛毛虫的过程需要卵宝宝们努力地运动，只有最努力的卵宝宝才能够顺利地爬出来看一看外面的世界。小卵宝宝们，让我们一起来运动吧，早日从卵里爬出来！

教师带领幼儿活动颈部、上肢、腰部、腿部、膝关节、脚关节、手关节等。

2. 基本部分（20～25分钟，强度：弱 - 渐强 - 强）

（1）鼓励幼儿尝试着学一学毛毛虫走路的方法——蹲走。

教师：毛毛虫是用身体的什么部位走路的呀？是怎么走的，有哪位小朋友可以来表演一下？

请幼儿模仿，引导幼儿蹲着走，请个别运动能力强的幼儿进行示范后教师进行示范。

全体幼儿向前蹲着走。教师在幼儿行进过程中询问幼儿是否有困难，并探讨蹲走的技巧。

教师总结：小卵宝宝在走路的时候两腿要注意分开一些，步伐要小一些，控制好速度，不能盲目求快；全体幼儿跟老师口令独立蹲走。

（2）运用游戏语言创设情境，鼓励幼儿之间相互尝试两人合作蹲着走。

教师：时间过得可真快呀，毛毛虫每天好好吃饭、锻炼身体、按时休息，慢慢地就长大了，毛毛虫的身子长了一些，小朋友们觉得毛毛虫的身子长了是什么样的呢，如何表现毛毛虫身子变长呢？教师注重引导幼儿两两进行合作。

教师请个别做得好的幼儿示范合作蹲走的方法，在幼儿蹲走的过程中注意观察，询问幼儿是否有困难，并通过讨论解决问题。

（3）教师：小毛毛虫宝宝们在变长的过程中有遇到什么困难吗？那你们是怎么来解决这些困难的呢？

请个别幼儿来说说自己在变长的过程中遇到了哪些困难。请幼儿之间相互讨论如何解决这些难题。

教师总结：两个小毛毛虫在变长的过程中要注意距离，尽量靠近一些；在行进的过程中注意控制好速度，不能盲目地求快；步伐节奏一定要统一、保持一致，如果难以保持一致那么便可以用喊口令的方法帮助两只小毛毛虫统一节奏："一二一、一二一……"

（4）鼓励幼儿尝试4～5个人合作蹲走。

教师：现在毛毛虫长得更大了，我们要不要再多几个人一起来当长大了的毛毛虫啊？

全体幼儿4～5个人分成一组进行游戏，并鼓励幼儿探索稳健蹲走的注意事项。

教师总结：想要毛毛虫长得更大，那么在前面的小朋友们便不能走得太快，要顾及后面的同伴，要注意与同伴的步调保持一致。

（5）多人合作，小组竞赛2～3次。

教师：小朋友们集合起来，我们来比一比，看看哪一条毛毛虫走得最整齐，合作得最紧密。

教师观察全场的幼儿，表扬合作较好的组，鼓励其他组。

(6) 全体幼儿合作，变成一条大毛毛虫，变成一个"大蛹"。

教师：时间过得飞快，小毛毛虫又变大啦，小朋友们快集合在一起，我们来变成一条最大的毛毛虫，请幼儿依次排成一队蹲走。

请幼儿走成一个"大蛹"。

3. 结束部分（3~4分钟，强度：弱 - 渐弱）

(1) 听音乐放松整理，将自己想象成一只破蛹的"蝴蝶"，一起来飞一飞吧。

(2) 师生共同总结评价。

蝴蝶要飞回家喽。

活动方案评析

教案评价：整个活动设计由浅入深，从虫卵到蝴蝶的变化过程环环紧扣，教师通过不断地变换活动方式，调动幼儿参与活动的积极性。

(1) 评价活动名称：活动名称生动有趣，以"毛毛虫成长记"为题，能够激发幼儿的好奇心与探究欲。

(2) 评价活动目标：活动目标的制定从幼儿角度出发，体现了幼儿在活动中的主体性。在目标中运用讨论、商量等词语，表现出教师坚持以幼儿为本、在活动中充分发挥幼儿的主动性的理念。活动目标及内容符合大班幼儿的发展现状，教师注重通过趣味活动组织幼儿进行体育锻炼，增强幼儿的体质。

(3) 评价活动准备：活动准备充分，包括物质准备与经验准备两部分。物质准备为蝴蝶胸饰一个、录音机、磁带、口哨一个。经验准备为幼儿已知蝴蝶的生长过程。

(4) 评价活动过程：

① 活动的开始部分：教师先通过热身活动，让幼儿在身体与心理方面均做好准备。随后教师以谈话导入的形式引导幼儿将自己想象成为卵宝宝，为了变成蝴蝶而努力，激发了幼儿参与活动的兴趣。

② 活动的基本部分：在活动过程中，教师采用示范、运用语言创设情境等方式促进活动步步深入。示范法：教师对每种活动进行精确的讲解、示范，来引导幼儿练习、引导幼儿探究、引导幼儿示范，同时在巡回指导中纠正幼儿常犯的一些错误，以便幼儿能正确地学，愉快地学。运用语言创设情境：教师在整个活动中为幼儿创设了一个虫卵准备变成蝴蝶的情境，每一种活动结束后教师便会运用语言为幼儿创设下一阶段的情境。

③ 活动的结束部分：教师采用蝴蝶飞回家的形式，在情境中结束活动。师生共同做总结。

在这次活动中，幼儿不仅锻炼了身体，能够根据教师的指导做出各种动作，也亲身体验了作为一个卵宝宝进化成蝴蝶的过程，体验到了合作的乐趣与重要性，在活动中也加深了同伴间的交流。教师为幼儿营造了民主、和谐、平等和宽松的学习氛围，让幼儿感到自己在这个环境中是安全的、融洽的、自主的，可以与教师、伙伴之间进行平等对话。

建议：

(1) 在活动延伸方面，此活动未设计活动延伸。教师可以设计一些延伸内容。如在美术活动中将虫卵变成蝴蝶的过程画下来,随后教师带领幼儿进行环境创设,或是对各个蝴蝶在不同时期的外观进行排序,加深幼儿对这一过程的了解。

(2)此次活动虽达到了体育锻炼的效果,但教育意义欠缺。教师通过活动应教育幼儿知道虫卵变蝴蝶的艰辛历程,引导幼儿不伤害虫卵与蝴蝶。

学习总结

本章以3~6岁幼儿的体育活动为核心,针对3~6岁幼儿的年龄特点,系统提供了体育教育活动的年龄阶段目标、体育教育活动的内容、活动的实施以及体育活动的指导策略等相关内容。其重点在于帮助学生了解不同年龄阶段幼儿的体育活动能力的发展情况以及在组织体育活动时可应用的指导策略。

拓展训练

以"球"为主题,设计中班健康领域活动方案,上传至学习通。

实践练习

一、单项选择题

1.(幼儿教师资格证2013年上半年真题)由于幼儿的肌肉中水分多,蛋白质及糖原少,不适合他们的运动项目是(　　)。

A. 长跑　　　　　B. 投掷　　　　　C. 跳绳　　　　　D. 拍球

【解析】A　幼儿肌肉中水分多,蛋白质及糖分少,耐力比较差,容易产生疲劳,所以对于幼儿来说,不适合进行长跑。

2.(幼儿教师资格证2013年上半年真题)根据《幼儿园教育指导纲要(试行)》规定,幼儿园体育的重要目标是(　　)。

A. 获得比赛奖项　　　　　　　　B. 培养运动人才
C. 培养幼儿对体育的兴趣　　　　D. 训练技能

【解析】C　幼儿园体育的重要目标是培养幼儿自主参与体育锻炼的兴趣和良好习惯,体验运动的快乐,增强体质,发展幼儿的身心素质和初步的运动能力,提高其健康水平,为幼儿一生的可持续发展奠定基础。

3.(幼儿教师资格证2017年上半年真题)下列最能体现幼儿平衡能力发展的活动是(　　)。

A. 跳远　　　　　B. 跑步　　　　　C. 投掷　　　　　D. 踩高跷

【解析】D　踩高跷能够发展幼儿的平衡能力。

二、活动设计题

1.(幼儿教师资格证2014年上半年真题)根据下面案例,设计一份亲子运动会方案,要求写出亲子运动会的设计意图、2个运动项目(须写出运动项目的名称、材料和玩法)、家长工作要点以及实施注意事项。

在与本班家长的沟通中,大三班教师发现:不少家长平时很少和孩子一起运动,因为不知道可以和孩子玩什么。为此,教师准备举行一场亲子运动会,让家长体验到:生活中随手可得的一些废旧材料，可以用来开展有趣的运动游戏，从而促进幼儿发展。

2.（幼儿教师资格证 2018 年下半年真题）教师在户外投放了一些"拱桥"，希望幼儿通过走"拱桥"提高平衡能力，但是有的幼儿却将它们翻过来，玩儿起了"运病人"游戏，他们有的拖，有的推，有的抬，玩儿得不亦乐乎。对此，两位老师的反应却不同，A 教师认为应立即劝阻并引导幼儿走"拱桥"；B 教师认为，不应劝阻，应支持幼儿的新玩儿法。

问题：

（1）你更赞同哪位老师的想法？为什么？

（2）你认为"运病人"游戏有什么价值？

第八章
幼儿安全与自我保护教育活动的设计与指导

导学

在本章中你将会学习到幼儿安全与自我保护教育活动的设计与指导策略。在幼儿安全与自我保护教育活动的设计中,你会了解如何制定幼儿安全与自我保护教育活动的目标,包括安全与自我保护教育活动的总体目标、年龄阶段目标、教育活动目标。同时,你还将学会如何选择幼儿安全与自我保护教育活动的内容,包括总体内容、年龄阶段内容、具体内容。你将会学到如何设计幼儿安全与自我保护教育活动,包括如何定位幼儿安全与自我保护教育活动的目标、目标如何进行表述等,如何选择教学内容,最后撰写活动方案,以及活动后的反思。在探究幼儿安全与自我保护教育活动的指导策略中,你会了解到幼儿安全与自我保护教育活动的实施,包括实施的原则、教学活动方法和实施过程。同时,你还会学到幼儿安全与自我保护教育活动应该注意的问题。最后,学习如何对小、中、大班安全与自我保护教学活动进行评析。

学习目标

通过本章的学习,你应该做到:
(1) 掌握幼儿安全与自我保护教育活动的目标、内容、实施的原则、应该注意的问题等。
(2) 能够根据幼儿的年龄特点设计幼儿安全与自我保护教育活动,并对教案进行评价与分析。
(3) 通过课程的内容自身具有安全意识,同时形成正确的教育观、儿童观、教师观、价值观等。

思维导图

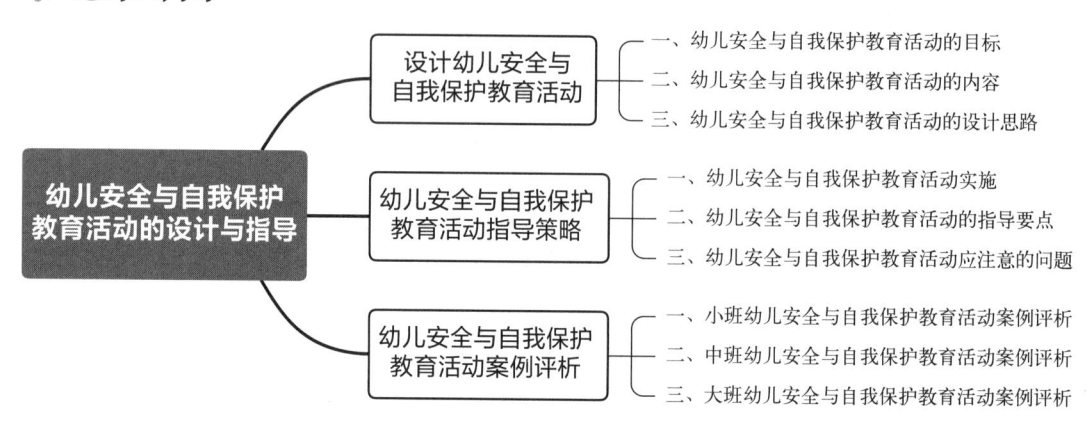

- 幼儿安全与自我保护教育活动的设计与指导
  - 设计幼儿安全与自我保护教育活动
    - 一、幼儿安全与自我保护教育活动的目标
    - 二、幼儿安全与自我保护教育活动的内容
    - 三、幼儿安全与自我保护教育活动的设计思路
  - 幼儿安全与自我保护教育活动指导策略
    - 一、幼儿安全与自我保护教育活动实施
    - 二、幼儿安全与自我保护教育活动的指导要点
    - 三、幼儿安全与自我保护教育活动应注意的问题
  - 幼儿安全与自我保护教育活动案例评析
    - 一、小班幼儿安全与自我保护教育活动案例评析
    - 二、中班幼儿安全与自我保护教育活动案例评析
    - 三、大班幼儿安全与自我保护教育活动案例评析

第一节
设计幼儿安全与自我保护教育活动

案例导入

小可是一个女孩,身高在同龄的幼儿中偏高,平时比较好动,活动时有时会出现自我约束较差的现象,老师如果注意到她,就会出现间歇性停止,她回答问题的时候也很小

心，并且缺少一定的独立性，生活上遇到事情总是习惯性地找妈妈帮助她完成，事情就发生在这样的一个孩子身上。

一日午休时间，孩子们在寝室里都基本躺下了，这时候也到了孩子们童话故事的时间了，于老师刚从寝室走到活动室准备打开故事书，就听到寝室里有孩子的叫声，她赶快跑到寝室，这时发现小可被压在塑料小白板下面，小美告诉老师说："于老师，我不小心把小黑板碰倒了。"于老师忙把黑板从小可身上扶起来，在这个过程中小可一动不动，没有任何试图解救自己的行为，而其他小朋友也没有采取任何试图搬开小写字板，帮助自己同伴的行动。这令于老师很吃惊，小写字板很轻很轻，小可的身高也比小白板要高出许多，平时孩子们都搬来搬去的，对于小可的肢体能力来说并不是一件很难解决的困难，可为什么真正出现状况时竟只等着老师的救援。

要求：

（1）如果你是于老师，接下来你会怎么处理这一问题。

（2）小组合作，以"特殊的电话号码"为题设计健康教育活动，并展示。

（3）小组合作，用思维导图的方式总结幼儿安全与自我保护教育活动的设计过程。

❖ 知识讲解

幼儿正处在生长发育的重要时期，探索欲强烈，往往会表现出大胆的探索，然而其安全意识弱，能力有限，往往会出现一些安全问题。在社会中，虽然大部分人都是善良的，但是人性中总会出现恶的一方面，幼儿园暴力行凶、幼儿被拐卖等事件也有所出现，我们作为教育者，除了要让幼儿有正确的人生观、世界观，懂得善良外，还需要培养他们自我保护的能力。因为安全是最重要的。生命只有一次，但是在生长过程中则会遇到无数个安全隐患，如果忽视安全，则有可能丧失生命。而丧失生命，对一个家庭来说打击是非常大的，对社会也会造成不良的影响。因此，切记安全第一，我们要培养幼儿自我保护的能力。

一、幼儿安全与自我保护教育活动的目标

目标是人们活动中想要达到的境地或标准，由于教育活动的复杂性和长期性，教育目标具有一定的层次性和递进性，在教育活动中要考虑到总体目标，还要考虑到年龄阶段目标，以及一次教育活动中的具体目标。

（一）安全与自我保护教育活动的总体目标

结合3~6岁幼儿身心发展的年龄特点，参照《纲要》和《指南》，幼儿安全与自我保护教育活动的总体目标是：

（1）帮助幼儿树立有关安全的意识。

（2）引导幼儿学习必要的安全常识。

（3）培养幼儿良好的行为习惯。

（4）具备安全与自我保护意识。

（二）安全与自我保护教育活动的年龄阶段目标

安全与自我保护能力是幼儿必不可少的能力，但是由于幼儿思维、动作、语言的发展

水平，不同的年龄阶段有不同的目标要求。根据《指南》，安全与自我保护教育活动的年龄阶段目标如表8-1所示。

表8-1　具备基本的安全知识和自我保护能力

3~4岁	4~5岁	5~6岁
（1）不吃陌生人给的东西，不跟陌生人走。 （2）在提醒下能注意安全，不做危险的事。 （3）在公共场所走失时，能向警察或有关人员说出自己和家长的名字、电话号码等简单信息	（1）知道在公共场合不远离成人的视线单独活动。 （2）认识常见的安全标志，能遵守安全规则。 （3）运动时能主动躲避危险。 （4）知道简单的求助方式	（1）未经大人允许不给陌生人开门。 （2）能自觉遵守基本的安全规则和交通规则。 （3）运动时能注意安全，不给他人造成危险。 （4）知道一些基本的防灾知识

教育建议：

（1）创设安全的生活环境，提供必要的保护措施。如：

① 要把热水瓶、药品、火柴、刀具等物品放到幼儿够不到的地方，阳台或窗台要有安全保护措施，要使用安全的电源插座等。

② 在公共场所要注意照看好幼儿，幼儿乘车、乘电梯时要有成人陪伴，不把幼儿单独留在家里或汽车里等。

（2）结合生活实际对幼儿进行安全教育。如：

① 外出时，提醒幼儿要紧跟成人，不远离成人的视线，不跟陌生人走，不吃陌生人给的东西；不在河边和马路边玩耍；要遵守交通规则等。

② 帮助幼儿了解周围环境中不安全的事物，不做危险的事。如不动热水壶，不玩火柴或打火机，不摸电源插座，不攀爬窗户或阳台等。

③ 帮助幼儿认识常见的安全标志，如：小心触电、小心有毒、禁止下河游泳、紧急出口等。

④ 告诉幼儿不允许别人触摸自己的隐私部位。

（3）教给幼儿简单的自救和求救的方法。如：

① 记住自己家庭的住址，父母的姓名和电话号码，一旦走失时知道向成人求助，并能提供必要信息。

② 遇到火灾或其他紧急情况时，知道要拨打110、120、119等求救电话。

③ 可利用图书、音像等材料对幼儿进行逃生和求救方面的教育，并运用游戏方式模拟练习。

④ 幼儿园应定期进行火灾、地震等自然灾害的逃生演习。

（三）安全与自我保护教育活动的具体目标

具体目标是目标的最小单位，是每一次安全与自我保护教育活动的目标。根据布鲁姆的三维目标体系，教育活动的目标可以按照认知、能力、情感三个方面进行设计。

例如在上面的年龄阶段目标中，小班3~4岁的年龄阶段目标是：①不吃陌生人给的东西，不跟陌生人走；②在提醒下能注意安全，不做危险的事；③在公共场所走失时，能向警察或有关人员说出自己和家长的名字、电话号码等简单信息。在一次具体的教学活动中，选择其中的一个教学目标即可，有一些目标还需要进行分解，例如"不做危险的事情"。危险的事情包括很多，例如在走廊里奔跑、玩电器、玩火、玩鞭炮等，可以从其中选择一类物品进行安全教育，提高幼儿的安全意识。中班4~5岁的年龄阶段目标是：

①知道在公共场合不远离成人的视线单独活动；②认识常见的安全标志，能遵守安全规则；③运动时能主动躲避危险；④知道简单的求助方式。可以选择其中的一个或两个目标作为一次安全教育活动，例如选择目标"在公共场合不远离成人的视线单独活动"和"知道简单的求助方式"。简单的求助方式包括很多种，教师也可以进行分解组织教学活动。大班5~6岁的年龄阶段目标是：①未经大人允许不给陌生人开门；②能自觉遵守基本的安全规则和交通规则；③运动时能注意安全，不给他人造成危险；④知道一些基本的防灾知识。教师可以选择一个目标进行教育活动设计，或者可以将目标进行分解。例如"知道一些基本的防灾知识"，防灾知识有很多，教师需要分解，例如火灾、地震、洪水等。具体目标在设计时需要注意认知、能力、情感这三个方面。例如，教育活动"会说话的安全标志（大班，健康）"的活动目标为：

（1）认知目标：幼儿探索学习，使幼儿认清安全标志，教育幼儿不要玩火、电等危险物品，遵守交通规则。

（2）能力目标：能够按照安全标志的要求行动，提高自我保护意识和能力。

（3）情感目标：愿意参与活动，提高安全意识。

二、幼儿安全与自我保护教育活动的内容

安全与自我保护意识的内容涉及安全与自我保护意识的培养、安全知识与技能、养成遵守安全规则的习惯等方面。

（一）安全与自我保护教育活动的具体内容

1. 交通安全教育

（1）了解基本的交通规则，例如"行人、车辆各走其道""红灯停、绿灯行、黄灯亮了等一等""走右侧路"等。

（2）认识常见交通标志，知道这些标志的基本含义和作用。例如：人行横道、红绿灯等。

2. 防触电、防溺水教育

（1）防触电教育　电器是非常危险的，要告诉幼儿不能去碰插座、电器，不玩电线，不把电线放在嘴里，如果发生触电事故，要用干燥的木棒把电线挑开，及时呼叫大人。

（2）防溺水教育　告诉幼儿水有危险的一面，不要自己到河边或者井边玩。如果出现溺水了要及时呼叫。如果发现别人溺水了要呼叫大人，不要自己擅自去救。

3. 消防安全教育

幼儿园的消防安全教育包括：

① 要让幼儿懂得玩火的危险性。知道如果发生火灾，不仅会损坏财物，还会危及生命。

② 向幼儿介绍火灾的成因、消防车的作用、火器的使用方法等。

③ 让幼儿掌握简单的自救技能，进行火灾疏散演练。

4. 食品药品安全教育

（1）教育幼儿不吃腐烂的食物。

（2）教育幼儿不吃陌生人给的食物。

（3）教育幼儿不吃捡来的食物。

（4）教育幼儿不能随便服用药物，要在家长的指导下服用。

5. 玩具安全教育

玩不同类型的玩具，应有不同的安全要求：

（1）玩小型玩具如积木、串珠、玻璃球时，教育幼儿不能将它放入口、耳、鼻中，以免造成伤害。

（2）玩大型器械时，如玩大型滑梯时，要教育幼儿不拥挤，前面幼儿还没滑到底离开时，后面的孩子不能往下滑；玩秋千架时，要注意坐稳，双手拉紧两边秋千绳，其他幼儿要远离；玩转椅时，除了要坐稳，还要双手抓紧扶手。

6. 生活安全教育

（1）要教育幼儿不随身携带锐利的器具。

（2）要教会幼儿认识一些安全标志，特别是一些禁止性的、警示性的标志。

（3）教育幼儿在运动和游戏时要有秩序，不拥挤推撞；在没有成人看护时，不能从高处往下跳或从低处往上蹦，不要爬树、爬窗台。

（4）教育幼儿不吃陌生人的东西，不轻信陌生人的话，不随便跟陌生人走，外出玩耍时要告诉大人，学会识别陌生人的方法。

（二）幼儿安全与自我保护教育活动的年龄阶段内容

幼儿安全与自我保护能力从《指南》中的教育目标展开，结合幼儿的生活实际，可以分为以下几个方面展开：①交通安全；②防触电、防溺水方面；③消防安全方面；④食品药品安全方面；⑤玩具安全教育方面；⑥生活安全教育方面。由于幼儿的身心年龄特点，每一个年龄阶段选择的教育内容是有区别的。总体的原则是按照幼儿身心发展的年龄特点，依据教育内容来源于生活，兼顾幼儿的理解能力。安全与自我保护教育活动的内容应该由易到难、循序渐进，考虑幼儿以往的生活经验来进行选择。

1. 小班（3~4岁）

（1）交通安全

① 上下楼梯不推挤，靠右边一个跟着一个上下，不滑扶手。

② 不到马路上玩耍，走路靠右边，没成人带领不自己过马路。

（2）防触电、防溺水安全教育

① 不要玩插座、电器。

② 远离变压器、建筑工地等危险的地方。

（3）消防安全教育

懂得玩火、玩电、玩水的危害，不玩火、玩电、玩煤气以防止意外事故。

（4）食品药品安全教育

① 不喝生水，不吃腐烂、变质、有异味的东西。

② 不玩开水、药品，不乱吃药。

（5）玩具安全教育

不拿玩具和同伴打闹，更不能抓、咬、打同伴。

（6）生活安全教育

① 不要随便要陌生人的东西和乱吃陌生人的东西。

② 不随便跟陌生人走，不要让陌生人触摸自己的身体。

③ 知道自己的姓名及父母的姓名、电话。

④ 不做爬窗、跳楼梯、玩门、从高处往下跳等危险的动作。

⑤ 不要随身携带玩具、刀、牙签等锐利的器具来园，更不应该把它放在口、鼻、耳中，以防伤害。

⑥ 在运动、游戏、游乐场玩时应听老师的安排，遵守纪律，有序活动，避免互相追打、乱跑碰撞。

⑦ 外出活动听从大人或者老师的安排，不随便离开集体。

⑧ 别拿电话当玩具玩，不要乱拨电话。

⑨ 自己受到伤害时要及时告诉大人。

⑩ 不要随便逗猫、兔、狗等小动物玩，以免发生意外。

2. 中班（4~5岁）

（1）交通安全

没成人带领不能自己独自过马路，过马路时，应遵守交通规则，走人行道，不在马路上停留和玩耍，上街走路靠右边走。

（2）防触电、防溺水安全教育

① 不要用湿手去摸电器的开关、插头，更不可以将手指、别针、回形针等放进插座，以免触电。

② 初步了解雷电的危害，下雨天和闪电不到大树和屋檐下避雨。

（3）消防安全教育

① 不可开启煤气开关，更不能用手去摸明火；教会孩子一旦发生火灾如何自救，如何迅速逃离或等待大人施救。

② 了解消防栓、灭火器的用途，知道幼儿园的安全通道出口；教育孩子养成到公共场所注意观察消防标志和疏散方向的习惯。

③ 发生火灾或者煤气泄漏，知道简单的处理和逃生方法。

（4）食品药品安全教育

告诉孩子吃任何东西前，一定要先征得大人同意，地上或桌上的东西不可以随便捡来吃。还要注意吃东西时不要边吃边跑，否则食物易吸到气管里。

（5）玩具安全教育

让孩子学会爱惜玩具和如何同小朋友分享彼此的玩具，以免因抢夺玩具受伤或受到破损玩具的伤害。

（6）生活安全教育

① 幼儿要记住自己的姓名、家庭住址、父母的全名及工作单位，知道在遇到危险时，怎样拨打紧急呼救电话。

② 一个人留在家里时，如有陌生人来访，不要私自开门。

③ 在家中不要攀爬登高，更不要在阳台、窗边及楼梯口嬉戏，避免发生坠楼和滚下楼梯的事情。

④ 清洁用品或杀虫剂不可拿来玩，捉迷藏时不要躲在柜子、箱子里。

⑤ 大人不在家时，不要独自进浴室玩水，更不要在浴室里推、拉、打、跳，随意开启热水龙头。

⑥ 不要用塑料袋或棉被蒙头，不要用绳子绕在脖子上，也不可把花生、纽扣、弹珠等小东西放进鼻孔或嘴里，以免不小心吸入气管。

⑦ 在家不自己动手反锁门，不玩煤气、炉火、打火机、开水壶、饮水机、药品等危险物品。

⑧ 知道报警电话110、120、119，懂得如何打电话报警。

⑨ 下午放学后要拉着大人走，不能自己到处跑，不能停留在幼儿园玩耍，以防意外。

⑩ 教育幼儿不随意轻信陌生人的话，未经允许不跟陌生人走，更不要让陌生人碰自己的身体。

⑪ 教育孩子单独在家时，不随意开门，听到敲门声不要开门，要想办法对付，以防窃贼趁大人不在时闯入盗窃。

⑫ 到野外旅行或散步时不得随便采摘花果、抓捕昆虫，更不应该放入口内，以防意外。

⑬ 知道发生灾害时要镇静，不慌忙，听从大人指挥。

⑭ 初步知道台风、暴雨、地震的危害和简单的保护自己的方法。

3. 大班（5~6岁）

（1）交通安全

① 上下楼梯靠右边走，不从楼梯扶手往下滑，不做爬窗、扒窗、跳楼梯、玩门、从高处往下跳等危险的动作。

② 遵守交通规则，知道一些安全标记，不在马路上停留和玩耍，要在便道上走，过马路要走人行横道。乘车时坐稳，不把手、头伸出窗外，不乱动车上的按钮。

（2）防触电、防溺水安全教育

① 向幼儿讲解和宣传安全常识，让幼儿懂得玩火、玩电、玩水的危害，以防止意外事故。

② 不要玩水，不要扭动自来水开关，在湖、河边上玩耍，要在安全地带，决不要乱跑乱蹦，以免失足误入水中，也不要在下水道井盖丢失的道路上走。

③ 不要玩电，不能去触摸和玩耍正在运转的电风扇等电器产品，不能摸电插座。不用湿手触摸电源开关，在没有学会操作前不能随便按动电器上的旋钮及各种键，有的家电只有大人才能操作，不能随便乱动。

④ 注意节约用电，要随手关灯，没人时不开灯，电视看完要及时关掉。教育幼儿学会如何防雷电。

（3）消防安全教育

① 引导幼儿了解消防栓、灭火器的用途，知道幼儿园的安全通道出口；教育孩子养成到公共场所注意观察消防标志和疏散方向的习惯；知道各种报警电话，懂得如何报警。

② 防止玩火，幼儿不宜进入厨房，火柴和打火机一类易燃引火物决不能去玩弄，懂得玩火的危害性。

（4）食品药品安全教育

到野外旅行或散步时不得随便采摘花果、抓捕昆虫，更不应该放入口内，以防意外。

（5）玩具安全教育

教育幼儿不能拿玩具和同伴打闹，更不能抓、咬、打同伴。

（6）生活安全教育

① 教育幼儿不要随身携带玩具及锐利的器具来园，更不应该把它放在口、鼻、耳中，以防伤害。

② 到公共场所参加游览、外出散步或户外活动时，教育幼儿要远离变压器、建筑工地等危险的地方，听老师（或者大人）的话，不得随便离开集体，有事应告诉老师。

③ 教育幼儿在运动或游戏时应听老师的安排，遵守纪律，有序活动，避免互相追打、乱跑碰撞。

④ 下午放学后，教育幼儿要拉着大人走，不能自己到处跑，不能停留在幼儿园玩耍，以防意外。

⑤ 教育幼儿知道自己的姓名、园名、家庭住址，以及家长的姓名、单位、电话，会表述清楚，紧急情况知道如何保护自己。

⑥ 教育幼儿不随意轻信陌生人的话，未经允许不跟陌生人走，更不要让陌生人碰自己的身体，告诉孩子，只有家长、医生、护士才能触摸他（她）的身体，如果陌生人要这么做，一定要尽快逃开。

⑦ 教育幼儿在家不自己动手反锁门，不玩煤气、炉火、打火机、开水壶、饮水机、药品等危险物品。

⑧ 预防中毒，中毒包括的范围非常广，有煤气、食物、药品、消毒剂、杀虫剂等多种中毒事件。

⑨ 教育孩子单独在家时，不随意开门，听到敲门声不要开门，可说"我父母不在家，请你以后再来"，以防窃贼趁大人不在时闯入盗窃。

⑩ 不要动暖瓶、饮水机，以防止烫伤、烧伤。

⑪ 不要让孩子随便拿刀、剪或其他尖锐器物当作玩具。教会孩子正确使用刀、剪等用具。

⑫ 运动时注意规则，按顺序进行，避免碰撞，不做危险性游戏，知道"乐极生悲"，懂得登高的危险，教育孩子不可从高处随便跳下。勇敢和逞能是两回事，教育孩子不拿力所不及的东西。

⑬ 知道哪里是安全的地方，哪里是不安全的地方，如：不在加油站、建筑工地等地方玩耍。了解在公共场合走失后的方案（和大人在预定地点、时间集合，找警察、工作人员，借电话等）。

⑭ 会清楚表达自己的姓名、园名、家庭住址，以及家长的姓名、单位、电话，紧急情况知道如何保护自己。

⑮ 不要把铅笔、筷子、冰棍、玻璃瓶或尖锐的东西拿在手里或含在嘴里到处跑，因为这样容易扎伤自己和别人。

⑯ 教育孩子不要把塑料袋当作面具往头上套，以免引起窒息而死亡。

⑰ 知道 110 报警电话的用途和正确使用方法。

（三）幼儿安全与自我保护教育活动的具体内容

幼儿安全与自我保护教育活动的具体内容有很多，本节搜集和整理了大量的资料，以供同学们进行选择。

（1）小班可以组织的具体安全与自我保护教学活动可以包括：

① 交通安全："认识红绿灯"等。

② 防触电、防溺水安全教育："小猫被淹""会咬人的电"等。

③ 消防安全教育："认识消防员""防火小能手""认识消防栓"等。

④ 食品药品安全教育："宝宝误食后的急救""不乱吃东西""坏的食物我不吃"等。

⑤ 玩具安全教育："安安全全玩滑梯""玩得健康好成长""玩具不能塞耳朵"等。

⑥ 生活安全教育："上下楼""十只小猫""防雷电""莎莎和陌生人"等。

（2）中班可以组织的具体安全与自我保护教学活动可以包括：

① 交通安全："怎样安全过马路"。

② 防触电、防溺水安全教育："安全、愉快地过假期""交警叔叔""有趣的交通标志""注意交通安全""安全用电"等。

③ 消防安全教育："好孩子不玩火""火灾安全自救""我们不玩火"等。

④ 食品药品安全教育："不乱吃东西""吃药安全"等。

⑤ 玩具安全教育："玩安全游戏""制作安全标志"等。

⑥ 生活安全教育："安全小卫士大全""不跟陌生人走""防止烫伤""紧急电话的用途""进出门时不挤不抢""迷路的时候""认标志、讲安全""受伤了怎么办""我不挖耳朵""小鸭找家""阳台上的安全""会说话的安全标志""不要用手揉眼睛""家里的危险"等。

（3）大班可以组织的具体安全与自我保护教学活动可以包括：

① 交通安全："安全乘车""过马路左右看""交通安全伴我行""马路上的'红绿灯'"等。

② 防触电、防溺水安全教育："安全用电""水灾的自救"等。

③ 消防安全教育："防火""紧急撤离""身边危险的火灾"等。

④ 食品药品安全教育："不乱吃东西"等。

⑤ 玩具安全教育："活动中的安全"等。

⑥ 生活安全教育："安全标志总动员""安全知识大奖赛""电梯里的大熊猫""地震的时候""会说话的安全标志""旅游路上""煤气与安全""迷路的小兔""认标志、讲安全"等。

三、幼儿安全与自我保护教育活动的设计思路

《纲要》中指出：幼儿园的教育活动是教师以多种形式有目的、有计划地引导幼儿生动、活泼、主动活动的教育过程。因此，教育过程中，教师的一项重要任务就是要恰当地确定教育活动目标，选择适当的教育活动内容，以保证教育活动能够科学有序地进行，达到预期的教育目的。对于教学设计时的思维顺序是没有明确规定的。例如可以根据班级孩子的发展水平选择应达到的目标，根据目标选择教学内容，继而进行教学方案的设计。也可以按照已经给定的教学内容范围，根据班级幼儿的身心发展水平，设计教学目标，继而

进行教学方案的设计。所以要看是先给定了教学活动范围，还是给定了教学活动目标，无教学活动范围。

（一）确定活动目标

教育活动目标是通过某一次或某几次教育活动所期望幼儿获得的某些发展。它是最为具体的目标，也是各教育领域目标的下位概念。通过分析幼儿的身心发展水平和大范围的教学活动内容，确定具体的教学活动目标。教学活动目标是幼儿安全与自我保护教育活动中非常重要的内容。

1. 安全与自我保护教育活动的目标设计依据

教学目标的制定要依据幼儿健康教育活动的总体目标、年龄阶段目标的要求，又要体现本班幼儿的身心发展年龄特点及规律。因为幼儿健康教育活动的总体目标是依据幼儿群体发展的一般规律，而每个幼儿身心发展的状况很可能是不一致的，即使同一年龄阶段的幼儿，其身心发展也很有可能存在一定的差异。因此，要求教师要认真研究本班幼儿身心发展的特点，并遵循"最近发展区"原则，制定出适合本班幼儿的安全与自我保护教育活动目标。

对本班幼儿身心发展水平的判断是建立在长期对班级身心发展水平的观察、调查基础上的客观分析，避免自己的主观臆断。如果是新入职的教师，可以在《指南》的基础上参考班级幼儿在教学活动中的表现，以及以往的评价表。同时，教师既要全面把握幼儿身心发展的年龄阶段的一般特征和规律，又要清楚知道本班幼儿在心理健康方面的整体水平和兴趣需要。

活动目标如果超出本班幼儿的能力范围，制定得过高，幼儿就可能因此完成不了活动任务，没有获得成功的体验，则幼儿可能会对安全与自我保护教育活动失去兴趣；如果活动目标制定得过低，低于幼儿实际水平，幼儿则会觉得活动枯燥乏味，没有兴趣，身心疲劳，从而失去了活动的积极性。例如，在大班安全与自我保护教育活动"我的小手"中，教师如果把目标定位为了解手部位的名称，幼儿已经知道了手的各个部位，就会觉得活动枯燥乏味。如在小班安全与自我保护教育活动"我的身体"中，教师如果把目标定位在认识身体的内脏器官，那么幼儿就会理解不了，出现犯难情绪，失去兴趣，甚至会出现沮丧的情绪。

2. 安全与自我保护教育活动目标的表述

（1）安全与自我保护教育活动目标的表述形式　安全与自我保护教育活动目标需要通过一定的表述方式加以展示，常见的有两种表述方式，即行为目标与表现性目标。所谓行为目标，就是具体的可操作的教育教学目标，它指向教育教学过程结束后幼儿所发生的行为变化。行为目标使教师更加清楚教学任务，更容易准确判断目标是否达成，具有较强的可操作性。例如，教育活动"交通安全伴我行"中的教育目标之一"了解乘坐汽车、火车、飞机等交通工具出行的安全常识"就是行为目标。一般基础知识和基本技能方面的目标采用行为目标比较有效，例如安全常识、自救的方法等，其指导性强和容易评估学习效果。而情感态度之类的目标则难以用行为目标表述，可以用表现性目标来表述。所谓表现性目标，是指幼儿在参与活动中所产生的个性化表现。例如，在教育活动"身边的危险"中，目标之一"愿意接受成人的提醒，初步学会保护自己"就是情感性目标。表现性目标较适合表述难以用具体行为来表述的那些情感态度类的目标。教师在制定和表述教育活动目标时，应注意各种形式目标的互补性，用恰当的表述方式来撰写，使之扬长避短，从而有效地实现幼儿安全与自我保护教育活动的总体目标。

（2）安全与自我保护教育活动目标的表述要求

① 目标表述的涵盖面要广　安全与自我保护教育活动目标应包括知识的学习、能力的培养、情感方面的要求，当然，具体的活动目标可以有重点，但必须兼顾各个方面。在制定安全与自我保护教育活动目标时，切记要避免出现偏重知识的情况，即安全教育的内容方面。同时，也不要将目标设置得过多，例如教育活动"认标志、讲安全"的活动目标：a.鼓励幼儿在生活中做一个善于观察的有心人；b.进一步培养幼儿的语言表达能力，观察能力和判断的能力；c.帮助幼儿认识生活中的一些常见的标志，主要认识"当心触电""当心中毒""禁止烟火"；d.懂得基本的安全知识，知道发生火灾以后简单的自救方法，提高自我保护意识。该活动目标面面俱到，在一次教育活动中难以实现。

② 目标表述的角度要统一　教育活动包含了教师的"教"和幼儿的"学"两方面，在目标表述方面，也有两种表述方式，即从教师"教"的角度进行表述和从幼儿"学"的角度进行表述。不管从哪个角度进行表述，目标表述都要统一，例如三个目标都从教师"教"的角度进行表述，或者都从幼儿"学"的角度进行表述。因为目前以幼儿为主体，关注幼儿的"学"，所以我们一般从幼儿的"学"进行表述。这种表述方式可使教师把关注点更多地放在幼儿的学习和发展上，从幼儿行为的变化中观察他们的发展状况。

例如，中班安全与自我保护教育活动"身边危险的火灾"的教育目标表述为：

a.知道几个常用的急救电话号码，并会正确拨打报警电话。

b.教育幼儿不玩火，掌握自救知识。

c.懂得不玩火的道理，增强自我保护意识。

此教育活动的目标中，第一个目标和第三个目标是从幼儿的角度进行表述的，第二个目标是从教师的角度进行表述的。目标表述不统一，我们应该从幼儿的角度进行表述。

修改为：

a.知道几个常用的急救电话号码，掌握自救知识。

b.幼儿不玩火，并会正确拨打报警电话。

c.懂得不玩火的道理，增强自我保护意识。

③ 目标表述的内容要具有可操作性，避免笼统和概括　安全与自我保护教育活动的目标表述依然要具有可操作性，可操作性的目标可以检验目标在活动中的完成情况。例如中班教育活动"忘乎所以的沸羊羊"的教育活动目标之一为"知道在公共场所不离开亲人及简单的求助方式"，目标具体，具有可操作性。如果目标表述为"知道不离开亲人"，那么目标就过于笼统，不具体，不具有操作性。教育活动"动物可爱也要防"的教育活动目标为"体会和宠物小动物安全相处的快乐"，如果换成"喜爱小动物"，那么目标就会变得笼统，不具体，概括性太强。

例如，中班健康教育活动"有趣的交通标志"的教育目标表述为：

a.培养合作意识和竞争意识。

b.培养幼儿遵守交通规则的习惯，提高自我保护意识。

c.通过活动提高幼儿的蹦跳能力和动手操作能力。

第一个目标过于笼统，不具体。第一个目标与第二个目标都为情感目标，缺少认知目标。三个目标的表述最好改为幼儿视角。

修改为：

a. 了解交通规则，遵守交通规则。

b. 提高幼儿蹦跳的能力和动手操作的能力。

c. 培养同伴之间的合作意识和竞争意识。

④ 目标表述要清晰　清晰明确的目标表述可使人一目了然，每一个目标均是单独的内容，目标之间没有交叉和重复，因此要求在目标表述时要注意认知、能力、情感三方面的内容尽量分别阐述，避免交叉混杂。

例如，大班安全与自我保护教育活动"着火了，怎么办"的目标为：

a. 了解基本的消防知识，学习火灾中简单的自救方法。

b. 树立防火意识，提高幼儿的自我保护能力。

认知、能力、情感目标混淆，表达不清楚。

修改为：

a. 了解基本的消防知识。

b. 能够用简单的自救方法进行自救。

c. 树立防火意识，提高幼儿的自我保护能力。

（二）选择活动内容

关于安全与自我保护教育活动的内容在前面我们已经介绍过了，这里主要探讨安全与自我保护教育活动具体内容的来源以及如何进行选择的问题。

1. 来源于生活

安全与自我保护能力的教育内容主要来源于幼儿的生活，例如食物的安全、交通规则、消防安全、电器使用的安全等，都是在生活中我们需要防范的安全隐患。在生活中出现的一个个活生生的案例也是我们组织教学活动的重要内容。

总之，教育来源于生活，越是与幼儿生活密切相关的内容、熟悉的内容，幼儿越是感兴趣，能更好地理解和参与其中。

2. 来源于目标

根据目标模式的特征，教学活动内容来源于具体的目标，我们之前已经探讨过每个年龄阶段的目标，例如教师带的是大班的小朋友，就需要从大班年龄阶段的目标入手，选择相应的教学活动内容。例如大班年龄阶段目标中"遵循基本的安全规则和交通规则"这一目标，教师就要根据此目标，结合大班幼儿的年龄特点，选择一些安全规则和一些交通规则，至于选择哪些内容，还需要根据本班幼儿的实际水平。

3. 来源于幼儿的兴趣、需要与经验

兴趣是最好的老师，在安全与自我保护教育活动中，教师要时刻洞察幼儿的兴趣点在哪里。例如，当夏天天空出现雷电时，小朋友们都非常感兴趣，教师就可以设计关于"雷电"的教育活动。教师还需要根据幼儿的需求选择相应的教学内容。例如，幼儿都会经历过马路，如何安全过马路就是教师选择的内容；幼儿都会参与各种户外活动，在活动中的安全问题就是选择的内容；幼儿都会玩玩具，玩具中的安全问题就是选择的内容。

4. 来源于已有的材料

安全与自我保护教育活动已有的材料包括已有的教材、活动方案、资源、案例等。教师可以根据已有的教育资源，结合本班的幼儿年龄阶段，选择适合的教育内容。教师也可以根据自己用的教材中的教案，结合本班幼儿的实际情况进行修改，组织教学活动。教师也可以根据优秀的教案，结合本班幼儿的年龄特点进行修改，选择教学活动内容，组织教学活动。教师也可以根据以后的案例，特别是真实发生的案例，选择教育活动内容。总之，教师可以根据已有的资源选择教学活动内容，但是要注意根据本班幼儿的年龄特点、本班所有的教学材料，选择适合本班的。不能秉着"拿来主义思想"，如果有这种思想和依赖性，将不利于个人的专业成长。

（三）撰写活动方案

制定好幼儿安全与自我保护教育活动目标，选择相应的内容后，就可以撰写安全与自我保护教育活动方案了。安全与自我保护教育活动方案主要包括教育活动的名称、教育活动的目标、教育活动的准备、教育活动的过程、教育活动的反思。也可以在教育活动目标前加入设计意图，在教育活动准备后面加入活动的重难点。只有方案设计得比较清楚，思路清晰，组织教学活动时才会比较顺利，但是也不用一成不变地按照教学方案的每个步骤来完成。同样，在组织教学活动时是存在变化的，这就需要教师长期积累的教学机智。

（四）活动后的反思

教学反思一般都是活动组织之后，教师的一个反思活动，是一个内省的过程。教学反思可以反思教学方法是否适用本班幼儿，在教学活动中，哪些内容是组织得比较成功的，哪些内容还需要改进，如何改进比较好。每次活动后的反思对教师的专业成长是非常有益的。因此，教师应该注意及时反思，提高反思的能力。

第二节
幼儿安全与自我保护教育活动指导策略

案例导入

随着社会的发展，电梯已经成为一种现代化的高楼交通工具，幼儿在跟随家长去上学、购物、玩耍、看病时都会坐电梯。但是在大人的保护下，幼儿乘坐电梯的自我保护意识不强，而且绝大部分家长也没有提醒幼儿注意电梯安全。大部分的幼儿自我意识较弱，自我保护能力较差，不知道不正确地操作电梯会导致自己受到伤害，因此有必要加强幼儿这方面的能力的培养，更有必要让幼儿掌握电梯"死机""坠落"等突发情况的急救办法。

要求：

（1）请你设计一次针对电梯安全的教育活动，并展示。

（2）小组合作，用思维导图的方式总结安全与自我保护教育活动的实施。

❈ 知识讲解

一、幼儿安全与自我保护教育活动实施

（一）幼儿安全与自我保护教育活动设计的原则

1. 整合性原则

安全与自我保护教育活动的内容设计，可以考虑其他领域，例如语言领域，通过一些安全小故事，提高幼儿的安全意识。同时，也可以结合社会领域，开展模拟实践，陌生人送的食物到底吃还是不吃等。

2. 思想性原则

安全与自我保护教育活动的思想性原则是指教师在教育活动中，应该提高幼儿的安全与自我保护意识。例如知道拥挤可能会出现意外，不能玩火、玩电等，在思想上提高认识。

3. 科学性原则

科学性原则是指向幼儿传递的幼儿安全与自我保护的知识、安全与自我保护的技能等应该是正确的，是可以避免出现危险的。

运用科学性原则应该注意的问题：
（1）活动内容的选择要科学合理。
（2）活动的具体内容要科学合理。
（3）活动的组织过程要科学合理。

4. 安全性原则

安全性原则是指在进行安全教育时，有的时候会用到一些教具，教师在示范或者让幼儿练习时，要注意安全。非常危险的情况可以用视频、图片来代替。

（二）幼儿安全与自我保护教育活动的方法

1. 直观教学法

由于幼儿直观形象性的思维特点，因此在安全与自我保护教育活动中，应该采用直观教学方法，利用图片、视频、实物、动作示范等方法，将抽象的知识转化成具体的内容，便于幼儿理解。例如在组织教育活动"各种各样的标志"时，教师可以用图片展示标志在什么地方出现，有什么用处。在组织教育活动"上下楼"，可以通过视频播放上下楼的视频，以及拥挤或者不按照规定走容易出现的问题。

2. 情境感受法

情境感受法是指教师设置仿真情境，让幼儿身临其境地提高安全意识，掌握自我保护的技能。例如"不跟陌生人走"的教学活动中，教师先设置如下情境。一天，豆豆走在大街上（明明是保育员扮演的），一位陌生的阿姨（副班扮演的）看到豆豆，说："小朋友，看看阿姨手里有什么，是棒棒糖！你喜欢吗？"豆豆说："喜欢！"阿姨说："那好，我

把棒棒糖送给你，你能帮阿姨一个忙吗？"豆豆说："可以！"阿姨说："阿姨买了一大包面包，拿不动了，你能跟阿姨去面包店拿面包吗？"豆豆说："可以！"然后豆豆就跟着阿姨走了。在这个活动中教师就设置了仿真的情境。活动还可以继续设置情境，比如教师请一位幼儿不认识的人来到班级里，拿着各种玩具，看看幼儿是否跟阿姨走。情境设置越真实越好，应考虑到各种情况。

3. 示范法

在安全与自我保护教育活动中，教师可以通过示范法，让幼儿掌握自我保护的技能。例如，教育活动"安全用电"中，教师可以示范如何用电比较安全；在教育活动"乘坐电梯"中，教师可以示范如何乘坐电梯比较安全，当电梯出现故障时如何自救；在教育活动"怎样安全过马路"中，教师可以示范如何过马路。

4. 实战演习法

实战演习是非常适合幼儿安全与自我保护教育活动的，在教育活动中也经常使用。例如在教育活动"地震来了""火灾来了"等中，都可以用实战演习的方法。还有就是遇见暴徒的时候，也可以用实战演习的方式帮助幼儿练习反应能力。例如教师可以请陌生人拿着一把刀（玩具刀），在操场上，通过类似游戏的方式，注意不要吓到幼儿。教师喊："快跑，坏人来了！"同时也让幼儿边喊边跑，练习反应速度，加深孩子对危险情况的求生意识。

5. 游戏法

游戏法在安全与自我保护教育活动中，可以合理地运用。例如教师在组织"我会过马路"时，可以使用游戏的方法，有的幼儿当红灯，有的幼儿当绿灯，有的幼儿当黄灯。其他小朋友有的开汽车，有的开工程车等，有的走路。通过游戏，一起遵守交通规则。教师在组织"防雷电"的教育活动中，教师可以播放雷电的声音，小朋友们要躲在安全的地方。例如教师在组织教育活动"自护小勇士"时，玩游戏"自护小勇士"，体验恶劣天气中的自我保护方法。教师：恶劣的天气虽然很可怕，但我知道，我们的小朋友都是很棒的小勇士，现在，我们就通过做游戏，变身"自护小勇士"去证明自己吧！介绍游戏规则：当听到老师说"××来了"后，小朋友就自由选择生活用品、警示牌，变身为"小勇士"一齐说"自护小勇士，变身"，同时双手握拳交叉于胸前，再向上伸举。这一环节，教师就采用游戏的方式。游戏的方式可以激发幼儿的学习兴趣，达到较好的学习效果。

6. 案例分析法

幼儿园安全与自我保护教育中，教师可以为幼儿提供案例，通过视频或者动画的方式，和幼儿一起讨论，发生这样的情况，我们该怎么做。案例分析法在幼儿园安全与自我保护教育中发挥着重要的作用。例如教师在组织活动"上下楼"时，通过观看一个小案例，幼儿会更容易理解为什么上下楼要遵守规则。例如组织活动"不乱吃东西"时，可以使用真实案例《卡在气管里的五角星》（用讲故事的形式即可，可以告诉幼儿这是一个真实的故事）。

教师讲解：这是一个真实的故事。一天，5岁的龙龙突然咳嗽不停，而且有时喘不上气来，晚上也睡不好觉。爸爸妈妈赶快带他到医院去检查，结果做很多的检查才判断是得了重感冒，住院治疗了一周，病情有所好转，便回家了，可是回到家后，龙龙又咳嗽不停，整天晚上睡不着觉，躺不下，又坐不下，可难受了。爸爸妈妈担心死了。着急的父母又搭车来到了离家很远的医院，让一位有经验的老医生对他进行了检查，这位医生从他喉咙的侧面取出了一个大大的铁制的五角星。医生说这个五角星卡在的地方，一般的检查很难发现，幸亏爸爸妈妈及时来到了这里，要不会有生命危险。经过医生的精心治疗，龙龙的病终于好了。医生告诉龙龙说："以后，一定不能把一些危险的东西放入口中。"

（三）幼儿安全与自我保护教育活动的活动过程

幼儿安全与自我保护教育的活动过程可以分为三部分：开始部分、基本部分、结束部分。

1. 开始部分

开始部分的主要的目的是在比较短的时间内引起幼儿的学习兴趣，为了达到这个目的，教师可以选择适当的导入方法。在幼儿安全与自我保护教育活动中，导入的方法主要有：

（1）谜语导入　谜语导入主要在讲解幼儿安全与自我保护的时候采用得比较多。例如，在组织"自护小勇士"的活动中，教师如此进行导入。猜谜语，导入活动。提问：老师这里有几个谜语，请小朋友们猜猜谜语里说的是什么自然现象。有位老兄脾气大，爱发怒的就数它，发起怒来大声吼，伴着成串泪珠下。（雷雨）远看像是云，近看像是烟，风吹轻轻飘，日出它就消。（雾）

（2）谈话导入　谈话导入是比较自然的方式，在幼儿安全与自我保护教育活动中也经常用到。教师发出问题，与幼儿一起讨论，但是教师要多提问开放性的问题，才有利于谈话的展开。例如教师在组织活动"电梯里的大熊猫"时，问：如果你一个人在家的时候遇到了陌生人，怎么办？（幼儿都知道要警惕，不给陌生人开门等，给幼儿在心理上做好铺垫）教师根据幼儿的讲述，引申出：如果你和陌生人是在外面（如走廊上、草地上、公园里、电梯里等）遇到的，而你又是一个人，那会有什么危险？你会怎么办？

（3）悬念导入　悬念导入在幼儿安全与自我保护教育活动中采用得也比较多，悬念导入可以激发幼儿的好奇心。例如在组织"安全标志总动员"时，教师：小朋友们，刚才谁在说话，提醒我们注意安全（安全标志）。在我们生活的周围有许多这样的标志时刻提醒我们注意安全，所以需要我们去认识它，小朋友们看——它来了（大屏幕上出现标志娃娃：小朋友们好！我是标志娃娃，今天我带来了好多的朋友，它们都藏在活动室里，你们能找到它们并和它们做好朋友吗？）。老师和你们一起找，你能告诉老师你是在什么地方找到的吗？是在小椅子上面还是下面找到的？

（4）直观导入　教师通过出示图片、模型、绘本、视频等方式进行导入。

例如教师在组织活动"会说话的安全标志"时，导入部分：教师引导幼儿观看多媒体演示，就其中的交通安全小故事鼓励幼儿探索根据什么标志过马路？提出问题，请幼儿思考：

① 为什么要有这些安全标志？这些安全标志有什么用？

②除了马路上的安全标志，你还见过什么安全标志？在什么地方见过的？它们表示什么意思？

③请幼儿继续观看多媒体演示，寻找有关的安全标志。

例如教师在组织活动"活动中的安全"时，导入部分：出示幼儿户外活动时的图片。

提问：图上有谁？他们在玩什么？你觉得他们这样玩好吗？也许会发生什么事？（会摔跤、会打痛、会从玩具架上掉下来等）

那你觉得应该怎么玩，小朋友才不会发生这样的事呢？（引导幼儿大胆交流）

教师在组织活动"煤气与安全"时，导入部分：

① 出示煤气灶和煤气包，提问：这是什么？你们家使用煤气吗？你们家的煤气是从哪里来的？煤气有什么用？

② 教师进行简单的小结：我们家用的煤气有两种，一种是管道煤气，一种是煤气包。它们给我们带来了许多方便，能烧水、烧饭、烧菜……

（5）手指操导入　手指操导入是指教师通过欢乐有趣的手指操进行导入，激发幼儿的兴趣。例如，教师在组织教育活动"交通规则我知道"时，可以做"交通知识"手指操："过马路，要注意，红灯停，绿灯行，左看看，右看看，牵着手，向前走，安全第一心中记。"教师在组织教育活动"特殊号码"时，可以用"特殊号码"手指操导入："小电话，叮铃铃，特殊号码记心中，火警电话119，报警电话110，交通事故122，急救中心120，危难时刻帮助你，小小电话本领高。"

（6）设置情境导入　设置情境是教师在教学活动的开始部分，就设置了本次活动的情境内容。例如教师在组织活动"交通安全伴我行"时，导入部分：创设情境，引起幼儿的兴趣。教师：小朋友们你们看，这里有斑马线、栏杆，这里像什么地方？（马路）我们就来看马路上发生了什么事情？看谁看得最仔细。例如教师在组织活动"旅游路上"时，创设大家一起旅游的情境。导入部分：教师和幼儿玩"旅游去"的游戏，体验旅游路上的陌生和遥远。教师组织幼儿回忆曾经旅游过的地方，让幼儿明确旅游时要坐各种交通工具。教师：小朋友们，你们和爸爸妈妈旅游时都去过什么地方？有哪些好玩的地方呢？这些地方是近还是远？你坐的是什么交通工具呢？教师和幼儿观看创设的游戏情境。教师：小朋友们可以坐汽车或者火车去不同的地方，可以去海边游泳，可以和爸爸妈妈去商场、超市购买喜欢的玩具等。教师和幼儿在《开火车》的音乐伴奏声中玩"旅游去"的游戏。

2. 基本部分

幼儿安全与自我保护教育活动的基本部分是教学过程的主要环节，是突破教学难点、完成教学目标最重要的环节，也是体现教学原则、教学方法最重要的环节。基本部分的组织环节没有固定的要求，重点是运用合理的教学方法达到教学目标。整个活动过程需要遵循大脑皮层的活动规律，符合镶嵌式活动的原则，遵循动静结合。基本部分设计的环节应该环环相扣，层层递进，实现教学目标。

3. 结束部分

结束部分应自然结束，教师可以进行总结，继续升华教学活动目标。同时，应该安排活动延伸，让教学内容自然延伸到日常生活、区角、环境创设、家庭中。

总结要具体，对活动中的内容及要点进行梳理，总结之后可以进行活动延伸。例如，健康教育活动"交通标志我知道"中,教师在结束部分进行活动延伸。

活动延伸可以延伸到日常生活中。在一日生活中,例如派对、玩游戏可以用到交通标志。

活动延伸可以延伸到区角。例如:小朋友们,活动结束后,如果你们愿意,可以到手工区继续制作交通标志。

活动延伸可以延伸到环境创设中。例如:小朋友们,我们今天把制作的交通标志做成墙饰和吊饰,美化我们班级的环境吧。

活动可以延伸到家庭中。例如:小朋友们,我们把标志拿回家里,跟爸爸妈妈讲一讲它们是什么意思吧。

案例

自护小勇士(大班,健康)

【活动目标】

(1)结合生活实际了解雷雨、雾霾、沙尘暴等恶劣天气的特点和危害。

(2)了解和体验几种环境中的自护方法。

【活动准备】

(1)经验准备:幼儿已积累了雷雨、雾霾、沙尘暴等自然现象的相关生活经验。

(2)物质准备:雷雨、雾霾、沙尘暴等相关图片资料,课件,警示牌(不打电话、不在大树下躲雨、切断电源、不开窗通风等),雨伞、雨衣、口罩帽子、纱巾、眼镜、衣物等各种常见的生活物品若干。

【活动重点】

了解和体验几种环境中的自护方法。

【活动过程】

1. 猜谜语,导入活动

(1)提问:老师这里有几个谜语,请小朋友们猜猜谜语里说的是什么自然现象。

① 有位老兄脾气大,爱发怒的就数它,发起怒来大声吼,伴着成串泪珠下。(雷雨)

② 远看像是云,近看像是烟,风吹轻轻飘,日出它就消。(雾)

(2)提问:说说还有哪些自然现象。(伴随幼儿的回答,出示相应的图片)

小结:自然现象中的雷雨、雾、沙尘暴是我们常见的。正确地认识它们的特点和危害,并寻找保护自己的方法,这对我们很重要!

2. 了解各种恶劣天气的特点和危害

(1)结合图片及课件了解雷雨的特点和危害。

① 提问:哪个小朋友能结合自己的生活经验说说雷雨的特点和危害?

② 课件演示:雷雨的特点(雷声、闪电、下雨),雷电的危害(雷击、洪水、泥石流……)。

③ 提问:请小朋友们说一说雷雨天气怎样保护自己?

④ 出示相应的警示牌,如雷雨天气时不在户外淋雨玩耍、不要躲到大树或电线杆下避雨、不接打电话、切断电源等。

小结:雷雨天气会给我们带来一定的危害,我们可以用上述方法保护自己。

（2）结合图片及课件了解雾霾的特点和危害。

①提问：雷雨来的时候会伴着轰隆隆的雷声，雾霾来的时候有没有声音呢？

教师：哪个小朋友愿意说一说自己知道的雾霾天气？（引导幼儿运用多种感官进行介绍）

②课件演示：雾霾的特点（能见度低），雾霾的危害（咳嗽、呼吸困难、生病）。

③提问小朋友们说一说怎样才能不受到伤害？（戴口罩、少出门、不要开窗通风等）

小结：雾霾天气里有较小的有毒颗粒物，一旦被人吸入，就会出现呼吸道刺激、打喷嚏、呼吸困难等，诱发许多疾病。除了用我们刚才说过的方法保护自己外，我们还可以学习一种呼吸方法，这样可提高呼吸道的免疫功能，增大肺活量，增强人体的耐缺氧能力。

④教师示范吐纳法：双手合十放在胸前，然后两手臂向前伸直，再慢慢地抬举至头顶，一边做动作一边进行"吸一呼三"和"吸三呼一"的吐纳法。

（3）结合图片及课件了解沙尘暴的特点和危害。

①提问：哪个小朋友知道沙尘暴的特点和危害？

②课件演示：沙尘暴的天气特点及危害。

③教师结合自己收集的资料说一说沙尘天气的自护方法，比如：捂住口鼻、眼睛、耳朵，防止风沙侵入；减少外出；等等。

小结：恶劣天气来临时，会对我们造成伤害，但是我们的小朋友们都很聪明也很勇敢，知道了很多保护自己的方法。

3. 了解不同的生活物品在恶劣天气中的作用

（1）认识生活物品，探索自护方法。

教师：请小朋友们结合各种常见的生活用品，想一想在什么天气情况下可以用它们？（比如，沙尘天气可以用纱巾围住面部，这样风沙就不会直打到脸上了）

（2）选择生活用品，体验自护方法。

教师：请小朋友们自由选择生活用品，同伴间边演示边讲述保护自己的办法。

（3）展示，分享自护方法。

教师：请小朋友们分享彼此的探究结果，了解不同环境下的自护方法。

小结：面对不同的天气，我们要选择合适的物品、用正确的方法保护自己。

4. 玩游戏"自护小勇士"，体验恶劣天气中的自我保护方法

（1）教师：恶劣的天气虽然很可怕，但我知道，我们的小朋友都是很棒的小勇士，现在，我们就通过做游戏，变身"自护小勇士"去证明自己吧！

（2）介绍游戏规则：当听到老师说"××来了"后，小朋友们就自由选择生活用品、警示牌，变身为"小勇士"一齐说"自护小勇士，变身"，同时双手握拳交叉于胸前，再向上伸举。

（3）师幼进行多次游戏。

小结：小朋友们都这么聪明、勇敢，希望你们在"恶劣天气"真的来到的时候，也能像今天一样做一个能保护自己的小勇士。

【活动延伸】

鼓励幼儿在生活中继续收集其他恶劣天气的特点和自我保护方法，并进行体验游戏，进而通过家园共育使幼儿建立自然界与人类之间的联系，增强环境保护意识。

（案例来源：范惠静．幼儿园优秀健康教育活动设计）

二、幼儿安全与自我保护教育活动的指导要点

（一）创设安全的教育环境，为教育活动提供有力保障

创设与教育相适应的良好环境，幼儿园的环境关注幼儿的健康和安全。教师在组织安全与自我保护教育活动时要注重墙面的创设、走廊安全文化的设置，可以创设安全文化长廊，利用图示、标语等形式宣传安全小常识。在幼儿的盥洗室内，将每个毛巾架与水杯上都贴上幼儿的姓名标签或照片，盥洗室的墙壁上贴有七步洗手法的图片。在幼儿如厕区域的地面上贴有相应的小脚印，幼儿踩在小脚印上以防相互推挤。在手工区贴有正确安全使用剪刀的图片等，帮助幼儿在耳濡目染中学习到安全知识。

（二）与游戏融为一体，提高自我保护能力

游戏是幼儿最喜欢的活动，也是幼儿最佳的学习方式。因此，教师的安全教育要注重与游戏融为一体，让幼儿在游戏中体会什么是安全。教师在授课过程中可以设计一些情景模拟、角色扮演、实景表演来帮助幼儿学习规避与应对危险的简单方法，如教师通过开展"红绿灯"游戏，让幼儿掌握"红灯停、绿灯行""行人要走在人行道上或斑马线上""过马路要看红绿灯"等有关规则。幼儿通过游戏习得了丰富的安全知识，获得了自我保护的意识，也锻炼了自我保护的能力。

（三）在一日生活中进行，提高幼儿的防范意识

3～6岁的幼儿正处于身心发育的重要时期，但他们缺乏一些必要的生活经验，自我保护意识差，安全教育作为幼儿园长期的教育内容，需要与幼儿的一日生活有机地结合和渗透到幼儿的晨检、早餐、喝水、散步、午睡等各个环节之中。幼儿园的安全与自我保护教育是指向生活的，最终也应回归到生活之中，为生活服务，自我保护行为要靠幼儿的日积月累。因此，幼儿园的一日生活是教育的最好课堂，是行为内化为情感的最好基地。安全教育只有渗透在幼儿的日常生活中，才能够发挥最大的效用。

（四）家园共同参与，形成教育合力

幼儿的生命健康与成长发育，关系到千家万户的幸福和社会的安宁，关系到国家的长远发展和民族的未来。让幼儿拥有一个安全、健康、自由、快乐的成长环境是所有家长和幼教工作者共同的期盼。因此，对幼儿进行安全与自我保护教育不仅是幼儿园的工作，更是家庭的责任。双方应积极主动地相互配合，共同促进幼儿健康发展。幼儿园教育与家庭教育同步进行，才能真正地做到家园共育。因此，幼儿园与家长均应视安全教育为己任，时刻牢记安全教育，扎扎实实把安全融入幼儿的生活与学习中，充分抓住每一个细节，将安全教育工作做到最好。

三、幼儿安全与自我保护教育活动应注意的问题

（一）营造安全的环境

对幼儿进行安全教育，首先幼儿所生活的环境、幼儿园的环境与设备是安全的，要定

期检查，排除安全隐患。《幼儿园管理条例》规定：幼儿园发生食物中毒、传染病流行时，举办幼儿园的单位或者个人应当立即采取紧急救护措施，并及时报告当地教育行政部门或卫生行政部门。幼儿园的园舍和设施有可能发生危险时，举办幼儿园的单位或个人应该采取措施，排除险情，防止事故发生。《托儿所、幼儿园卫生保健管理办法》规定：托幼机构的建筑、设施、设备、环境及提供的食品、饮用水等应当符合国家有关卫生标准、规范的要求。

（二）建立安全的管理制度

安全管理是为了控制风险，安全管理制度是依据风险制定的要求大家共同遵守的办事规程或行动准则，是规范人们行为的依据。2016年，教育部颁布新修订的《幼儿园工作规程》，强化了幼儿园的安全管理，专设"幼儿园的安全"一章。并提出："幼儿园应当严格执行国家和地方幼儿园安全管理的相关规定，建立健全门卫、房屋、设备、消防、交通、食品、药物、幼儿接送交接、活动组织和幼儿就寝值守等安全防护和检查制度，建立安全责任制和应急预案。"建立幼儿园安全制度，可以防患于未然，有效保护幼儿的安全。

（三）开展保教人员的安全教育

保育员和教师是与幼儿接触时间最长的人员，幼儿园应该加强对幼儿园里所有人的安全教育，掌握安全知识，提高安全意识。门卫应该选择年轻强壮的人员，提高其遇到突发情况的应变能力和解决问题的能力。厨房工作人员应该持证上岗，保持饭菜卫生，不做变质食品。教师和保育员应该掌握一些安全常识，例如生活安全常识、交通安全常识、防火安全常识等。知道影响幼儿安全的危险事物和危险行为：打火机、火柴、电源插座、充电线、热水瓶、尖锐的器具等，拥挤、打架、河边玩水、玩冰、推拉别人等。保育员和教师还需要学会一些急救方法，例如遇到鼻出血、骨折、擦伤、挫伤、割伤、中暑，被虫子咬伤等，会进行急救。幼儿园应该存放一些急救物品，例如绷带、脱脂棉、消毒液等。

（四）利用游戏，避免说教

学习安全知识固然重要，但仅有知识是不够的，安全教育中更重要的是培养幼儿自我保护的技能，提高自我保护能力。而技能和能力的形成更多的是依靠亲身的实践练习，因此，应多开展游戏、模拟演练等多种形式的活动来提升幼儿的自我保护能力。充分利用幼儿最感兴趣的游戏活动，让幼儿在轻松的氛围中进行自救技能的训练。例如教师在组织教育活动"乘坐电梯"时，教师可以利用纸箱设计电梯，幼儿可以通过玩电梯游戏掌握出现意外情况如何自救的方法。避免说教，说教既无法取得理想的效果，而且也会造成幼儿精神疲劳。

（五）重视自救、自护能力的训练

幼儿如果缺乏锻炼和户外活动，其动作的灵活性、协调性及平衡能力将达不到自我保护的要求。加强体育锻炼，提高身体素质和运动技能，会促使幼儿动作灵活、思维敏捷、反应能力加快。例如，在体育游戏中设计演习求救技能，让幼儿尝试越过障碍物、钻圈、爬垫子。通过各种活动，模拟演练，学习自救的方法。

第三节
幼儿安全与自我保护教育活动案例评析

一、小班幼儿安全与自我保护教育活动案例评析

▶ 活动方案

会咬人的"大嘴"

【设计意图】

幼儿入园后会面临一些安全隐患，比如由小椅子、门、抽屉、电梯等物品的缝隙带来的危险。《指南》健康领域教学建议中提出："教师要帮助幼儿了解周围环境中不安全的事物，不做危险的事。"为了让我班幼儿学会远离缝隙带来的危险，学习保护小手不受伤，我设计了此次活动。

【活动目标】

（1）知道缝隙的危险，保护自己的小手不受伤。

（2）逐步形成保护小手的意识。

【活动准备】

（1）经验准备：幼儿知道缝隙的名称和位置。

（2）物质准备：小兔手偶1个，2把小椅子，"娃娃家"带抽屉的桌子，故事《会咬人的"大嘴"》，红色圆形标记（与班内幼儿数相同）。

【教学重点、难点】

知道（门、抽屉、电梯等）缝隙的危险，学会保护自己的小手不受伤。

【活动过程】

1. 手偶表演，引入活动

教师出示手偶，扮演小白兔。

教师：小班的小朋友们好，我是小兔白白。你们知道吗？在咱们班里有好几张会咬人的"大嘴"。它们咬过我的小手好几次，可疼了，有一次还把我的手咬流血啦！现在，我要给小朋友们讲一讲我是怎么被咬的！

2. 听故事（会咬人的"大嘴"）

教师讲述故事，配班教师配合利用真实的椅子、抽屉演示小兔的手被咬的过程。

3. 寻找会咬人的"大嘴"

（1）教师：小兔请小朋友们帮忙找到可怕的"大嘴"，他把红色的圆形标记也带来了。请小朋友们每人拿一个红色的标记，把它贴到会咬人的"大嘴"上。

（2）教师引导幼儿在班级中寻找各种可怕的"大嘴"并贴上标记。

4. 看看会咬人的"大嘴"都是谁？

小兔白白带领全班幼儿一起看看会咬人的"大嘴"都是谁。走到贴标记的地方，小兔白白告诉幼儿："××的大嘴"会咬人，一定要小心，别让它咬到我们的手。

5. 夸夸小朋友

教师：小班的小朋友们真棒，找到了门缝、抽屉缝、衣柜缝、桌子缝、椅子缝这么多可怕的"大嘴"。我们一定要小心哦，千万不要让他咬到我们的手。

【活动延伸】

（1）鼓励幼儿在幼儿园日常生活中继续寻找会咬人的"大嘴"，并贴上标记。

（2）师幼一起在美工区制作红色的圆形标记。

（3）布置《会咬人的"大嘴"》故事墙饰，内容包括小兔白白被椅子缝咬到手的照片、被抽屉缝咬到手的照片和幼儿发现的会咬人的"大嘴"的图片。

（4）请幼儿与爸爸妈妈一起寻找家中会咬人的"大嘴"，提高幼儿保护小手的意识。

【附：故事】

会咬人的"大嘴"

今天是小兔白白上幼儿园的第一天，他可开心了。来到幼儿园，小兔和小羊、小狗坐在小椅子上一起听老师讲故事。听着听着，小兔就把小手放了椅子缝里。旁边的小羊坐累了，挪了一下椅子，这张会咬人的"大嘴"就咬到了小兔的手。只听"叮"的一声，小兔缩回了自己的小手，随即他疼得哇哇大哭起来。他伤心地说："我再也不把手放在椅子缝里了，它会咬我的手。"又过了些日子，有一天小兔在"娃娃家"里玩得非常开心，他想把娃娃的衣服放进抽屉里，可关抽屉的时候没小手放在抽屉的把手上，这张会咬人的"大嘴"又咬到了小兔的手，这次咬得更疼，手指头都被夹流血了！小兔疼得又生生大哭起来，他伤心地说："我再也不把手放在抽屉缝里边了，它会咬到我的手"。小兔的手挨了两次咬，心里害怕极了。他想：班级里哪里还有可怕的"大嘴"呢？我一定要找到它，找到以后贴上红色的圆形标记，这样所有的小朋友都不会受伤了。我请小班的小朋友帮忙，找到所有会咬人的"大嘴"。

活动方案评析

优点：

（1）评价活动名称：活动名称具有创新性，运用拟人化的名称，更生动形象。

（2）评价活动目标：活动目标表述清楚、具体。目标设计符合小班幼儿年龄特点，结合《指南》制定教学目标，有很强的理论依据。本活动内容来于幼儿生活中遇到的潜在危险，让幼儿通过小兔上幼儿园受伤的经历，知道危险在哪里，懂得保护自己的小手不受伤。由此可见，此次活动的目标和内容符合小班幼儿的年龄特点。

（3）评价活动准备：活动准备充分，包括经验准备、物质准备两部分。选择多种直观性的教育有利于活动的组织与开展，有利于采用多种教学方式达到教学目标。

（4）评价活动过程：

① 活动的开始部分：活动的开始部分采用手偶表演的方式，激发了幼儿的学习兴趣，手偶表演的方式形式新颖，教师用小白兔的手偶进行表演，符合小班幼儿的年龄特点。

② 活动的基本部分：在活动过程中，教师采用两种教学方法。方法多样，更好地实现了教学目标。故事法：教师通过讲述《会咬人的"大嘴"》这个故事，用生动形象的语言描绘故事，并通过副班教师的配合表演，更有利于幼儿的理解。游戏法：通过"寻找会咬人的大嘴"的游戏，让幼儿在轻松愉快的氛围中找到身边存在的危险，寓教于乐。

③ 活动的结束部分：教师夸一夸小朋友，提高小朋友的信心，结束部分处理得非常自然，也符合幼儿的需要，同时能够延伸活动的目标。

综观活动过程，还具有以下三个优点值得我们学习：第一，活动以情景化的游戏方式贯穿始终，使故事和真实生活一脉相通。教师抓住了小班幼儿拟人化的心理特点，把小兔白白拟人化，整个活动过程让幼儿感觉到小兔白白就是班中的一员，过程自然真实。活动通过讲述小兔白白受伤的经历，让幼儿一起寻找会咬人的"大嘴"，看看会咬人的"大嘴"在哪里并贴上标记，让幼儿知道危险在哪里，引导幼儿做事情要小心，保护自己的小手不受伤。第二，当幼儿找到会咬人的"大嘴"并贴上标记后，活动并没有结束，而是教师带领全班幼儿再认一认、说一说，加深对危险地方的认识。第三，故事的结尾与活动环节自然衔接。"班级里哪里还有可怕的'大嘴'呢？我一定要找到它，找到以后贴上红色的圆形标记，这样所有的小朋友都不会受伤了。我请小班的小朋友帮忙，找到所有会咬人的'大嘴'"。这样的故事结尾把幼儿自然地带入寻找会咬人的"大嘴"的情境中。

（5）评价活动延伸：教师一共设计了四个延伸的内容，丰富具体，包括日常生活中、区域活动中、环境创设中、家园合作中四个方面，使学习迁移到各个方面，活动目标进一步得到实现。

建议：

（1）在活动目标方面，可以将第一个目标拆分，按知识、能力、情感三方面进行表述，即：①知道缝隙的危险。②能够保护自己的小手不受伤。③逐步形成保护小手的意识。

（2）在活动准备方面，可以把手偶换成其他幼儿熟悉的玩具或者班中现成手偶的一种。

二、中班幼儿安全与自我保护教育活动案例评析

活动方案

忘乎所以的沸羊羊

【设计意图】

中班幼儿行动较灵活，对社会、生活等有浓厚的兴趣，有探索欲望，但规则意识和自我保护意识较差。就拿我班幼儿来说，他们在户外活动时能听指令收放玩具、常常在教师的视线范围之外活动，有的幼儿不能清楚地记住自己父母的联系电话及家庭住址。为了提高幼儿的自我保护意识和能力，我特地设计了此活动，帮助幼儿懂得人多的地方不能贪玩、不能离开家人的视线范围，知道在公共场所离开亲人时怎样保护自己以及简单的求助方式。

【活动目标】

（1）知道在公共场所不离开亲人及简单的求助方式。

（2）建立自我保护意识。

【活动准备】

（1）经验准备：幼儿有识记父母姓名、电话及家庭住址的经验，认识数字0～9。

（2）物质准备：图片3张，自制小手机（长方形海绵上贴数字0～9）或手机模型，

游戏电话卡（上面有幼儿照片、父母的电话号码）每个幼儿1张。

【活动重点】

知道在公共场所不离开亲人及简单的求助方式。

【活动过程】

1. 看图片引入活动

（1）欣赏图片，幼儿自由观察并讲述。

教师：请小朋友们看一看图片上有谁？在干什么？（沸羊羊在前面跑，喜洋洋在玩滑板车，美羊羊去追喜洋洋了）

（2）幼儿观察图片并讲述。

教师：请小朋友们看一看发生什么事情了？他们的心情是怎么样？（"喜洋洋有点害怕，美羊羊很生气，因为沸羊羊不见了"）

（3）幼儿看一看沸羊羊在干什么？（沸羊羊哭了，他去看小丑表演了，找不到喜洋洋他们了）

教师：看来沸羊羊玩得有点忘乎所以了。你觉得忘乎所以是什么意思？（玩得太高兴了）

教师：忘乎所以的意思是因为玩得太高兴而忘记和爸爸妈妈、小朋友们在一起，自己走丢了。他这样做对吗？为什么？（不对，喜洋洋找不到他了）

教师：那喜洋洋和美羊羊找不到他了，他们的心情是怎么样的？（着急）

小结：沸羊羊玩得忘乎所以，自己去看小丑表演节目了，他的朋友们找不到他，都很着急。

2. 小朋友分组讨论，帮助沸羊羊想个好办法

教师：请小朋友们想一想沸羊羊怎样才能和家人相聚？（找警察叔叔帮忙；给妈妈打电话……）

小结：当小朋友们和爸爸妈妈外出游玩时，不能玩得忘乎所以，要拉着爸爸妈妈的手。当找不到家人时，小朋友要站在原地不要动，等待家人到来；也可以跟其他叔叔阿姨借手机给爸爸妈妈打电话；还可以找警察叔叔帮忙。小朋友们一定要记得不能跟不认识的人走。

3. 说一说父母的电话和家庭地址

请小朋友们说一说自己父母的电话、家庭住址，重点引导幼儿理解并说出楼层和楼号。

4. 游戏：打电话

发给每个幼儿一个自制小手机或手机模型，请幼儿参照自己游戏卡上面的号码将电话打给父母，教师巡回指导，引导幼儿正确识记1～2个电话号码，在应急时候使用。

【活动延伸】

（1）当教师需要给幼儿的家长打电话时，请幼儿帮忙拨打电话号码。

（2）在角色区或"娃娃家"，为幼儿提供公用电话或手机，方便幼儿练习。

（3）在益智区为幼儿提供0～9的数字卡片若干，让幼儿玩"爸爸妈妈电话我知道"的游戏。

（4）家园共育：把本次活动内容贴在"家园宣传栏"中向家长进行宣传，请爸爸妈妈在与幼儿逛街或者接幼儿放学回家的路上，请幼儿辨认和记清自己家庭的住址和明显的标

志性建筑。
活动方案评析
优点：

（1）评价活动名称：活动名称选择幼儿熟悉的动画片的人物形象，幼儿比较喜欢，能够激发幼儿学习的兴趣。

（2）评价活动目标：活动目标表述清楚、具体。目标设计符合中班幼儿年龄特点。本活动内容源来于幼儿生活中遇到的潜在危险，结合中班幼儿规则意识和自我保护能力比较差的年龄特点，需要组织这样的活动让幼儿了解潜在的危险。幼儿的安全永远是第一位的！但是，家长们往往只是让幼儿知道交通安全、防火安全等，忽略了对幼儿进行在公共场所走丢时的教育，因此设计专门的教育活动是非常必要的，也是非常有意义的。

（3）评价活动准备：活动准备充分，包括经验准备、物质准备两部分。材料的准备顾及每一位幼儿，体现平等对待幼儿的教育观。

（4）评价活动过程：

① 活动的开始部分：活动的开始部分采用图片的方式，不仅激发了幼儿的学习兴趣，还容易引入话题。

② 活动的基本部分：在活动过程中，教师采用谈话法、讨论法、游戏法等教学方法。谈话法：教师用多张图片，在与幼儿的谈话中让幼儿意识到沸羊羊玩得忘乎所以了。讨论法：教师采用小组讨论的方法，来帮助沸羊羊想个好办法，激发幼儿解决问题的欲望。游戏法：玩打电话的游戏，幼儿参照图片上的电话号码，练习给父母打电话。

③ 活动的结束部分：结束部分教师采用游戏的方法，给每一位幼儿发一个自制小手机或手机模型，按照图片上的手机号给父母打电话，既进一步巩固了活动目标，又让幼儿感受到游戏的乐趣。结束部分自然又有趣，值得学习。

本活动通过幼儿喜欢的卡通形象，以图片观察法鼓励幼儿进行自主想象和讲述，并引导幼儿总结经验、动脑筋想办法，让幼儿知道更多走失时的自我保护方法。教师尊重幼儿的个体差异，鼓励幼儿大胆表述自己的想法；进行分组讨论，让幼儿在与同伴交流的同时主动动脑思考，调动了幼儿的原有经验，增强了幼儿的自我安全保护意识。

幼儿安全意识的形成，需要在特定的情境中加以运用，才能真正达到自我保护的目标要求。

（5）评价活动延伸：教师一共设计了四个延伸的内容，丰富具体，包括日常生活中、区域活动中、环境创设中、家园合作中四个方面，使学习迁移到各个方面，活动目标进一步得到实现。

建议：

（1）在活动目标方面，可以将第一个目标拆分，按认知、能力、情感三方面进行表述，即：①知道在公共场所不离开亲人；②能够运用简单的求助方式；③建立自我保护的意识。

（2）除了图片外，教师还可以利用情境表演、手偶等多种形式引入活动，卡通人物也可以随机更换为幼儿喜欢的任意人物形象。

（3）活动的结束部分：教师如果在活动结束部分加入总结，则能够使整个活动更完整，进一步实现活动目标。

（4）关注日常生活中发生的危险情况，并抓住时机对幼儿进行安全保护的教育，丰富幼儿的经验，提高幼儿自我保护的意识和能力。

（5）开展家园共育活动，让家长了解幼儿园的教育方法和教育内容，在家时配合做到要求一致。

三、大班幼儿安全与自我保护教育活动案例评析

活动方案

洪水来了

【设计意图】

近几年来，由于全球气候变暖，北京的雨水量也是逐年增多。2012年7月21日，孩子们亲历了北京有史以来最严重的大暴雨及水灾。当灾难来临时，幼儿无疑是最易受到伤害的。作为幼儿教师，帮助幼儿了解水灾来临时的前兆，教幼儿学习和掌握水灾来临时的安全自救方法是非常必要的。因此，我设计了本次活动。

【活动目标】

（1）了解水灾发生时的气候特征、现象以及水灾的危害性。

（2）掌握水灾发生时的简单自救和逃生方法，有基本的自我保护能力。

（3）建立初步的环保意识。

【活动准备】

（1）经验准备：幼儿已对各种自然灾害有初步的了解。

（2）物质准备：北京"7·21"水灾视频，水、食物、游泳圈、玩具、钱、衣服等供幼儿选择的逃生物品，各种信号工具和物品（哨子、手电筒、旗帜、鲜艳的头巾等），各种漂浮物的图片，人们破坏环境的图片。

【活动重点】

掌握水灾发生时的自救方法，有基本的自我保护能力。

【活动过程】

1. 谈话导入，引出主题

（1）教师：如果连续几天大雨下个不停，会发生什么事？出现哪些天气现象告诉我们水灾可能要来临，需要我们提高警惕。（闪电、大暴雨、急流、积水等）

（2）组织幼儿观看2012年7月21日的北京水灾视频，引导幼儿一起说一说当日自己看到的、听到的、了解到的现象。

（3）教师：洪水给人民带来了哪些危害？（房屋、农田、家具、汽车及物品被冲走、淹毁，人被淹死……）

2. 掌握逃生的方法

（1）教师：逃生前，如果时间允许，我们最应该带些什么？（出示水、食物、游泳圈、玩具、钱、衣服等，让幼儿做出选择，并说出原因）

小结：逃生前，时间很短、很宝贵，最重要的是带上游泳圈，防止被淹；再带上一些食物和水，以补充体力。

（2）教师：如果来不及逃生，我们应该怎么办？

小结：不要惊慌，应迅速向高处转移（如结实的楼顶、大树上……），等候救援人员到来。

（3）教师：哪些东西可以代替船帮助我们漂浮在水面上，防止被水淹到？

小结：要注意观察各种漂浮物（床板、箱子、门板、木桶、汽车轮胎等），可选结实的漂浮物来代替船。

（4）玩游戏：寻找发信号用具。教师提供各种物品，如哨子、手电筒、旗帜、鲜明的头巾等，请幼儿挑出可以作为信号工具的物品并说出原因。

（5）玩游戏：洪水来了站高处。通过游戏加深幼儿对此项内容的理解。

3. 了解洪水发生的原因

（1）教师：为什么最近几年特大暴雨和洪水频繁发生？（引导幼儿懂得因为空气污染和人们乱砍滥伐花草树木，导致全球气候变暖，降雨增多发生水灾）

（2）组织幼儿观看环境被破坏的图片。

4. 建立环保意识

教师：想一想我们身边有没有这些恶劣的场景？有什么办法能够减少灾害和环境污染？

师幼讨论得出结论：爱护花草树木，植树造林，不乱扔废弃物，绿色出行，等等。

【活动延伸】

（1）在幼儿园内的种植园地开展种植活动，鼓励幼儿定期照顾植物，为植物浇水、除草。

（2）在活动区，组织幼儿绘画、制作爱护花草树木的警示牌。制作好后，将警示牌投放到社区公园和绿地中。

（3）家园共育：倡导家长在带领幼儿外出时，尽量乘坐公共交通工具，绿色出行；带幼儿到郊外种植；在公共场所不乱扔果皮纸屑，保持环境清洁卫生；在日常生活中引导幼儿以实际行动做一个"环保志愿者"。

活动方案评析

优点：

（1）评价活动名称：活动名称比较简洁，所要表达的意思一目了然。

（2）评价活动目标：活动目标表述清楚、具体。目标设计符合大班幼儿年龄特点，近年来由于环境污染、资源过度开发等原因，异常天气时有发生，各种自然灾害也接踵而来。教师通过此活动让幼儿知道自然灾害的原因，可以促使幼儿形成良好的环保意识，从小建立自然灾害中的自我保护能力。活动重点让幼儿学会在水灾中知道如何自救、了解自救的基本方法，符合《纲要》中对幼儿安全自护方面提出的教育要点。

（3）评价活动准备：活动准备充分，包括经验准备、物质准备两部分。物质准备种类多样，包括视频、图片、各种信号和物品。为完成教学目标做好准备。

（4）评价活动过程：

① 活动的开始部分：活动的开始部分采用谈话的方式，激发幼儿的学习兴趣。教师通过有主题的谈话，自然引入活动的主题，通过一系列问题，激发幼儿的学习兴趣。

② 活动的基本部分：在活动过程中，教师采用谈话法、讨论法、实践法等教学方法。谈话法：教师用多个问题与幼儿展开谈话，让幼儿意识到洪水来了有多危险。讨论法：教师采用讨论法，引导幼儿找出发生洪水的原因。实践法：当洪水来了怎么办，教师组织幼

儿选择最适合的方法逃生，保护自己。多种教学方法有利于目标的实现。

在活动的开始环节，教师和幼儿一起回顾了北京"7·21"视频录像，用孩子们亲身经历过的灾害来引出活动内容。在"洪水来了如何自我保护"的环节中，教师运用游戏帮助幼儿知道洪水来了要寻找高点站立，通过让幼儿自己挑选自救物品丰富课堂内容，将知识点变得更加生动、具体，利于幼儿掌握。在"自然灾害形成的原因"环节，教师强调了环境污染的破坏作用，这一点非常重要，因为教育的目的不仅是了解危害、懂得自护，更重要的是激发幼儿从小具有环保的意识和习惯，即爱护环境、保护资源、节约能源等。所以，教师设计的一系列延伸活动是非常适宜且有效的，活动内容让幼儿结合实践经验做力所能及的事是保护环境的第一步。

（5）评价活动延伸：教师一共设计了三个延伸的内容，丰富具体，包括日常生活中、区域活动中、家园合作中三个方面，使学习迁移到各个方面，活动目标进一步得到实现。

建议：

（1）在活动延伸方面，可以增加一个延伸，延伸到环境创设中，例如教师和幼儿一起制作逃生方法及路线图和物品，作为墙饰。

（2）此活动设计的环节内容多，教师要多观察幼儿的反应和兴趣点，对课程内容做出随机调整。

（3）没有活动的结束部分，应该自然结束活动。

学习总结

本章以3~6岁幼儿的安全与自我保护教育活动为核心，针对3~6岁幼儿的年龄特点，系统提供了安全与自我保护教育活动的目标、内容、活动的实施以及指导策略等相关内容。其重点在于帮助学生了解安全与自我保护教育活动的重要意义以及在组织教育活动时可以教授的内容与方法的应用。

拓展训练

运用"游戏模拟法"，设计一篇中班幼儿安全与自我保护教育的教案，上传至学习通。

学习加油站

（1）微信公众号：上海学前教育网。

（2）微信公众号：浙江教育报。

实践练习

单项选择题：

1.（幼儿教师资格证2014年下半年真题）幼儿鼻中隔是易出血区，该处出血后，正确的处理方法是（　　）。

A.鼻根部涂抹紫药水，然后安静休息　　B.让幼儿头略低，冷敷前额、鼻部

C.止血后，半小时不做剧烈运动　　　　D.让幼儿仰卧休息

【解析】B　鼻出血的正确处理方法是让幼儿头略低，以防出血回流，冷敷前额和鼻部利

于止血。

2.（幼儿教师资格证 2015 年上半年真题）被黄蜂蜇伤后，正确的处理方法是（　　）。
A. 涂肥皂水　　　　　　　　　B. 用温水冲洗
C. 涂食用醋　　　　　　　　　D. 冷敷

【解析】C　黄蜂的毒性呈碱性，可以在伤口处涂食用醋，中和毒液。如果是蜜蜂蜇伤，其毒性为酸性，应用肥皂水涂抹伤口。

3.（幼儿教师资格证 2015 年下半年真题）幼儿在户外运动中扭伤，出现充血、肿胀和疼痛，教师应对幼儿采取的措施是（　　）。
A. 停止活动，冷敷扭伤处　　　　B. 停止活动，热敷扭伤处
C. 按摩扭伤处，继续活动　　　　D. 清洁扭伤处，继续活动

【解析】A　如果幼儿扭伤之后没有骨折，则应该立即冷敷伤处，使血管收缩止血，以利于止痛和消肿。

参考文献

[1] 刘懿. 幼儿园教育活动设计与指导［M］. 北京：人民邮电出版社，2018.
[2] 梁志宏，汪洋，刘小红. 幼儿园教育活动设计与指导［M］. 天津：南开大学出版社，2017.
[3] 陈利永，刘玉芝. 幼儿园教育活动设计与指导［M］. 西安：陕西师范大学出版总社有限公司，2014.
[4] 华洁琼，杨丹，孙雁. 幼儿园教育活动设计与实践［M］. 长沙：湖南师范大学出版社，2019.
[5] 陈雅芳. 学前儿童健康教育与活动指导［M］. 北京：教育科学出版社，2016.
[6] 麦少美，孙树珍. 学前儿童健康教育活动指导［M］. 上海：复旦大学出版社，2005.
[7] 刘彦华. 幼儿园教育活动设计与指南［M］. 北京：科学出版社，2014.
[8] 庞建萍，柳倩. 学前儿童健康教育［M］. 上海：华东师范大学出版社，2008.
[9] 李君. 学前儿童健康教育［M］. 北京：科学出版社，2008.
[10] 王占春. 幼儿园体育活动的理论与方法［M］. 北京：人民教育出版社，2002.
[11] 麦少美，孙树珍. 学前儿童健康教育活动指导［M］. 上海：复旦大学出版社，2001.
[12] 高庆春，梁周全. 学前儿童健康教育［M］. 北京：高等教育出版社，2011.
[13] 李君. 学前儿童健康教育［M］. 北京：科学出版社，2008.
[14] 顾荣芳. 学前儿童健康教育论［M］. 南京：江苏教育出版社，2009.
[15] 郭良菁. 幼儿园教育评价［M］. 上海：华东师范大学出版社，2009.
[16] 欧新明. 学前儿童健康教育评估［J］. 湖南师范大学教育科学学报，2002，1（1）：29-31.
[17] 高庆春，梁周全. 学前儿童健康教育［M］. 北京：高等教育出版社，2011.
[18] 胡惠闵，郭良菁. 幼儿园教育评价［M］. 上海：华东师范大学出版社，2009.
[19] 王恬，张瑛. 学前儿童健康教育［M］. 北京：高等教育出版社，2019.
[20] 范惠静. 幼儿园优秀健康活动设计［M］. 北京：中国轻工业出版社，2014.
[21] 黄瑾. 幼儿园教育活动设计与指导［M］. 上海：华东师范大学出版社，2007.
[22] 朱家雄. 幼儿园教育活动设计与实施［M］. 北京：高等教育出版社，2008.
[23] 胡晓伶，徐浩，殷玉霞. 学前儿童健康教育与活动指导［M］. 长沙：湖南师范大学出版社，2018.
[24] 苟增强. 学前儿童健康教育［M］. 武汉：华中师范大学出版社，2014.
[25] 杨飞龙. 幼儿园健康教育活动设计与指导［M］. 长春：东北师范大学出版社，2015.
[26] 王萍. 学前卫生学［M］. 长春：东北师范大学出版社，2021.
[27] 史明洁，杨美男，姜艳秋. 婴幼儿营养、安全与卫生实务［M］. 南京：东南大学出版社，2016.